2015年度教育部哲学社会科学研究重大课题攻关项目"职业教育现代学徒制理论研究与实践探索"（15JZD046）成果之一

职业教育现代学徒制研究丛书

职业教育现代学徒制的制度构建

吴学峰 ◎ 著

中国财经出版传媒集团
经济科学出版社
Economic Science Press

图书在版编目（CIP）数据

职业教育现代学徒制的制度构建/吴学峰著.—北京：经济科学出版社，2020.12

（职业教育现代学徒制研究丛书）

ISBN 978-7-5218-2270-0

Ⅰ.①职… Ⅱ.①吴… Ⅲ.①职业教育-学徒-教育制度-研究-中国 Ⅳ.①G719.2

中国版本图书馆 CIP 数据核字（2020）第 267830 号

责任编辑：孙丽丽　纪小小
责任校对：齐　杰
责任印制：范　艳

职业教育现代学徒制的制度构建

吴学峰　著

经济科学出版社出版、发行　新华书店经销
社址：北京市海淀区阜成路甲 28 号　邮编：100142
总编部电话：010-88191217　发行部电话：010-88191522
网址：www.esp.com.cn
电子邮箱：esp@esp.com.cn
天猫网店：经济科学出版社旗舰店
网址：http://jjkxcbs.tmall.com
北京季蜂印刷有限公司印装
787×1092　16 开　16.5 印张　330000 字
2021 年 11 月第 1 版　2021 年 11 月第 1 次印刷
ISBN 978-7-5218-2270-0　定价：68.00 元
(图书出现印装问题，本社负责调换。电话：010-88191510)
(版权所有　侵权必究　打击盗版　举报热线：010-88191661
QQ：2242791300　营销中心电话：010-88191537
电子邮箱：dbts@esp.com.cn)

前　言

职业教育对于一国经济的发展存在着决定性影响，但到底是"企业本位的职业培训"，还是"学校本位的职业教育"才是推进国家经济发展、产业振兴的强大动力？由此，也派生出职业教育的形式、组织以及学习内容等一系列与职业教育发展有关的问题。这些问题的回答往往决定着一国职业教育模式的选择以及相关制度的安排。以德国为代表的现代学徒制度的成功为上述问题的澄清提供了重要参考，"现代学徒制"日益成为当前国际职业教育改革和发展的重要标识。当然，现代学徒制的成功构建并不只是照搬别国经验那么简单，国际发展经验不断提醒我们，现代学徒制的成功离不开制度的设计，而这样的制度设计往往嵌套于特定的社会结构之中，这也是各国现代学徒制发展各具特色的重要原因。

有鉴于此，我国职业教育现代学徒制的制度构建首先需要澄清"现代学徒制是什么"的本质认识问题。对于现代学徒制本质内涵的界定往往在发展模式和制度安排的选择上有所不同。在国际上，许多国家政府在过去很长一段时间里都在寻求并试图建立一种能够反映当今职业结构和教育制度需要的新形式学徒制，同时也期望许多与学徒制有关的传统价值观能得以保持。现代学徒制既是一种"理想"，也是一种实用的制度安排，这样的制度安排也因国别不同而存在着不同的内涵解释。也因如此，本书主要从历史演进的角度对现代学徒制的本质内涵和特征进行梳理。在认识澄清的基础上，问题的关键就在于如何构建符合我国实际的现代学徒制度。从试点实践来看，我国对于现代学徒制的建设问题多强调本体制度的设计，相比较而言，对于制度实际运行过程中参与个体（如学徒、企业师傅）的真实诉求，以及企业和职业院校之间参与行为互动机制等问题并未给予足够的关注。事实上，学徒制在国际范围内有着漫长的历史，但现代产业的发展以及由此引发的一系列的教育与就业问题，为西方社会学徒与学徒制的发展带来新的机遇的同时，也带来了一系列的挑战。为此，西方主要国家纷纷从企业、学徒的角度不断思考现代学徒制的构建问题，并从政策设计、组织设置等层面进行了一系列的制度安排。这些有益的举措虽不能照搬，但对我国现代学徒制的制度建构确实存在一定的参考价值。进而，本书得以在国际经验比较的基础上提出问题解决的主要路径，并在制度设计与运行之间思考中国情境下现代学徒制制度构建的理想方式。

为了实现上述目标，在研究方法上，本书并未采用单一的问卷调查的方式对现代学徒制相关主体进行量化研究，也未单纯地采用访谈的方法对行动中的人与事进行观测，而是将两者结合并辅以文献研究的方式展开。因为，现代学徒制的制度构建与相关行动者之间关系密切，而现代学徒制参与主体相对复杂，不仅有类似于企业、学校及行业这样的复合行动者，也有像学徒这样的个体行动者，这些参与主体对现代学徒制的具体实施具有切身体会，对现代学徒制的制度构建极具发言权。面对如此复杂的研究对象，本身就要求研究方法的多样性。同时，又因为制度本身是一个抽象的概念，虽对行为有约束力，但对于置身事外者而言，制度内容并不明显也不具体。为了更好地呈现现代学徒制的制度本体特征以及发现制度构建中的实际问题，本书尽可能地呈现出试点中不同层级设计的制度文本，并对制度文本的形成、内容及设计目的进行分析。进而，形成了问卷调查、访谈与文献研究相结合的混合式研究方法，并通过这一方法对实践中影响企业、学校及学徒参与现代学徒制的深层次因素进行挖掘。

全书分为六章：第一章是制度理论诠释，旨在为职业教育现代学徒制的制度构建研究搭建理论框架；第二章着重澄清现代学徒制的制度属性和结构特征；第三章主要从制度文本入手对我国现代学徒制本体制度设计的背景、内容及愿景进行分析，并以此为参照，勾勒出我国现代学徒制度的本体特征；第四章从制度运行角度探讨现代学徒本体制度的实施效应，为制度完善提供数据支撑；第五章在现状调查的基础上，厘清我国现代学徒制制度构建的现实困境，并根据数据分析的结果，结合国际发展经验，确定我国现代学徒制制度构建的主要路向；第六章在前文研究的基础上提出，中国情境下现代学徒制度的有效构建应从本体制度和支撑性制度（区域协调性制度和国家规定性制度）两个角度，区分三个层面，进行系统设计。

由于时间和精力有限，本书并没有从宏大的国家政治与立法的角度去探讨现代学徒制的制度构建问题，而是把视角转向现代学徒制制度实施中的相关参与主体，试图从行动者的角度对现代学徒制制度构建过程中可能存在的问题进行梳理，并以此为基础，尝试性地从不同层面进行相应的规则设计。也因如此，从整体来看，本书在某种程度上尚处于认识问题和提出问题阶段，对于优化后的制度设计仍需要今后做进一步深入探讨。

目 录

第一章 制度与制度构建　1

第一节　制度的基本概念　1
第二节　制度的产生与发展　7

第二章 现代学徒制的制度属性及其现代特征　12

第一节　非正式约束下的家庭内部互动　12
第二节　正式规制下的学徒制及其功能转向　18
第三节　现代学徒制的制度化及其结构特征　25
第四节　本章小结　38

第三章 现代学徒制本体制度构建的实践进展：基于"设计"的视角　39

第一节　现代学徒制本体制度构建的合理性　39
第二节　制度设计的分析框架：基于文本内容的考察　46
第三节　现代学徒制本体制度设计：背景、内容及愿景　49
第四节　我国现代学徒制度的本体特征　67
第五节　本章小结　72

第四章 现代学徒制本体制度构建的实践进展：基于实际效应的视角　74

第一节　现代学徒制本体制度的实施效应及其影响因素分析：合作执行机构及其行动者的角度　74

第二节　现代学徒制本体制度的实施效应及其影响因素分析：
　　　　　　学徒的角度　90
　　第三节　本章小结　133

第五章▶现代学徒制的制度构建：现实困境、国际经验
　　　　及实现路径　135

　　第一节　现代学徒制制度构建的现实困境　135
　　第二节　现代学徒制制度构建的国际比较　142
　　第三节　我国现代学徒制制度优化的路径选择　166
　　第四节　本章小结　176

第六章▶职业教育现代学徒制的制度体系构建　178

　　第一节　国家层面规定性制度构建　178
　　第二节　协调各方行为的区域规范性制度构建　192
　　第三节　具体运行层面的制度构建　199
　　第四节　本章小结　209

第七章▶结论　210

参考文献　215

附录　245

第一章

制度与制度构建

制度是社会思想和理论中存在最为久远、使用频次最高的概念之一，并且在理论研究的漫长历程中不断呈现出新的含义。也因如此，对制度的概念及其发生、发展过程的认识是我们面临的一个重大挑战。

第一节 制度的基本概念

制度的适当概念取决于分析的目的。[①] 考虑到这一点，人们可以将制度宽泛地定义为社会共享的行为和（或）思维模式。但本部分并不打算对过去的制度思想进行全面性的回顾，而是试图在抓住和准确反映制度思想丰富性与多样性的同时，注重其在当代的不断发展和创新，进而将制度含义问题归入不同的学科进行分析。

一、经济学中制度的含义

最早的制度主张出现于 19 世纪晚期的德国与奥地利，以古斯塔夫·施穆勒

[①] Dequech, D. Institutions, Social Norms, and Decision-theoretic Norms. *Journal of Economic Behavior and Organization*, 2009, 72（1）: 70–78.

（Gustav Schmoller）为首的德国历史学派对"经济学可以简化或还原为一系列普世法则"的传统教条提出了挑战，坚持认为"经济过程"是在由文化与历史因素塑造的"社会框架中"展开的，对某一具体经济系统的洞察，须对其进行"历史的比较研究"，并呼吁经济学放弃过于简单的"经济人"假设，而使用更为现实的"人类行为模型"。① 德国历史学派的很多思想与美国制度主义之间关系密切，美国内战后的几十年里，大量后来成为社会科学学术领袖的学者在德国接触到的思想成为后来美国制度主义的重要主张，其中就包括"历史方法是政治经济学研究的基础""经济活动只是构成了一个发展中的社会有机体的一个方面"，以及反对从李嘉图式经济学推导出来的"自由放任政策"等。② 受其影响，凡勃伦（Veblen）坚持认为：个人的很多行为受习惯与惯例的支配，人们之间的习惯性关系"体现了某种制度的特征"，并随着"制度场景"的变化而改变。凡勃伦把制度界定为"人类普遍共有的、固定的习惯性思维方式"③。然而，习惯和行为有所不同，习惯是后天习得的倾向或能力，这种倾向或能力实际上可能表现在当前的行为中，也可能不表现在当前的行为中。如果我们养成一种习惯，我们不一定总是使用它。习惯是一种倾向，它是由适当的刺激或环境引发的，倾向于从事先前已经采用或习得的行为或思想。康芒斯（Commons）指出，有时一个制度似乎类似于一个建筑，一种法律和法规的框架就像房屋里的"居民"（inmates）那样，个人在这一结构里活动；有时它似乎指的是居民自己的"行为"。④ 这种观点的困境今天依然存在。例如，诺思（North）将制度定义为"游戏规则"或者"人为设计的约束"，强调"居民"行为的发生来自"建筑"的约束。⑤ 相比之下，凡勃伦将制度描述为常人共有的固定思维习惯，似乎不是从客观约束出发，而是从"居民本身"出发。然而，正如康芒斯和凡勃伦所暗示的那样，行为习惯与制度结构是相互交织、相辅相成的，需要对代理人和制度结构进行双重强调。在这种双重强调中，人们认识到制度本身是人类相互作用和愿望的结果，而不是由任何个人或团体有意识地设计每一个细节，既定制度先于任何个人。

新制度经济学是一个新的研究方向，因而人们对制度尚未提出已被普遍接受的定义并不令人奇怪。但即便如此，该方向对制度的定义仍然可以划分为两种方

---

① Scott, W. R. *Institutions and Organizations: Ideas, Interests, and Identities* (3rd Edition). Thousand Oaks: SAGE Publications, 2008: 2.
② ［美］安妮·梅修：《制度主义的起源》，引自［美］马克·R. 图尔：《进化经济学（第一卷）：制度思想的基础》，杨怡爽译，商务印书馆 2011 年版，第 40~41 页。
③ Veblen, T. The Limitations of Marginal Utility. *Journal of Political Economy*, 1909, 17 (9): 620-636.
④ ［美］康芒斯：《制度经济学》，于树生译，商务印书馆 1962 年版，第 86~87 页。
⑤ North, D. C. *Institutions, Institutional Change, and Economic Performance*. Cambridge: Cambridge University Press, 1990: 3.

法：其一，制度可以定义为博弈规则；其二，制度被定义为博弈结果。①诺思的定义属于第一种方法。在其看来，"制度是社会的游戏规则，或者更正式地说，是人为设计的约束，它们塑造了人类的互动"，但从概念上讲，"必须明确区分的是规则与参与者"。②规则的目的是定义游戏的玩法，如果说制度是游戏的规则，那么组织及其企业家就是参与者，组织是由一群人组成的，这些人为了达到某种目的而被某种共同的目的联系在一起。③诺思合理地认为组织包括政党、公司、工会、学校、大学等。不过，如果参与者不能对他们所在领域的关键术语有共同的理解，那么任何科学领域都不可能有长足的进步。正是基于这样的体察，安德鲁·肖特（Andrew Schotter）明确地将社会制度视为行为的一系列标准，而不是游戏规则。在肖特看来，"社会制度"是由游戏规则所描述的某一特定游戏演化而来的另一种"行为均衡标准"（equilibrium standards of behavior）或"行为惯例"（conventions of behavior）。④显然，在肖特看来，制度是人们博弈中均衡选择的"标准"或"惯例"，而不是博弈描述的内容，关心的是人们如何处理游戏规则，而不是规则是什么。当然，这种被社会系统内成员接受并经常发生的行为，"既可以自身实施，也可以由外部权威实施"⑤。与此相关，沃依格特（Stefan Voigt）与奥斯特罗姆（Elinor Ostrom）认为制度总是由两个部分组成：一方面是规则部分，即制度被定义为规则，基于此不断重复的互动行为得以结构化；另一方面是执法和制裁部分，即制度带有实施机制，对有违规则的行为实施制裁或威胁制裁。⑥

不可否认，为了解释个体行为，经济学家们一直在分析人类行为的约束因素。在传统意义上，除了自然规律以外，还受到预算约束。制度经济学的代表人物现在明确表示，"准则"和"禁令"会对个体行为做出引导，其中包括国家批准的禁令以及社会认可的准则和禁令。⑦规范、传统、习俗和惯例对个体行为也可以起到与法律类似的引导作用。不过，虽然正式规则（如法律）可能作为政治决策或司法判决的结果在一夜之间被改变，但是与习俗、传统和行为准则相连接

---

① ［德］斯蒂芬·沃依格特：《制度经济学》，史世伟等译，中国社会科学出版社2016年版，第8页。
② North, D. C. *Institutions, Institutional Change, and Economic Performance.* Cambridge：Cambridge University Press, 1990：35.
③ North, D. C. Economic performance through time. *American Economic Review*, 1994, 84 (3)：359-368.
④ Schotter, A. R. *The Economic Theory of Social Institutions.* Cambridge：Cambridge University Press, 1981：155.
⑤ Schotter, A. R. *The Economic Theory of Social Institutions.* Cambridge：Cambridge University Press, 1981：11.
⑥ Ostrom, E. An agenda for the study of institutions. *Public Choice*, 1986, 48 (1)：3-25.
⑦ Schotter, A. R. *The Economic Theory of Social Institutions.* Cambridge：Cambridge University Press, 1981：26-32.

的非正式约束，在实际中并不受"经过筹划的政治"所左右。① 也就是说，政治上促进增长和制度发展的实施，极有可能受到各个社会文化背景的制约。如果增长和发展既受"正式规则"又受"非正式规则"的影响，那么不但要对其影响分别进行分析，而且必须对"不同类型规则的关系"加以明确考虑，因为一般的假设是，正式规则实施的可能性最终依赖于它们与各个有效的非正式规则的兼容性。②

二、社会学中制度的含义

上述经济学观点中没有将所有制度与制裁联系起来，也没有将所有制度与社会规范等同起来。相反，许多新制度主义者在制度的概念中既包括社会规范（法律的或非正式的），也包括自我执行的惯例或习俗。但许多社会学家把所有的制度都看作社会规范，把自我约束的惯例排除在制度范畴之外。在社会学的奠基人当中，特别是在制度主义社会学的奠基人当中，迪尔凯姆（Durkheim）在他的著作中强调了制度作为知识、信仰和道德权威体系的作用，这些体系是由制裁所支撑的。马克斯·韦伯（Max Weber）可能没有明确使用制度的概念③，但是，正如在其他地方④更详细地讨论的那样，他将惯例视为社会规范。后来，塔尔科特·帕森斯（Talcott Parsons）把制度看作一套规范标准和价值观的导向行为。就其本身而言，这并不意味着将制度视为社会规范，但对帕森斯来说，"一致性"（conformity）是社会规范内化的结果，而不是出于自身利益。在其后期关于"社会行动"的研究中，帕森斯更是将早期著作中作为控制机制的"社会系统"的概念形式化。帕森斯认为，制度是通过某种社会控制机制调节社会行为的规范性规则。⑤ 但也有批评家们抱怨，在占主导地位的结构功能主义社会学中存在"人的过度社会化概念"，而不是"把人带回来"，反对"集体社会结构"对

---

① North, D. C. Institutions, Institutional Change, and Economic Performance. Cambridge: Cambridge University Press, 1990: 6.

② Weingast, B. R. The Economic Role of Political Institutions: Market Preserving Federalism and Economic Development. Journal of Law Economics and Organization, 1995, 11 (1): 1–31.

③ Scott, W. R. Institutions and Organizations: Ideas, Interests, and Identities (3rd Edition). Thousand Oaks: SAGE Publications, 2008: 13.

④ Dequech, D. Cognition and Valuation: Some Similarities and Contrasts between Institutional Economics and the Economics of Conventions. Journal of Economic Issues, 2005, 39 (2): 465–473.

⑤ Mantzavinos, C. Individuals, Institutions, and Markets. Cambridge: Cambridge University Press, 2001: 83.

"个人意志"的过度塑造。① 无论反对观点采取何种精确的形式,其基本主旨都是降低(但从未完全否认)集体社会结构和制度在决定特定社会中个人和群体的行动和选择中的重要性。然而,社会学领域越来越多的新制度主义者观察到,个人的行动"嵌入"在集体组织和制度的环境中。这些行动的形成,它们的影响和偏离,都是由它们所处的制度环境所决定的。② 这一类型的新社会学制度主义者特别指出,中间组织能够而且确实在塑造和重塑个人行动和由它们产生的集体结果方面发挥重要作用。

综上所述,社会学领域对于结构与个人行动关系的论述指出了制度化过程在社会学文献中的核心地位,社会学方法的制度研究在某种程度上显示出更为关注在组织内构建价值和认知框架的过程,而并不十分在意其终结状态——预测制度及其内部个体行为在各种组织之间的差异。显然,如果我们将"关键变量"分配给学科,社会学所拥有的变量就是"集体"。社会学中的旧制度主义关注的是集体实体(如家庭、职业、教会、学校、国家)的创造和构成对个人的塑造;而新制度主义更谨慎地关注嵌入到这种集体中、改变个人偏好和可能性的方式。但无论是旧的还是新的社会学制度主义者都强调个人行为是如何被更大的群体环境所塑造(或塑造群体环境),这是社会学制度主义的标志。

三、广义角度的制度概念

显然,经济学不仅需要诉诸制度规则来为个人选择设定背景,而且需要通过强调个人的理性选择以及这些个人选择与集体选择相结合的方式,对规则约束背景下的行为结果进行解释。因而,一般而言,理性选择制度主义重视结果论的逻辑,认为行为人是理性的、自私自利的,并遵循他们在制度内的偏好。制度环境是建立在理性选择的基础上的,因此通过缩小行动的可能性来约束参与者。相比之下,社会制度主义关注的是适当性的逻辑,作为制度内行动的基础。制度被定义为反映规范和价值观的文化结构,即"行为准则""做事方式",以及确定个人和群体的身份。换句话说,它们是一个"相对持久的规则和有组织的实践集合",强调了非正式规则和规范的重要性。③ 简而言之,"恰当的逻辑"是在这样

---

① Wrong D. H. The Over-Socialized Conception of Man in Modern Sociology. *American Sociological Review*, 1961, 26 (2): 183-193.

② Granovetter M. Economic Action and Social Action: The Problem of Embeddedness. *American Journal of Sociology*, 1985, 91 (3): 481-510.

③ Barnes, M., Matka, E. and Sullivan, H. Evidence, Understanding and Complexity Evaluation in Non-linear Systems. *Evaluation*, 2003, 9 (3): 265-284.

一个问题上的缩影:像我这样的人在这种情况下会怎么做?不难看出,制度概念的界定确实是一个经常争论的问题,有时这样的分歧被描绘成学科之间的争论,社会学家常被视为结构解释的拥护者,而经济学家则被视为个人主义的、基于行动者解释的拥护者。① 不过,即使是作为解释工具的理性选择模型的坚定拥护者也必须承认,人们的偏好必须来自模型之外的某个地方;人们不需要深入挖掘就能看到,它们最终来自过去的经历、先前的交往以及社会位置的"结构"。② 同样,即使是结构解释最坚定的拥护者也无法逃避这样一个事实,即必须有"代理"来充当这些结构要求的载体和执行者,而在重新使用和加强它们的过程中,这些"代理"不可避免地会被重塑。③

事实上,如果我们在理解制度时,不去担心特定制度在人们特定生活中所扮演的角色,也不去担心代理者的动机、目标或看法,而将注意力集中在制度"做了什么"(不是"为什么做"),转而采取一种"外部"解释的策略,或许对制度定义达成一致可能要容易得多。从这个外部观点来看,社会制度最普遍的特征就是"稳定的、有价值的、循环的行为模式"④。这种描述可能有点太笼统了,无法提供非常有用的帮助,我们可以再进一步规定,一种制度必然是一种社会现象。个人本身并不是一种制度,无论其行为模式是否是"稳定的、有价值的、反复出现的"。对于我们的目的来说,个人的特殊习惯也不算是"制度",无论从他们身上产生的行为是否是"稳定的、有价值的、反复出现的"。基于此,广义层面的"制度"概念至少应涵盖以下四个方面的共同特征:首先,制度是社会或政体的结构部分,这种结构包括正式的(例如基于法律框架的)和非正式的(例如一套共同的规范)制度;其次,随着时间的推移,制度表现出一定的稳定性;再次,制度结构影响个人行为,这意味着对行动者具有某种约束;最后,制度结构与一些行动者之间的共同价值观和意义联系在一起。⑤ 显然,减少不确定性是制度的重要功能,在管理活动的背景下,提高了决策和公共支出的合法性。然而,试点中,现代学徒制本身常常并不被认为就是制度,而是被理解为依靠不同的制度。借助制度主义视角有利于问题的澄清,但制度主义本身又是一个复杂的概念,对具体问题的澄清需要在分析路径的选择上做一个大致的判断。

---

① Barry, B. *Socialists, Economists and Democracy*. London: CollierMacmillan, 1970: 81.
② Satz, D. and John, F. Rational Choice and Social Theory. *The Journal of Philosophy*, 1994, 99 (2): 71-87.
③ Hindess, B. *Choice, Rationality and Social Theory*. London: Unwin Ryman, 1988: 45.
④ Huntington, S. P. *Political Order in Changing Societies*. New Haven, Conn.: Yale University Press, 1968: 12.
⑤ Peters, B. G. *Institutional Theory in Political Science: The New Institutionalism*. New York: Bloomsbury Publishing USA, 2011: 19.

第二节 制度的产生与发展

显然，在社会科学中，制度位于许多理论和解释的中心，强调和阐释了制度对于社会结果的重大意义。然而，制度的源头，以及制度变化的根源问题，仍然晦涩不明。正如克雷普斯（Kreps）所认为的那样，拥有一套制度产生和演变的理论，比起研究一套既定制度语境的均衡理论，可能包含更多的信息。[1]

一、制度的"进化观"

许多学者将制度的产生与变化视为一个进化的过程，认为制度是由人类的学习、模仿等行为引起的，新的规则或行为源于一个分散的选择过程，成功的制度在社会中适应和成长，而不成功的制度无法生存。[2] 凡勃伦就认为，"社会结构的演变是制度的自然选择过程"，这一过程既"通过被赋予适性的个体的选择"，也"通过形成新的制度"，使个人的气质和习惯适应变化的环境。[3] 这里的制度变化是指共同的、普遍的思想习惯（制度）和个人习惯的同时共同进化。因此，当前的思维习惯，无论是共享的还是个人的，都来自过去，受到现在的影响，并共同影响着未来的制度变革路径。[4] 据哈耶克（Hayek）考证，制度自发演化的思想"始于约翰·洛克（John Locke），尤其是伯纳德·孟德维尔（Bernard Mandeville）和大卫·休谟（David Hume），后又经乔赛亚·塔克（Josiah Tucker）、亚当·弗格森（Adam Ferguson）和亚当·斯密（Adam Smith），以及他们伟大的同时代人埃德蒙·伯克（Edmund Burke）的努力而首次达到了其鼎盛时

---

[1] Dershowitz, A. *Politics in Time*：*History*，*Institutions*，*and Social Analysis*. New Jersey：Priceton University Press，2004：103.

[2] Kingston, C. and Caballero, G. Comparing Theories of Institutional Change. *Journal of Institutional Economics*，2009，5（2）：151–180.

[3] Veblen, T. *The Theory of the Leisure Class*：*An Economic Study of Institutions*. New York：MacMillan，1899：188.

[4] Brette, O. Thorstein Veblen's Theory of Institutional Change：Beyond Technological Determinism. *European Journal of Economic Thought*，2003，10（3）：455–477.

期"①。该思想认为："自发社会秩序"（spontaneous order）所遵循的规则系统是"进化"而非"人为设计"的产物，这种进化过程，乃是一种"竞争"和"试错"的过程。那些被长期证明对人类福祉意义重大的社会制度，虽然都是人类行为的产物，但绝对不是人类设计的产物。因为，在哈耶克看来，任何精英或政府都不可能了解社会成员之间分工合作的无限复杂的细节，从而不可能"设计"人类合作的秩序。不仅如此，哈耶克更是声称，群体选择产生了规则的总体配置，这些规则在一致的、一般原则的基础上朝着最优配置进化。②

简而言之，进化理论忽视了集体行动和政治过程的作用，而将制度变化视为集中的集体选择过程的结果，进而难以解释以分散方式演化的非正式规则（如社会规范）的变化。

二、基于"设计"的制度观

从最严格的意义上来说，进化可以自行进行，在很大程度上独立于受其支配的生物体。因而，在某种程度上，制度的产生和变化在本质上是间接的，或者它们按照自己的逻辑进化，完全不受有意的干预和直接的人类设计的影响。然而，在社会环境中，生存的成功标准（类似于"自然选择"的事物在社会环境中的选择）可以而且应该服从于有意识的社会选择。因此，对于制度而言，即使直接设计是不可能的，但间接设计往往是可行的。正如马尔科姆·卢瑟福（Malcolm Rutherford）所认为的那样，制度既有可能在未经筹划或"自发的"过程中演化，也有可能被精心地设计和实施。③ 在制度设计上有所作为，对人类社会来说不仅是可能的，而且是必需的。事实上，基于"设计"的制度观念系统，可以从古希腊思想家亚里士多德（Aristotle）那里找到源头。在亚里士多德看来，政治制度是"全体城邦居民由以分配政治权利的体系"，是人类"创始"的结果，而且将永远地"创始"下去，因为人类社会本身存在着这种"需要"。④ 亚里士多德的这一制度"创制"思想，后来在英国政治思想家 J. S. 密尔（Mill J. S.）那里得到了回应。密尔深入探究了政治制度的"生长性"与"创制性"问题，认

---

① ［英］F. A. 玛·哈耶克：《个人主义与经济秩序》，邓正来译，生活·读书·新知三联书店 2003 年版，第 9 页。
② Hayek, F. A. *Law, Legislation and Liberty*, Vol. 1：Rules and Order. Chicago：University of Chicago Press, 1973：11.
③ ［英］马尔科姆·卢瑟福：《经济学中的制度》，陈建波、郁仲莉译，中国社会科学出版社 1999 年版，第 98 页。
④ ［古希腊］亚里士多德：《政治学》，吴寿彭译，商务印书馆 1965 年版，第 371 页。

为无论何种制度，其根源和全部存在"均有赖于人的意志"，"在它们存在的每一阶段，它们的存在都是人的意志力作用的结果"。①到了美国经济学家詹姆斯·M.布坎南（James McGill Buchanan）那里，事情似乎变得更为清晰，这是因为他把"文化进化"与"制度创制"做了必要的区分，前者是指"我们不能理解和不能（在结构上）明确加以构造的"，始终作为对我们"行动能力约束"的各种规则；后者是指"我们可以选择的"，对我们"在文化进化形成的规则内的行为实行约束"的各种制度。②制度"设计"在诺思那里被视为理所当然，因为他本身就把制度视为"人类的一种创造"，而且"它们是演进的，并为人类所改变"。③

由此，在制度"发生学"层次上，制度的形成可能是经济、社会关系内在演化的产物；但在制度"自觉供给"、满足社会生活需求的层次上，制度又决定于社会供求关系而被设计和创制。因此，对于一个社会来说，制度既是一个"生长"的问题，又是一个"选择"与"创制"的问题。正如布坎南所认为的那样："如果我们把制度改革的范围，限制在人类自身那些部分地是为文化进化形成的他不能理解的规则所规定的行为容量之内，在这些明显矛盾的观点之间进行调和是有可能的。"④任何新制度都是在既有规则（或制度）存在的情况下形成并发生变化的，受其影响，新制度的形成和发展往往变得异常复杂，因而一种社会事态（通常是复杂的社会事态）如何在"生长"和"创制"之间进行制度构建需要做进一步的思考。

三、制度的构建：一个分析框架

从前文对制度概念的回顾中不难看出，不同理论家对于制度的理解不尽相同，甚至还存在着明显的差异，但有一点被越来越多的社会理论家所认可，即制度的存在与否绝非仅仅取决于具体规则、规章文本的简单生发，关键在于"能否通过自我强化的制度化过程而成为理所当然的社会事实"⑤。所谓的"制度化"，

---

① [英] J.S.密尔：《代议制政府》，汪瑄译，商务印书馆1982年版，第7页。
② [美] 詹姆斯·M.布坎南：《自由、市场与国家：80年代的政治经济学》，平新桥、莫扶民译，上海三联书店1989年版，第11页。
③ [美] 道格拉斯·C.诺思：《制度、制度变迁与经济绩效》，杭行译，格致出版社2014年版，第6页。
④ [美] 詹姆斯·M.布坎南：《自由、市场与国家：80年代的政治经济学》，平新桥、莫扶民译，上海三联书店1989年版，第116页。
⑤ 李晋、宗文、吕鸿江：《组织制度的合法性起源研究》，载于《商业经济与管理》2013年第10期，第5～13页。

就是要求建立"健全、完善"的制度体系,而健全、完善的制度体系的建立,除了要有自身的基础理论、执行机构和组织系统、相应的设备系统以外,由完整而具体的规则和规定构成的规则系统是其核心,处于至关重要的地位。[①] 不过,制度规则依据其来源不同又存在着内在性与外在性的区分。[②] 由此,复杂社会事态的制度化往往形成一种内外互动的"制度结构"。具体而言,所谓的"制度结构"是指制度形成过程中所有制度类型以及具体制度内容组织在一起形成的结构形态。也就是说,制度结构是由若干制度要素组成的,而这些要素是在一定社会条件下人们为了约束和调节彼此行为而选择的、构成制度结构所必须的规则以及应遵循的要求,既包括制度本身运行所需要的具体内容要素(即"制度本体"),也包括支持制度运行的其他外在制度要素(即"支持性制度")。然而,如果真正以"制度本体"为对象,对制度具体的内容要素及其彼此关系进行分析并非易事。因为,任何一种制度规则的生发和驻存又会受到经济、社会、文化等外在因素的影响,甚至是制约,因而在探讨一种制度(如现代学徒制度)的形成时,应以历史分析为"基石"。[③] 此外,近年来观念(ideas)在制度形塑过程中的重要性已引发诸多研究者的关注。越来越多的人认识到,每一个人的行为都有其目的性,是一种有意向的活动,而人类行动中的这种意向性存在反理性的可能。这提醒我们,学徒制有关制度的形成不能忽视意识层面对制度构建的影响。[④] 也有观点强调,制度分析应对"制度运行"有必要的关注和把握。[⑤] 这一点对于制度目标的实现至关重要,因为对于一种制度而言,基于何种目的进行设计固然很重要,但如果没有一种对人们遵守规则行为的识别以及对规则实施情况的反馈机制,"规则就会形同虚设"[⑥]。

在综合考虑上述这些因素及其关系的基础上,我们认为,对于一种社会事态(通常是复杂的社会事态)的制度构建,其成功与否间接地依赖于数以百万计的人的行动,所设计和定位的规则对人们能否提供坚定的指导,不仅取决于制度的存在、性质和功能,也取决于外在的制度支持。因此,对于制度建构的分析应从内外结构两个,甚至是更多的层面展开。具体到现代学徒制的制度构建,需着重解决三方面问题:第一,学徒制由"传统"到"现

---

① 贺培育:《论制度化》,载于《理论探讨》1990年第2期,第85~90页。
② [德]柯武刚、史漫飞:《制度经济学:社会秩序与公共政策》,韩朝华译,商务印书馆2000年版,第127页。
③ 林义:《制度分析及其方法论意义》,载于《经济学家》2001年第4期,第79~85页。
④ 汪丁丁:《制度分析的特征及方法论基础》,载于《社会科学战线》2004年第6期,第44~54页。
⑤ 柯荣柱:《制度分析的基本技术》,引自张曙光:《中国制度变迁的案例研究》(第四集),中国财政经济出版社2005年版,第556~557页。
⑥ 王云平:《工业结构升级的制度分析》,经济管理出版社2004年版,第28页。

代"的制度演进中,有哪些社会力量参与其中,所形成的制度本身有什么样的内在规定性;第二,中国情境下,阻碍现代学徒制本体制度构建的关键因素是什么;第三,针对这些问题,需要进行什么样的政策设计与制度安排予以支持和协调。

第二章

现代学徒制的制度属性及其现代特征

学徒制作为一种学习的制度模式贯穿时间和空间,但学徒制作为一种制度和社会实践,在历史的发展中,又是如何一直由复杂的社会活动所组成?这些活动的行动者又经历了什么样的变化?对于学徒制形成过程中此种或彼种制度的根源,我们可以追溯至中世纪,甚至是人类活动的早期阶段,但现代学徒制的出现相对较晚。

第一节 非正式约束下的家庭内部互动

早在1776年,亚当·斯密(Adam Smith)已提醒我们,古代没有学徒制(apprenticeships),因为罗马法中没有任何有关师傅与学徒间的相互义务的内容,而且希腊和拉丁语中甚至都没有类似的字眼。[①] 与斯密不同,细谷俊夫明确提出学徒制是"一种教育形式",源于欧洲中世纪行会组织,其发展经历了一个由建立、存续到崩溃的过程。[②] 不过,在莱夫(Lave)和温格(Wenger)看来,将学徒制视为"一种教育形式"通常存在两种可能的暗示:一是对学校教育与实践的

---

① [英]亚当·斯密:《国富论》(上卷),郭大力、王亚南译,中华书局1936年版,第145~146页。
② [日]细谷俊夫:《技术教育概论》,肇永和、王立精译,清华大学出版社1984年版,第11页。

批判；二是源于情境学习的理论思考。① 也就是说，教育形式视角下的学徒制应该是一种学习形式或方式。如果从这个角度考察学徒制，那么学徒制的踪迹不仅触及古代，甚至远及原始时代。

一、原始生活中的技艺传习

劳动创造了人本身，而劳动又是从制造工具开始的。人不同于动物，不仅会使用工具，也会制造工具，并能利用制造的工具自觉地从事生产活动。劳动工具的制造和使用，为人类创造了过去未曾有过的新事物，积累了丰富的生产经验，为人类文明的创造和延续提供了关键性支撑。因而，"传授或学习制造工具的经验、技术"被视为人类教育史上的"第一课"。② 但由于时间久远以及可考证据来源匮乏等原因，有关原始生活中工具制造经验与技术传习方面的研究并没有想象中那么简单，直至目前，这一方面的研究仍在继续。不过，从现有可获得的资料来看，存在一种具有明显倾向的观点，认为原始生活中人类相应技术的取得，主要通过"下意识的模仿"，以"边干边学的形式"一代一代地向下传。③ 也就是说，对于新手而言，相关经验与技术的获得源于个体之间的模仿行为，而这种模仿只是出于个体"下意识的"反应。而所谓的"下意识"，是指人们在外在客观刺激下，对所产生的条件反射的适应能力。④ 如人们在日常生活中，当遭遇到各种突发事件自然而然产生或表现出的各种表情、手势、情感等，其最大的特点就是不被意识到，简言之，就是无意识。所以，"下意识的模仿"的言下之意就是无意识的模仿。但如果按照沛西·能（Percy Nunn）的分析理路，这样的行为根本算不上真正的模仿，充其量只能算是一种"模仿趋势"，因为"下意识的模仿"仅仅是刺激层面简单动作的仿效，更多的是对他者行为、思想及情感的方式所表现出的一种接受的趋势，只有效仿过程中有意识地运用智力才能实现真正模仿的转变。⑤ 回到问题本身，在原始生活中，人类相应技术的取得是如何实现的？要回答这个问题，有必要对原始的社会实在有所了解。

众所周知，在所有的生物中，只有人类对食物的生产取得了绝对的控制权。⑥

---

① ［美］J.莱夫、E.温格：《情境学习：合法的边缘性参与》，王文静译，华东师大出版社2004年版，第2页。
② 陶愚川：《中国教育史比较研究》（古代部分），山东教育出版社1985年版，第3页。
③ ［日］细谷俊夫：《技术教育概论》，肇永和、王立精译，清华大学出版社1984年版，第11页。
④ 丁昭福、陈遵沂、陈光彩：《心理现象分析百例》，农村读物出版社1986年版，第85页。
⑤ ［英］沛西·能：《教育原理》，王承绪、赵端瑛译，人民教育出版社2005年版，第204～205页。
⑥ ［美］路易斯·亨利·摩尔根：《古代社会》（上册），杨东莼、马雍等译，商务印书馆1977年版，第18页。

但在若干年前，人类在这一方面并不比其他动物表现出多少的高明之处，甚至在很长一段时间内处于明显的劣势，进而不得不端赖于大自然天然果实来维持其基本的生存。在这一时期，人类既无生产经验也无武器，在日常生活中可以称得上带有"技术"含量的活动，也只有在搜寻食物过程中对简单工具的使用以及在此过程中所表现出的合作意愿。不过，生物学以及以此为基础的心理学方面研究所取得的成果已以不同的形式向我们展示了，人类早期为满足生存需要使用工具试图改变外部世界的活动，以及这一活动过程中人与人之间的合作行为，多出于一种动物的本能反应。首先，就使用工具而言，这并不是人类所特有的行为，除了人以外，动物界也存在使用工具的现象。早期本能理论把动物群体中使用工具的活动归结为动物的本能，认为动物这一活动并非通过经验习得，而只是物种遗传的结果，只要环境适恰，在外在形式的刺激下，这一行为所积聚的力量就会释放出来。也就是说，人类诞生初期所掌握的"技术"只是人类对外界的一种生物学层面的本能反应，即使存在模仿的成分，也是无意的，只是一种条件反射。其次，从人类早期的合作来看，如果我们对与人类本能相关的行为现象进行进一步调查就会发现，人作为一种社会性动物，其社会性本能通常进行重要的互动活动，在遇到困难时往往表现出通力合作的行为趋势。正如达尔文所观察到的那样，"只要石头旁边容得下多少只狒狒，就有多少只一起出力，也就由这多少只分享所搜获的东西"①。在生物学家看来，此类顺乎本能的互助活动的动力来自此类行为能令动物感到"满意"或"愉悦"，反之，如果动作受阻，往往感觉"失意"或"不痛快"。尽管这一时期毫无知识、经验，也没有任何显著的技术出现，但在生存条件极其艰苦的原始生活中，任何有益于部落内部集体生活得以顺利进行，甚至有所改善的行为都会获得来自部落内部成员的赞许和积极响应。人类之间的彼此合作不仅能够为部落成员稳定食物来源提供支撑，也能为抵抗外敌入侵提供必要的应对，对于整个部落福利的满足和密切关系的维护，意义重大。由此，在原始生活的最初阶段，也就是摩尔根所指称的"蒙昧阶段"刚开始的时候，人类的智力和心理还很不成熟，面对生存的挑战，有关"技术"的掌握主要出于满足生存需要而对外在生存环境所表现出的一种本能反应，其中就包括对工具使用方法的下意识模仿和在生活中的彼此合作。

但如果对于人类之于工具行为的研究只停留在本能层面，无异于探讨诸如眨眼、发抖及挠痒之类的身体本能反射能力，对于外部世界而言，不太可能带来显著的变化，与人类文明璀璨的发展历史难相映衬。事实证明，随着人类理智能力

---

① [英]达尔文：《人类的由来》（上册），潘光旦、胡寿文译，商务印书馆1997年版，第153～158页。

的发展与提升，群体中最聪明的一些个体，面对新的生活条件，发明了武器、工具以及觅取食物的各种策略，即便可能只是出于个人生活方便的诉求，也会打动部落成员前来仿效。但此时的模仿已突破了"下意识的"状态，更多地表现出一种有意而为之的行为。实际上，在动物演化过程中人类出现的那一刻，就已旗帜鲜明地与动物划清了界限，无论是所掌握的技能，还是技能形成的路径都与动物之间存在很大的不同。不过，生物学与心理科学的研究又让我们清醒地意识到，人与动物之间存在着若干联系，尤其是某些行为上存在很强的相似性。正是基于此，通过动物行为的观察、实验与比较，对人类行为方式进行推理的研究为我们揭示了人类相关行为形成与变化的生物学基础。肯尼思·P.奥克雷（Kenneth·P. okely）在对"人类所掌握的技能"探索过程中，在对其他使用工具动物考察的基础上，认为动物使用工具的习性起源于个体行为欲望阶段，通过一种近似于顿悟学习的高级的试错式学习而来。[1] 而巴浦洛夫（Pavlov）有关条件反射的实验，以及洛伦茨进行的"印记"行为研究，为后天习得行为与先天本能行为的交叉存在提供了佐证，进而进一步说明学习不仅包含"反射"，也包含"模仿""试误""记忆""经验"以及"悟性"等不同方式。[2] 正如哈耶克所言，在人类漫长的本能发展过程中，通过模仿进行学习的能力是人类获得的一种原始禀赋。[3] 不过，人类生来对外部刺激并不能自动地做出正确的反应，甚至连个人卫生之类的事情也要从父母或长辈传授下来的社会经验中习得，对于人类发展存在重大价值的工具制造更是难以独立完成。况且，任何一件工具都凝聚了无数人的智慧与集体经验，工具的形态、材质选择以及制作方法等通常通过"社会传统保持下来"。因此，柴尔德（Childe）提醒我们，对于进入社会传统的新人而言，往往需要通过"言传身教"的方式进行习传。[4] 而这一点，随着人类原始社会的发展，表现得越发明显。

二、家庭内父子相授

诚然，劳动对于人类的诞生至关重要，但任何一种劳动都包括内容和形式两个方面，内容涉及"做什么"的问题，而形式主要与"怎么做"有关，是个体

---

[1] [英]肯尼思·P.奥克雷：《低等动物的工具使用》，引自[英]查尔斯·辛格、E·J.霍姆亚德等主编：《技术史》（第一卷），王前、孙希忠译，上海科技教育出版社2004年版，第2页。
[2] 李难：《进化论教程》，高等教育出版社1990年版，第136~140页。
[3] Hayek, F. A. *The Fatal Conceit*: *Errors of Socialism.* Chicago: University of Chicago Press, 1988: 21.
[4] [英]V.戈登·柴尔德：《社会的早期形态》，引自[英]查尔斯·辛格、E.J.霍姆亚德等主编：《技术史》（第一卷），王前、孙希忠译，上海科技教育出版社2004年版，第25页。

单干还是群体协作完成，这也就涉及劳动主体之间如何分工的问题。根据马克思与恩格斯的结论，人类历史上较早出现的分工是"自然分工"，既是基于人与人之间的天然差别，也是基于生产因素拥有情况的分工。也就是说，人类社会最早出现的"自然分工"源于两个起点：一是原始公社内部，因性别、年龄等不同，建立在纯生理基础上的分工；二是不同原始共同体之间，因所处地域环境和自然产品的不同带来劳动方式上的差别。① 在人类社会发展的最初阶段，有关工具制造的经验、技术都严重匮乏，但根据家庭内部分工，丈夫主要负责获取食物以及为此而必要的劳动工具，而妻子负责家庭事务并保留家庭用具。因而，不难推断，如果此时存在技艺传承，理应存在两种可能：一种是丈夫与儿子之间进行有关劳动工具使用、制作方法的经验传习；二是在妻子和下一代之间可能存在的有关家庭生活方面的技艺传习。但这样的假设似乎并未找到强有力的佐证，而且这样的状态在社会财富积累到一定阶段发生了重要的变化。依据恩格斯的研究，随着财富转归家庭私有并不断增加，女系计算世系的方法和母系的继承权瓦解，父亲不仅拥有劳动工具的所有权并逐步取得家庭权柄，而且其子女拥有继承权，父系继承权逐步确立。② 在此情况之下，父亲作为家庭中的主要生产者，不仅拥有属于自己的生产工具，而且还拥有管理家庭的绝对权威。因而，此时的经验传递更多地表现为家庭生活中儿子对父亲职业技艺的有意模仿，以及父亲对儿子的刻意传授。

　　当然，事物总是处于不断变化之中，随着家庭经济的发展，某些家庭需要更多的帮手，便出现了把别人家的孩子招为养子，并向他们传授技艺和诀窍的趋势。结果，家庭内部原本以血缘关系为纽带的父子关系发生了微妙的变化，在某种程度上已大大超出了父子之间关爱与照顾的范畴，在他们之间更多的是一种子承父业的重托或约定。正如卢梭（Rousseau）所认为的那样，在家庭这个"自然的社会"中，孩子与父亲之间存在着一种自然的依附与照顾，但一旦这种自然关系解除，双方就都同等地进入独立状态，而此时如果双方依旧继续结合在一起，则"家庭本身也就只能以约定来维系"③。而这种约定是以父与子之间达成的共识为基础的：父亲传授技艺和秘密，儿子保守职业秘密并继承父亲事业。这一共识的达成促成了父与子之间关系的转变，确切地说，是血浓于水的父子关系向一种倾向于理性的社会关系的转变。而这种理性的社会关系的形成，不经意间重新界定了家庭内部各要素之间的相互关系，并在技艺的传授与习得行动过程中形成

---

① 刘佑成：《社会分工论》，浙江人民出版社1985年版，第42～43页。
② 镡鹤婧：《马克思恩格斯家庭思想的基本内涵研究》，载于《东北大学学报》（社会科学版）2015年第6期，第631～636页。
③ ［法］卢梭：《民约论》（社会契约论），法律出版社1958年版，第7页。

了某种一致性，进而在父与子的技艺传承过程中衍生出一种内生的"秩序"。但这种秩序的存在或缺失只反映父亲和儿子（包括养子）相互之间的家庭内部的个人行为，而不反映他们与家庭外第三方之间的关系，这也就是阿夫纳·格雷夫（Avner Greif）所指称的"私序"①。父子之间技艺传习私序的形成，很大程度上反映并进一步促发了传统父子关系的深刻变化，更确切地说，是家庭内部各要素之间相互关系的重新界定。具体而言，父亲越发兼具"师傅"的功能和身份，儿子与养子更多地充当了"学习者"的角色。而这样的实践安排逐步成为家庭生活的一种惯常做法（customary），广泛地存在于中世纪。②需要指出的是，这种角色和身份的转变，使技艺传承习惯具有了社会性，技艺习得的惯行模式由个人层面逐步向群体层面转变。依据康芒斯和韦森的解释，这里实际上蕴含着个人习惯向群体习俗的转化。也就是，以父亲示范、儿子有意模仿、现场操作为典型特征的技艺传承"惯行"，日趋演化为以个体示范、效仿者有意模仿、现场操作和彼此约定为典型特征的技艺传承"习俗"。再进一步，在人类社会早期，技艺的传习经历了一个由习惯（以父亲示范、儿子有意模仿、现场操作为典型特征）到习俗（以个体示范、效仿者有意模仿、现场操作和彼此约定为典型特征）的演进过程。但这一过程不是行动个体简单的叠加，其背后隐含着深刻的意义：首先，技艺传承的主体由父亲逐步向师傅固化；其次，技艺传承的客体逐步由儿子与养子向学徒转变；最后，技艺传承主体和客体间的联系，通过群体习俗的规约趋向于稳定。由此，可以判断以父亲示范、儿子有意模仿、现场操作为典型特征的技艺传承"惯行"已突破一般教育学意义上的技艺传习，更多地强调对于某种行为和关系的规约。甚至可以武断地认为，以家庭内部父子相授为典型特征的技艺传承"惯行"不只是一种学习方式，乃是中世纪学徒制正式规则成功构建的基础。

综上所述，如果家庭内部父子间有关工具使用和制造经验的传习可以称得上是学徒制在原始社会特定阶段形迹表现的话，那么此时的学徒制具有以下几个特征：第一，此时的技艺传习主要与劳动工具制造经验有关；第二，学习形式上，属于非正式性的家庭式学习，并表现出一对一互动关系的亲密本质；第三，技艺传习过程中两代人之间的结构联系，虽然以血缘关系为纽带，但主要借助财产、继承和家长的统治地位来保证；第四，更为重要的是，传统技艺传递呈现出一种以人身依附关系为基础的个体间相互行为逐步向在某种约定下有序的技艺传习方式转变。显然，非正式的学徒制是古代原始居民学习的一大部分。虽然这种史前

---

① ［美］阿夫纳·格雷夫：《大裂变——中世纪贸易制度比较和西方的兴起》，郑江淮译，中信出版社 2008 年版，第 6 页。

② Joan, L. *Apprenticeship in England*, 1600–1914, London: UCL Press Ltd., 1996: 8.

时期学徒制所表现出的社会文化非正式性并没有反映其后来实例的正式性和契约性，但它有助于说明早期教学和学习中人际交往的重要性。考察最早的古代学徒制可以发现，学徒制的核心特征之一在于师徒关系的独特性质所允许和培养的亲密人际交往。而这种独特的一对一、人对人的互动，不仅为后世学徒制的发展，也给教育这个更大的问题带来潜在的价值。

第二节　正式规制下的学徒制及其功能转向

如果将学徒制的本质仅仅理解为一种基于一般情境活动的学习方式，那么对于学徒制本性的把握是毫无意义的，因为"没有一种活动不是情境性的"，置于情境中的学习，在某些场合，仅仅意味着思想和行动单纯地出现于某一时空中，或仅仅狭义地依赖于外在场景的影响或指引。① 在上文中，亚当·斯密已断定古代没有学徒制，我国学者金志霖在对英国行会史研究的基础上认为，"学徒制度最早可追溯到13世纪"，是"手工业行会经济生活中不可缺少的一部分"，甚至认为，"假如没有学徒制度，手工业行会就无以保证其技术和传统的连续性"。② 由此，"学徒制"与"学徒制度"之间似乎存在着某种隐约的联系，那么"学徒制"是否是一种"制度"，它和行会之间有何关联？对这一问题的回答首先需要对于行会及其相关内容有一个大致的了解。

一、行会组织的勃兴及其对学徒制发展的影响

11世纪前后，农民在很大程度上还不是自由的人，靠提供服务的形式租种小片土地，而孩子的劳动也通常以契约的形式被明确地涵盖在领主与其鉴定的协议中。在中世纪，工业人口只占很小的比例，手工业和制造业主要集中在城镇，其规模远没有我们想象中的那么大。为适应城市小商品经济的发展，维护同一职业者共同利益，小生产者兼商人以共同职业为纽带主动联合起来，成立行业协会。在欧洲，早在10世纪手工业行会就已出现于意大利某些城市，在意大利、法国之后，德国于13世纪在各大城市普遍建立手工业行会。③ 手工业行会的形成

---

① [美] J. 莱夫、E. 温格：《情境学习：合法的边缘性参与》，王文静译，华东师大出版社2004年版，第4页。
② 金志霖：《英国行会史》，上海社会科学院出版社1996年版，第110~111页。
③ [日] 加田哲二：《德国社会经济》，徐汉臣译，商务印书馆1937年版，第84页。

虽晚于商业行会，但一旦其形成就有组织会员的义务。与商业行会不同的是，手工业行会侧重于对城市市场和手工业生产过程的控制，对小商品经济繁荣带来的生产领域中的各种舞弊行为管理地"更细致""更严格"。①

事实上，在早些时候，行会已着手监督其成员对他们所雇用年轻人的指导情况，因为这些年轻人是行会潜在的成员，最终要成为师傅那样的人，当他们年龄足够大的时候，自己会申请进入行会。当然，行会的这种监督行为，至少有以下几方面考虑。第一，通过调控儿童的工作，行会可以保护其成员免受廉价劳动力的竞争。行会存在的重要目的就是保护其成员，这其中就包括劳动安全的保护。从已掌握的文献资料来看，手工业行会通常会借助外在力量，即通过与王室的钱、权交易获得行业生产特许权的方式排斥外来竞争。早期出现的手工业行会每年需向国王支付一定的费用，如英国亨利一世时期（1100～1135年）王室金库账簿已有织匠行会和漂洗匠行会缴款的记录。② 行会向王室缴款的目的在于获得王权的认可，而王室特许状的获取不仅赋予了行会对其成员行使监督的权利，而且还禁止城市中任何人从事该行业，除非他是相应行会的一员。法兰克福呢绒业行会章程中就明确规定："……凡是不属于我们行会的，和不住在本城内的人，不得使用那附在呢绒上的印章。"③ 德国手工业行会对入会人员的申请资格也有严格的要求，申请入会者不仅必须是德国本地人，外国人、其他城市人口、奴隶及农奴的子嗣、非自由民及私生子等不得入会，而且申请者必须缴纳入会金、提供财产证明等。④ 手工业行会作为一种由技术工人组成的团体，为了维持行业团体内部人员的生活，对外最大限度地排斥竞争，在运行过程中表现出明显的独占性。不过，这种独占性又与笼统的垄断不同，手工业行会的"独占"指向明确，不仅独占于某一产品、产品部件的生产、程序的操作，还独占与其相关的"就业机会"，即非行会成员不得从事这一行业。⑤ 第二，行会的监督确保了不断增长的工人们得到了彻底的教育，有利于维持行会良好的声誉。手工业行会是一个由专业工匠组成的正式协会，产品质量是决定其社会声誉的关键，而高质量的产品需要高水平的生产者。但当时手工业从业者受教育程度普遍较低，大多处于文盲和半文盲状态，虽然大部分产品的生产工艺没有今天的复杂，但如果没有适度的指导，单靠实践摸索，其学习效果可想而知，产品质量也无从保障。正是基于这样的考虑，行会对儿童工作的调控和管理有利于发现师傅在指导过程中存在的问

---

① 金志霖：《英国行会史》，上海社会科学院出版社1996年版，第77～78页。
② 金志霖：《英国行会史》，上海社会科学院出版社1996年版，第73～74页。
③ 耿淡如、黄瑞章：《世界中世纪史原始资料选辑》，天津人民出版社1956年版，第100页。
④ ［日］加田哲二：《德国社会经济》，徐汉臣译，商务印书馆1937年版，第88页。
⑤ 金志霖：《英国行会史》，上海社会科学院出版社1996年版，第80页。

题，对生产队伍的优化极为有利。

不过后来，随着财富和声誉的不断增长，手工业行会会员之间的关系也变得复杂和隐蔽，如出现了行会成员之间互相引诱对方学徒的现象。[①] 更为紧要的是，随着财富的增长，行会成员中出现了扩大生产规模的诉求。但在生产力并不是很高的中世纪，绝大多数行会赖以生存的市场都是"地方性的"，对手工业产品的需求数量有限。如果对生产规模不加控制，必然造成行会成员间恶意竞争，不利于成员利益的平衡和维护，也不利于市场秩序的稳定。而对于生产规模控制的主要手段之一就是"限制直接生产人数"[②]。对于手工业行会而言，对生产者的限制，首当其冲的就是限制从业师傅的人数，因为师傅是行会成员，有权生产和销售产品，师傅人数的多寡直接影响生产的规模。其次是限制学徒人数，因为学徒是师傅的后备人选，对生产者的限制需从源头下手。所以，考文垂帽匠行会明确要求每位师傅只能带两个徒弟，而埃克塞特的裁缝行会则规定师傅只能带一个学徒。[③] 显然，在手工业不断发展的推动下，对从业人员的数量及其彼此关系的协调耗损行会大量精力，但行会发现可以通过管理学徒和使培训义务化的方式有效化解这些问题，避免行会成员之间为有限的市场资源而恶性竞争。出于同样的原因，摆在城市管理者面前也有两条路可供选择，要么自愿支持行会，要么他们自己监督学徒。在此背景下，"学徒制"（apprenticeship）逐渐被采用，并在伦敦大多数行会实施。结果，15世纪的英格兰拥有一个"明确的技术训练制度"（a definite system of technical training）。[④] 从那时起，从事贸易和制造业的儿童和年轻人一般从学徒做起。进而，学徒制建立的过程实质上就是行会对市场和生产过程逐步加强控制和监督的过程。在此过程中，行会制定并发布了一系列与学徒和师傅有关的规章制度，对师傅与学徒提出了相应的要求。首先，行会对师傅有严格的控制权，不仅对师傅的工厂设备、工作时间，而且对学徒、帮工的待遇等内容都有详细规定。[⑤] 例如，手工业行会一般要求入行学徒必须经历一定时长的服务期，具体期限各国不一，在伊丽莎白时期通常为7年；师傅为学徒提供适当的待遇，师傅带徒人数设有上限；行会设定成为师傅的必备条件；以出产好的产品和扎实地工作为标准规范生产过程；行会还对成员的道德行为进行了全面的监督，违反规则的行为将受到罚款的处罚，如果屡教不改将被驱逐出行业。[⑥] 其次，

---

①④ Dunlop, J. O. and Denman, D. R. *English Apprenticeship and Child Labour*: *A History*. New York: The Macmillan Company, 1912: 29.
② 金志霖：《英国行会史》，上海社会科学院出版社1996年版，第89页。
③ 金志霖：《英国行会史》，上海社会科学院出版社1996年版，第90页。
⑤ 《世界中世纪史原始资料选辑》，耿淡如、黄瑞章译，天津人民出版社1956年版，第95页。
⑥ Palgrave, I. R. H. *Dictionary of Political Economy*. London: The Macmillan Press Limited, 1894: 429.

对于学徒，行会章程中明确规定，"如果学徒由于轻率鲁莽，从其匠师处逃走，他必须偿还匠师因他的果实所遭受的一切开支与损失"。整体看来，手工业行会对学徒制的参与主要表现在以下几个方面：注册学徒、设定学徒期、规定学徒费用、规范学徒行为、设置师傅带徒人数，为师傅考试和进入行会的费用设定规则（只有师傅才能成为公会成员）等。

  不可否认，行会组织制定与师傅、学徒相关规则的过程完全是出于对行会自我管理的考虑，其目的并不在于发展学徒制，只是事实证明通过学徒制的方式对于行会自身而言，对师傅与学徒互动行为的控制和监督效果更好，这一点在前文中已有所阐述。但需要注意的是，学徒制相关规则的制定虽不是专门针对发展学徒制而设置的，但这些规则的执行却依赖于手工业行会有组织的强制执行。手工业行会为了更好地对生产过程进行管理和控制，不仅在人员组成上配有会长、执事、师傅（行东），其中会长是首领，和执事一起监督会员，而且行会还有自己的法庭，可以对破坏行会条例的行为做出裁决。① 也就是说，学徒制规则的执行并不需要通过外在公立法庭来进行，手工业行会就可以针对违例行为进行司法裁定并实施相应的惩罚。这一过程不仅正式而且具有很强的强制力，对学徒制内在规则的形成起到很好的维护作用。所以在15世纪后期的英格兰，我们发现有相当数量的城镇和行会严格依据学徒所签契约的内容行事，师傅们被允许纠正他们的学徒，只有当学徒被证明是无可救药时，师傅才会诉诸外部权威，而如果师傅滥用权力，行会就会介入。② 同时，这一过程有效地规范手工业从业者的生产过程和劳动秩序，这一点可以从中世纪建筑场景中从业者的表现获得佐证。在中世纪，还没有类似于专业建筑设计师这样的角色，整体的设计和整合也不是仅仅靠工匠的合作就能完成的，"通常由一位从行会的学徒出身的石匠工头来统管全局"，而其手下还有一大批"石匠行会成员"和"粗石匠"，粗石匠主要配合石匠成员做一些技术含量较低、给石头定型的活，"但精细的雕琢和复杂的线脚则需要石匠行会成员来完成"。③ 由此不难看出，经由学徒成长而来的行会工匠技艺高超、水平出众，为社会所认可。同时，也能看出，在行会盛行的年代，"行会成员"还是特权的象征，也是一种身份的标志，而这样的身份可以通过学徒到师傅的晋升路径逐步获得。因而，学徒制对于处于城市初创和动荡岁月中的人们来说，无疑具有极大的吸引力，再加之对于有违社会预期行为的有组

---

  ① [苏] 科斯敏斯基、斯卡斯金：《中世纪史》（第一卷），朱庆永等译，生活·读书·新知三联书店1957年版，第295页。

  ② Dunlop, O. J. Some Aspects of Early English Apprenticeship. *Transactions of the Royal Historical Society*, 1911, 5: 198.

  ③ [英] R. H. G. 汤姆生：《中世纪的工具》，引自 [英] 查尔斯·辛格、E. J. 霍姆亚德等主编：《技术史》（第二卷），王前、孙希忠译，上海科技教育出版社2004年版，第276页。

织惩罚,从学徒做起、在师傅指导下习得道德规范和一技之长越来越为人们所接受。

可以认为,此时的学徒制更多地作为行会组织内部的一种正式制度而存在,并通过行会有组织的惩戒机制规约着人们的行为。显然,随着行会组织的介入,学徒制的功能已发生转向,已不再是家庭内部成员间进行技艺传递及教育的非正式学徒制,而更多地作为一种进入职场的控制手段。确切地说,此时的学徒制已蜕变成一种行会、师傅及学徒之间行为约束和关系协调的正式内在制度。与此同时,学徒制参与主体、彼此间的关系以及各主体在实践中所扮演的角色也较之古代学徒制有很大不同。在此过程中,行会更多地发挥管理者的功能,而师傅除了技能传递者之外兼具雇用者的角色,学徒更多地作为学习者和被雇用者,并作为一个群体,与师傅间的互动具有明显的地方性。

二、法律规制下的学徒制

学徒制建立过程中行会制定了一系列有关师傅和学徒的规章制度,这些制度的存在对师傅与学徒交往中可能发生的机会主义行为具有重要的抑制作用,并无一例外地对相应的违规行为施加某种惩罚。但也应看到,此阶段的学徒制缺乏明显的外部强制性惩戒手段,罚款是其主要手段,因而行会规则在执行过程中存在很大的"灵活性"。按照惯例,学徒要获得自由民身份,需要做一段时间帮工之后才能成师傅;同样,作为帮工,在他们可以成为师傅之前,必须先从当地的行会中获得自由才能为自己工作。然而,在某些行业,其行会章程又允许帮工们可以通过其他途径获得自由。例如,在1348年的伦敦,锡镴匠行会要求任何人在被录取为学徒之前,不得从事该行业,除非他是一个合法的工人,或者有着丰富的工作经验;在1444年,北安普敦的裁缝们承认了两种自由的资格,一种为"门外汉"服务,需支付3先令4便士;另一种为做学徒,由接受学徒者支付1先令8便士。① 此外,行会内部学徒制规则主要还是平行地应用于平等主体之间,规则内容的制定是行会成员根据本行会情况通过行东大会自行设定的,不同行会组织之间规则内容的设置有所侧重,即便是同一行业,因所在地域不同,行会对于同一规则的理解也不尽相同。也就是说,由行会自行制定,旨在对师徒交往进行规约的学徒制规则,存在内容表述不一致、意义含混等问题,进而导致行会内部很多学徒制规则内容并未在社会上被广泛地了解。如上文所提及的英格兰

---

① Dunlop, O. J. Some Aspects of Early English Apprenticeship. *Transactions of the Royal Historical Society*, 1911, 5: 193–208.

伦敦手工业行会学徒制规则的建立与发展就明显早于英格兰其他地区，但其相关规则只在伦敦及相关行会内部普遍流行，伦敦以外地区对于其具体内容其实并不十分清楚。同样，在德国以及欧洲其他国家也存在同样的问题。因此，乔斯林·邓洛普（Jocelyn Dunlop）坦言，直到1562年《工匠法》的颁布，英格兰城市和行会记录中有关学徒制的概念才清晰起来。① 这一法令在英国劳动力发展史上具有相当重要的意义。该法令明确规定，城市中所有的行会都实行7年期的学徒制；有3个学徒的车间至少要雇一位工匠，每增加一名学徒增加一名工匠；夏季劳动时间从上午5点到晚上6~8点，冬季劳动时间从白天到黄昏，用餐时间不超过两个半小时；对那些拒绝当学徒的人处以监禁刑罚；该法案由治安法官或该法案中指定的其他地方法官负责管理，并被授权对主人和学徒之间的纠纷进行仲裁。②

很明显，经由官方编纂并正式发布的学徒制规则对师傅、学徒等权利和义务有了较为清晰的界定。更为关键的是，这样一来，对于违规行为的惩罚不再局限于行会组织内部，而是由政府机构作为审理和执行的第三方介入，对所有行会组织内部的违规行为都具有控制力，在惩罚的主体掌握方面要明显高于行会。此种情形在柯武刚（Wolfgang Kasper）和史漫飞（Manfred E. Streit）看来，通常属于外在制度的表现。③ 依此分析理路，伴随着诸如《工匠法》（The Statue of Artificers）之类的学徒制法令的正式颁布与实施，原本仅作为行会正式内在制度的学徒制，在政府合法手段的作用下被上升至国家层面，并以国家正式法令的形式对相关主体的行为进行规约。相对于行会共同体内部存在的正式制度，国家法令规约下的学徒制，因惩罚主体的高移，突破了内在规则的界限，明显带有强烈的外部性。从这一意义上说，学徒制已然作为一种外在的制度被设计与执行。不难判断，作为内在制度的学徒制与上升为法律制度的学徒制之间存在本质区别。作为行会内在制度的学徒制，其功能的充分发挥通常取决于两方面因素：其一，排外和独占，对内部人与外部人进行严格的区隔，并通过建立相应的内在规则体系作为其活动的基础。其二，行会内部有组织的正式惩罚的存在。对于作为内在规则的学徒制而言，只有在参与人数一定（或者说有限）且违规者能被有效阻隔的前提下，学徒制作用的发挥才是充分的。但对于不断发展的手工业而言，传统手工业对于参与人数限制性的规定受到了挑战，伴随着参与人数数量的不断

---

① Dunlop, O. J. Some Aspects of Early English Apprenticeship. *Transactions of the Royal Historical Society*, 1911, 5: 193-208.

② Palgrave, I. R. H. *Dictionary of Political Economy*. London: The Macmillan Press Limited, 1894: 430-431.

③ ［德］柯武刚、史漫飞：《制度经济学：社会秩序与公共政策》，韩朝华译，商务印书馆2000年版，第127页。

突破，手工业行会对学徒制不可能继续完全控制。与此不同，作为外在制度的学徒制，其制度规则的建立和功能发挥主要取决于外在政治权力机构的有组织参与。这里需要强调的是，作为外在制度的学徒制规则并不是对行会内在学徒制规则的完全否定和排斥，其构建的目的也不是要替代后者，毕竟，外在制度规则与"通行的内在制度相一致时"，其对社会成员行为的影响更具"规范性"。① 而与此同时，行会对学徒制上升为国家法律不但不排斥，反而更愿意提供支持，因为与学徒相关的立法符合他们的利益，进而"通过行会规则补充法律的不足"②。不管怎么样，在中世纪，学徒制作为一种制度存在已成不争事实，不过这样的制度并不是作为一种单项的规则存在，在惩罚主体高移的背景下，学徒制本质更多地表征为一种制度体系，该体系不仅有内在的规则（本体制度），还应有外在的制度规则（支持性制度）。毋庸置疑，国家立法对一国学徒制的制度化和功能发挥影响巨大，法律条文的生成打破了行会学徒制度的地方性局限，使这一制度上升为国家的意志，国家通过其执行机构（政府部门）在培训和监督方面承担重要责任，因而政府在学徒和学徒制的治理和管理上的影响力越发明显。不过，虽然立法表明政府实质上控制了学徒制的治理，但似乎在相关法律通过之后，行会也保持了一段时间的控制，而且即便地方治安法官在地方一级监督国家法律，但治安法官在如何严格执行这些规则方面存在很大的灵活性。③ 很明显，上升为国家意志的学徒制，其参与主体及彼此间的互动关系变得更加复杂。

所以，正如我们所相信的那样，当义务教育还未普及到足以满足每位儿童需要的时候，在工作中帮助父母曾是儿童学习职业和开始生活的最显著也是最容易的方法。但与这种在家中随意劳作的孩子截然不同的是，中世纪手工业行会中的儿童，他们在制造业方面有固定的工作，为了维护行会成员利益，行会和城市管理者以学徒制的方式对其进行管理和训练。回到本节问题本身，产生于中世纪的学徒制不仅是一种制度，而且应该是一种促进管理与训练的制度体系。如果非要对其进行一个阶段性定性的话，那么可以这样认为，"学徒制"是一种为了满足生产需要而对青年人进行训练和管理的制度体系，其功能特征在于：①明确了师傅、学徒的身份和资格（解决合法性问题）；②构建合法的师徒关系；③明确各方权利和义务；④对违规行为由第三方正式惩罚。

---

① ［德］柯武刚、史漫飞：《制度经济学：社会秩序与公共政策》，韩朝华译，商务印书馆 2000 年版，第 131 页。

② Dunlop, J. O. and Denman, D. R. *English Apprenticeship and Child Labour*: *A History*. New York: The Macmillan Company, 1912: 20.

③ Epstein, S. Craft Guilds, Apprenticeship, and Technological Change in Preindustrial Europe. *The Journal of Economic History*, 1998, 58 (3): 684–713.

第三节 现代学徒制的制度化及其结构特征

不可否认,学徒制的发展对制度供给的需要越发明显。也因如此,学徒制度的构成要素越发复杂,进而不同要素之间因情境或环境的变化引发内部冲突、矛盾甚至是新的组合,从而引致新的学徒制度的形成及其结构的变化。

一、传统学徒制度的解体

"传统"和"现代"是两个相对的概念,"现代"作为一种对"当前时代性质"的指称可追溯至6世纪晚期,但"现代性"对"传统体系"的挑战则发生于"十二至十八世纪"[①]。正是在这一过程中,即18~19世纪,学徒制度面临解体。[②]

(一) 规制性规则难以为继

手工业行会与学徒制发展之间关系密切,因为学徒契约的细节必须通过手工业行会来执行,行会通过惩罚违反合同的师傅和学徒,克服了人力资本形成的外部效应。[③] 但大约在1500年,欧洲行会的格局开始发生变化:不属于任何正式协会的个体中间商(individual entrepreneurs)的数量激增;手工业行会的势力开始削弱,因为贸易和工业转移到农村,其他许多城市的居民也想在那里经营,任何源于某一个城市的行会规定都不能被完全执行。[④] 也就在这个时候,最大的欧洲贸易城市——阿姆斯特丹,完全禁止了商人行会;荷兰最大的纺织城市莱登废除了手工业行会;佛兰德斯地区(Flanders)发展了巨大的农村工业区,聚集了成

---

① [美] C. E. 布莱克:《现代化的动力——一个比较史的研究》,段小光译,四川人民出版社1988年版,第12~13页。
② Lauterbach, U. Apprenticeship, History and Development. InT. Husén and T. N. Postlethwaite (eds.). *The International Encyclopedia of Education.* Oxford: Pergamon, 1994: 316.
③ Epstein, S. R. Transferring Technical Knowledge and Innovating in Europe, c. 1200 – c. 1800. In J. L. van Zanden and P. Marten (eds.). *Technology, Skills and the Pre – Modern Economy in the East and the West.* Boston: Brill, 2013: 31 – 32.
④ Ogilvie, S. The European Economy in the Eighteenth Century. In T. W. C. Blanning (ed.). *The Short Oxford History of Europe.* Oxford: University Press, 2000: 101.

千上万的无行会背景的生产者和商人。① 在英格兰，16 世纪许多城镇的行会都衰落了，只有 1/4 的行会存活到 1600 年。到 17 世纪，即使是强大的伦敦行会，也就是所谓的"伦敦同业公会"（Livery Companies），也越来越无法阻止伦敦公民自由地从事任何职业，对于市中心以外管辖区域和郊区非行会成员的生产行为根本无法控制，同时对于行会成员的系统管理也是无计可施。②

在过去，手工业行会行使的监督权，以及对《工匠法》的执行，都被认为是国家工业生活福利不可或缺的一部分。因而，王室也积极支持行会，市政当局也是如此，而全国各地的公众舆论都站在他们一边。因此，非法工人只能秘密地进行交易，并有立即被起诉的风险。但在现代性的挑战下，行业详细监管价值的信念正在下降。第一，自由贸易作为一项"自然权利"，被人们所接受。根据《工匠法》，一个人只有在他当了 7 年的学徒后才有资格入行，这一规定的执行虽受英国内战（1642~1651 年）的影响，但在战后查理二世的领导下，大量的手工业行会或公会（companies）通过或重新制定了关于学徒制的法律，成年男子被禁止从事某一行业或工作，除非他们做过 7 年的学徒。但在亚当·斯密的《国富论》出现之后（1776 年），制造商们将自由放任理论作为他们在工业上不受限制的竞争和控制政策的知识和道德的辩护。③ 自由贸易逐步作为一种自然的、共同的法律权利被人们所接受，而法律界总是反对任何限制"自然权利"的法律。在此背景下，越来越多的人在没有被约束的情况下从事贸易，执行学徒制的任务比已往任何时候都要困难。④ 第二，手工业行会并没有足够强大来执行这些规则。随着未经学徒训练但被迫承认或默认许可的工人人数的不断增加，劳动力市场变得越来越拥挤，面对这一新的挑战和困难，手工业行会和公会开始着手发明新的自我保护方法。旧的法律仍在继续，但除此之外，还采用了其他的方法，如收取学徒更高的费用，以及规定在雇用学徒之前，师傅必须具备足够长时间的自由人身份。但正如人们所怀疑的那样，行会并不总是足够强大来执行这些规则，很多时候，这些规则只是一纸空文。一方面，行会不再得到国王的积极支持。对于行会，此时的王室采取了一种不干涉的政策，以便不妨碍行会的发展，让行会成员自由地去做他们能做的事。但同时，这也就意味着王室不再采取任何进一步的措施来帮助手工业行会的发展。另一方面，行会自身的调查体系也不那么活跃了，对于那些违反行会规定者也不再像早期时候那样记录在册。第三，手工业行会规则的执行不再得到地方法官的积极支持。行会越来越发现法官在处理纠纷时对相

---

①② Ogilvie, S. The Economics of Guilds. *Journal of Economic Perspectives*, 2014, 28 (4)：169 - 192.

③ Webb, S. and B. *A History of Trade Unionism*. New York：Longmans, Green and Co., 1920：49.

④ Dunlop, J. O. and Denman, D. R. *English Apprenticeship and Child Labour：A History*. New York：The Macmillan Company, 1912：112.

关规则所做出的司法解释只适用于"城市居民",而且所适应的行业范围也很狭窄,只限于已往的行业,而对于新兴职业岗位,旧的法律并不适用。[①] 第四,学徒制度规则的遵守受城镇管理者热情下降的影响。如在伊丽莎白时代和斯图亚特早期,市政当局强制执行学徒制度,拒绝承认无学徒经历人员的自由人身份。但在17世纪晚期和18世纪早期,城镇对学徒的态度发生了变化。当时的记录显示,越来越多的人倾向于通过金钱支付换取人身自由,而这种对不断增加的"赎买者"的准入给学徒制规则的遵守带来了极为不利的影响。通过出售自由,这些城镇可以增加诱人的收入来源,出于对收益的贪婪促使城镇接纳了这些赎身者。正如乔斯林·邓洛普(Jocelyn Dunlop)所指出的那样,"这些城镇不再执行学徒制度的真正原因在于,学徒制对他们而言已经不再有什么大的好处了"[②]。正如我们所看到的,行会虽然在努力地执行学徒制度,但现在几乎是孤军奋战,因为政府不再在《工匠法》的管理中发挥重要作用,法院似乎也反对这种做法,而市政当局发现自己无法利用这一点来发挥自己的优势,进而对学徒制的态度也近乎漠不关心。

在欧洲其他国家,如德国,与手工业行会关系密切的学徒制度同样受到自由贸易和商业发展的影响。[③] 中世纪的德国,都市中占支配地位的是工商业,工业以手工业为主,依据顾客需要进行生产和贩卖,资金微少,生产者既是手工业生产者,同时也承担商人的角色。随着生产的发展,各城市的自由手工业者为了谋求共同利益,自由结合成立"同行公会"。在同行公会成立初期,入会条件自由,行会独占化倾向不明显,以确保会员安定和自由为最大目的。但在16世纪以后,受商业资本支配下的家庭工业和工场手工业发展的影响,同业公会虽极力反抗,但终因狭隘的生产力难以满足对外贸易和大规模生产的现代要求而失去了对市场的控制力,逐步衰退。[④] 不过,在德国,中世纪以来建立的与行会关系密切的学徒制度虽然退化了,但在19世纪仍然存在。[⑤] 而且,随着工业化的推进,与英国学徒制的发展呈现出异样的路径。

(二) 约束性期待的破灭

很难确定工业革命到来的确切日期,但在蒸汽机发明之后,随之而来的机械

---

① Rule, J. *The Experience of Labour in Eighteenth - Century Industry*. London: Croom Helm, 1981: 108.

② Dunlop, J. O. and Denman, D. R. *English Apprenticeship and Child Labour: A History*. New York: The Macmillan Company, 1912: 122.

③ [日]细谷俊夫:《技术教育概论》,肇永和、王立精译,清华大学出版社1984年版,第32~34页。

④ [日]加田哲二:《德国社会经济》,徐汉臣译,商务印书馆1937年版,第107~108页。

⑤ Deissinger, T. The Evolution of the Modern Vocational Training Systems in England and Germany: a comparative view. *Compare*, 1994, 24 (24): 17 - 36.

引入，引领了工业革命的时代。从整体上看，机器生产使许多工业部门可能存在使用非熟练工人代替熟练工人的嫌疑。① 而事实上，在某些行业的分支中，男孩确实取代了成年男子的工作，如在兰开夏郡（Lancashire）一家店内，与55名学徒同时工作的只有2名熟练工人，因此在（印染业）新的条件下，"熟练工人们开始抱怨学徒过度增加"的现象也就不足为奇了。② 也正因如此，工业革命对传统手工行业中学徒、熟练工人和师傅的影响是直接的、深远的，也是灾难性的。首先，就学徒而言，在这样的条件下，强制学徒制度日趋沦为一种为了雇主利益而剥削学徒、损害学徒利益的一种手段，因为学徒是被束缚的，无法逃脱，而雇主很容易找到一个借口来解雇一个学徒。此外，随着劳动分工的不断扩大，学徒的工作与熟练工人的工作相互分离，培训变得并不那么容易，学徒只能从事单一的操作。③ 因此，学徒很难看到在一个行业多年稳定工作的前景。同时，手工作坊外，非熟练工人得到的更多工资以及不受约束的"自我独立"使学徒开始变得不安分并希望改变。④ 其次，对于熟练工人而言，面对男孩的竞争以及市场对技能需求水平的下降，他们的工资迅速下降，在行业中所处的位置越发边缘化。因此，在工厂中的熟练工往往把男孩视为潜在的对手，担心他们最终会取代自己，所以并不会向他们展示所有的行业技巧，让他们自己去摸索，是当时对新手的普遍看法。⑤ 最后，对于师傅来说，他们此时也无法与机器制造的廉价商品竞争，他们的处境和熟练工人一样糟糕。不可否认，在没有就业安全保护的状态下，师傅与学徒之间的关系是微妙的，学徒教育与培养质量难以为继。正如查尔默斯（Chalmers）看到并认为的那样："学徒制度应该被废止。"⑥

事实上，从个体工厂主（the individual manufacturer）的立场来看，学徒制度的实施无利可图。在他们看来，学徒的目的是尽可能多地学习，而工厂的目标是尽可能便宜地生产。为此，在竞争条件下，制造商必须以尽可能高的效率运行他的机器，如果一个工人在掌握了任何一个给定的过程后立即转移他的工作，上述目标不可能实现。这也就意味着，为了避免学徒日后的转移，工厂中的学徒不可

---

① Cunningham, W. *The Industrial Revolution*, *Being the Entitled Parliamentary Colbertism and Laissez Faire*. Cambridge：The University Press, 1908：615.

② Cunningham, W. *The Industrial Revolution*, *Being the Entitled Parliamentary Colbertism and Laissez Faire*. Cambridge：The University Press, 1908：640－641.

③ Bray, R. A. *Boy Labour and Apprenticeship*. London：Constable and Company Limited, 1912：20.

④ Douglas, P. H. *American Apprenticeship and Industrial Education*. New York：Columbia University, 1921：83.

⑤ Douglas, P. H. *American Apprenticeship and Industrial Education*. New York：Columbia University, 1921：82.

⑥ Cunningham, W. *The Industrial Revolution*, *Being the Entitled Parliamentary Colbertism and Laissez Faire*. Cambridge：The University Press, 1908：660.

能被教授整个生产过程，而仅仅是一个特殊的具体环节。此时的学徒制被剥夺了行业教育的特点，被框定于具体生产环节的年轻人，虽然表面上是一个学徒，但实际上只是一个缺乏训练的工人。此外，对于工厂主而言，"磨合"（breaking in）一名员工的最初费用实在是太高，不仅正常的生产秩序可能受到干扰，而且要投入一定的培训时间，甚至还可能造成产品的损坏，因此一旦员工掌握了某台机器的工作原理，对于雇主而言留任比让他离职更有利可图。① 然而，如果企业投入学徒培训，但却不能保证能永久享受他的服务，会使得学徒训练成本变得更高，因为对于提供学徒训练的雇主来说，唯一获利的机会就是享受受过训练学徒带来的生产力提升。可是，一旦学徒接受了培训，而那些不愿意提供训练的雇主如果可以轻易把他们"挖走"，那么不培训学徒的雇主反而可以获得额外的收益。这对于整个行业来说可能存在一定的利好（可以为整个行业提供训练有素的学徒），但对于单个生产经营者而言，这通常意味着损失。因此，受训者和雇主之间如何达成一种"可信承诺关系"是学徒制度稳定所面临的关键挑战。②

不可否认，学徒制度的衰败与初期工业革命所引发的外部劳动力市场需求的变化息息相关。③ 然而，更应该看到，在工业革命的影响下，原本维系学徒角色所应有的社会环境受到了致命的打击，工厂中学徒本该有的教育情境与实然的职位要求完全不匹配，维系学徒制运行的规范框架难以存续。受其影响，一方面，学徒的教育特征被剥夺，包括行业和公民教育；另一方面，孩子们被添加到工业中，甚至不是名义上的学徒，而仅仅是童工，学徒和童工曾是同义词，但现在变得独立而不同。④ 可以认为，奠基于可信承诺关系的约束性期待的破灭颠覆性地改变了"学徒"角色原本所特有的目标、态度和行为的模式，"加速了"学徒制度的崩溃。

（三）师徒间行动逻辑的异化

在手工业行会的控制下，师傅与学徒之间的个人关系是学徒制度成功的重要因素，但资本主义的萌芽和发展，日渐削弱了这两者之间的个人关系，并损害了对年轻人教导的有效性。在中世纪，工匠拥有薄产，他可以负担得起一个或两个

---

① Douglas, P. H. *American Apprenticeship and Industrial Education*. New York：Columbia University，1921：81.

② Thelen, K. *How Institutions Evolve：The Political Economy of Skills in Germany，Britain，the United States，and Japan*. New York：Cambridge University，2004：18.

③ Douglas, P. H. *American Apprenticeship and Industrial Education*. New York：Columbia University，1921：80.

④ Douglas, P. H. *American Apprenticeship and Industrial Education*. New York：Columbia University，1921：54-55.

学徒，而大多数的手工业行会都制定并通过了一定规则限制任何一个师傅可能接受的学徒数量。但早在 15 世纪，就有一种倾向，即拥有一定资本的雇主无视这些规则。而到了 17、18 世纪，"学徒过剩"的倾向已经扩展到大多数行业。在 18 世纪，政府甚至直接废除了贸易行业限制学徒人数的中世纪限制（the medieval restrictions）。① 因而，在一些师傅可以带十个或更多的学徒却只配有一位熟练工人的情形之下，师傅与学徒之间那种类似于父子的传统家庭关系难以为继，师傅不太可能提供适当的行业指导。而至于资本主义工厂主，也不可能让二三十个衣衫褴褛的孩子成为他们家庭的一部分，自己更不可能代替他们父亲的位置，花时间提供必要的私人教学更是无从谈起。② 即便某个工厂主倾向于这样做，但出于经济利益也会迫使他选择放弃，因为通过学徒和其他工作人员的增加，小作坊变成了工厂，他们倾向于把工人限制在一个或两个生产过程中，让他们变得特别熟练。③ 因此，有观点认为，师傅与学徒之间的社会鸿沟，在很多情况下是由资本的崛起所引发的，来自社会底层的学徒们不能指望总是能在他们师傅的房子里得到平等的待遇，特别是那些被当局强迫接受这些学徒的师傅更是如此。④ 资本和竞争带来了雇主和雇员之间、师傅和学徒之间的对立。⑤ 除此之外，机器在生产中的应用加剧了这一关系间的矛盾。机器的发明往往使男性更局限于特定的工作部门，从而阻碍了他们对任何制造部门所有流程有全面的了解。通常情况下，这使得非熟练工人的替代成为可能。因此，从师傅的经济观点来看，长期的学徒生涯是不必要的。在许多情况下，孩子们现在能够管理机器和从事以前需要大人注意的工作。这样，学徒制就变成了童工的实践，孩子们可能会保留学徒的名字，但他们实际上是可怜的、无知的工厂"小职工"。

显然，在 17 世纪和 18 世纪，工厂制的发展超过了手工业行会制，并且越来越不关注由行会或政府对学徒数量的限制，师徒间亲密的互动关系发生了质的变化。就师傅层面而言，一方面，面对大量的学徒，蜕变为工厂主的师傅无法继续维持与一两个学徒那样相同的个人关系，工艺指导和道德训练也因此受到影响；另一方面，随着大量学徒的加入，受雇于工厂主并由熟练工人充当的师傅们往往

---

① Webb, S. and B. *A History of Trade Unionism*. New York：Longmans, Green and Co., 1920：47.

② Scott, J. F. *Historical Essays on Apprenticeship and Vocational Education*. Michigan：Ann Arbor Press, 1914：64.

③ Cunningham, W. H. *The Growth of English Industry and Commerce in Modern Times*. Cambridge：Cambridge University Press, 1892：615.

④ Scott, J. F. *Historical Essays on Apprenticeship and Vocational Education*. Michigan：Ann Arbor Press, 1914：69.

⑤ Brentano, L. *On the History and Development of Gilds, and the Origin of Trade - Union*. London, 1870：89.

倾向于使学徒熟练掌握一两个生产过程，而不是整个行业。就学徒角度而言，随着机器使用的增加，熟练工人需求的减少，学徒沦为机械的非熟练工人。不难判断，在那段时期，学徒的社会和经济利益都没有得到妥善的照顾。在后来的日子里，学徒制度走向瓦解在所难免。

综合前文，源自中世纪的学徒制度在资本和竞争的冲击下最终走向瓦解。虽然这一结果在一定程度上归因于我们所描述的社会环境的改变，但具体而言，却与制度的实施与监督、可信承诺关系搭建以及师徒之间正确个人关系的构建关系密切。那么，学徒制度的瓦解是否意味着传统意义上的学徒式技艺习得方式的完全绝迹？还是说作为某种形式继续存在于企业内部或社会不同角落？同时，这样的形式是否具有制度再制的可能？如果可能，这样的过程受什么样的条件制约或影响？构成条件各因素之间是否存在某种内在的机制？而这样的过程伴随着工业化的脚步悄然而至。

二、制度再制：现代学徒制的制度化

不可否认，受自由贸易和商业发展、初期工业革命所引发的外部劳动力市场需求变化，以及学徒训练过程中可信承诺关系波动等因素的影响，与中世纪手工业行会关系密切的学徒制度最终走向瓦解。然而，工业革命之后的社会变化和经济扩张，对合格的熟练工人产生了越来越大的需求，人们越来越意识到学徒训练在农业文明向现代工业文明转变过程中的重要价值。自19世纪中期开始，人们开始尝试将学徒制培训重新带回"正轨"（on the right track）。[①] 关于学徒制度是否具有普遍恢复的可能性问题，已有学者做出提醒，这一制度是中世纪条件的产物，它并不完全适应于任何时代和所有情况，如果学徒制度要复兴，那么它必须以一种与中世纪完全不同的形式进行。[②] 然而，这样的形式是什么，并无定论。不过，这并不能阻滞学徒制度在现代社会的重新建构。

（一）纳入正规教育体系的现代学徒制

伴随着19世纪后期欧洲工业化步伐的加快，尤其是第一次世界大战之后，政府对于发展学徒制度的热情不断高涨，其中最为积极的当属法国。该国因人口

[①] Lauterbach, U. Apprenticeship, History and Development. In T. Husén & T. N. Postlethwaite (eds.). The International Encyclopedia of Education. Oxford: Pergamon 1994: 311.

[②] Scott, J. F. Historical Essays on Apprenticeship and Vocational Education. Michigan: Ann Arbor Press, 1914: 70.

少，为保证学徒数量，1925年发布了《阿斯钦法》并要求：对每年纳税10 000法郎以上的雇主征收学徒税；如果雇主本身提供学徒训练设备，则可免税；而对于不符合上述条件的雇主，则强制其学徒到补习学校接受教育；学徒毕业后，可以获得职业证书；等等。法国试图以此为基础，推动学徒制在全国的普及和发展。继法国之后，比利时、捷克斯拉夫、荷兰等国的学徒教育也得到了显著发展。例如，比利时"技术指导者及职长学校"的学徒人数，与战前相比几乎增加了两倍，而施行学徒教育的职业学校的学徒人数，约增至战前的六倍；在捷克斯拉夫，除了半日学校之外，州立学徒学校日益普及，学徒人数达10 000人；荷兰在1929年至1930年间，建有学徒学校105所，合计招收学徒23 370人。统观以上各国学徒制度发展情况，大半以全日学徒学校替代或充实改善企业内学徒训练。①

而在德国，为了对抗自由主义技能培训体制，自19世纪60年代末开始至1897年《手工业保护法》的出台，最终以法律的形式重新确立了学徒培训的稳定地位，一些旧的学徒制度得以恢复。但此时，绝大多数德国人继续在农业生产部门工作，正式的学徒培训范围有限，只有手工业行业才有官方规定，有专门的培训内容。这种情况在20世纪前20年里发生了新的变化，由于第一次世界大战的伤亡造成了参与学徒制培训的年轻人数量有限，由此带来技术工人的供给严重不足，再加上1918年经济危机的冲击，在一些地区，对由手工业工匠师傅传授技能的学徒制培训模式"怨声四起"，改革学徒制成为国家的一项主要议程。② 1921年，由工会与雇主组成的中央劳动共同体组织（ZAG）设计了一套覆盖工业和手工业培训管制的正式制度框架，努力打破手工业协会对学徒培训的完全控制，并要求对学徒培训体系的监督进行一次彻底的改造，以保证所有年轻人都能得到培训。值得注意的是，所设计的方案并不像欧洲其他国家那样（如瑞典），热衷于追求以学校教育为基础的职业培训模式而对厂内培训模式持怀疑态度，方案内容不但不排斥厂内培训，反而号召更多的企业开展厂内培训活动。③ 自1930年开始，工商总会（the Chambers of Industry and Commerce）开始为技术工人举行考试，在此之前，这一直是手工业协会的专有权利。但直至1935年，标有名称的职业活动和职业培训课程才在法律层面获得认可，劳动部在法律上保证，工业企业主长期竭力争取的专业工人考试与手工业满师考试，享有同等地位。④ 与

---

① 《学徒制度与技术教育》，伍绍垣译，国立编译馆1941年版，第1～3页。
② Thelen, K. *How Institutions Evolve: The Political Economy of Skills in Germany, Britain, the United States, and Japan*. New York: Cambridge University, 2004: 63.
③ Heinrich, A. *Das Berufsproblem im gewerblichen Ausbildungs-und Schulwesen Deutschlands*. Braunschweig: GeorgWestermann Verlag, 1963: 48.
④ 黄日强：《战后德国职业教育研究》，新华出版社2006年版，第12页。

之相关，手工业协会的统治地位因专业考试的垄断地位被打破而不复存在。到了 1937 年，大约有 100 个行业以统一的技能框架作为熟练工人考核的基础。[①] 同年，中央机构开始通过制定统一的教学计划，将企业培训与职业学校教学更紧密地结合起来，职业学校的管理和经费问题也以法律的形式被统一起来。随着 1969 年《职业培训法》（The Vocational Training Act）的通过，结束了手工业和工业领域发展的分歧，"需经培训的职业"最终取代了熟练、半熟练和非熟练职业之间的区别。[②] 与 1953 年的《手工业管理条例》（Craft Regulation Act）一样，《职业培训法》是联邦法，是对以前许多做法的一次概括和巩固。从表面上看，《职业培训法》似乎只对工作场所的培训进行管理，并没有提到"双元制"一词本身，也没有关于职业学校的直接规定，但该法的规定确认了另一个"训练地点"的存在，从而暗示了企业和学校的共同责任。[③]《职业培训法》既包括职业培训的私人领域，也包括职业培训的公共领域，是西方世界"最全面、最详细的学徒培训监管体系"[④]。《职业培训法》的通过为学徒培训的广泛合理化奠定了法律基础，范围涉及工业、手工业、商业、行政、农业及家庭经济等领域的学徒培训。自此，"职业培训"和"职业学校"的概念作为专业工人培训特有的标志，在德国工人和企业主阶层中得到广泛传播，德国传统职业教育制度中"教育"与"培训"间的割裂状态得以统整，学徒制以一种新的形式被纳入国家正规教育体系，并被"法制化"。[⑤]

不可否认，以德国为代表的双元学徒制，源于中世纪盛行于欧洲行会制度之下的"学徒训练形式"，并在政府政策与民间企业组织的配合下，渐渐成功发展为今天极具特色的训练制度。但和其他任何培训制度一样，面对不断演变的经济和就业结构，双元学徒制必须根据新形势的要求进行修正和不断现代化，进而在政策供给和制度安排方面需要包括一系列广泛的措施来协调培训工作、发展就业能力和职业融合。相关内容将在第五章中作进一步阐述。

---

① Benner, H. Arbeiten zur Ordnung der Berufsausbildung vom DATSch bis zum BiBB. In W. D. Greinert et al. (eds). *Berufsausbildung und Industrie Zur Herausbildung industrietypischer Lehrlingsausbildung*. Berlin：Bundesinstitut fur Berufsbildung, 1987：273.

② Deissinger, T. The Evolution of the Modern Vocational Training Systems in England and Germany：a Comparative View. *Compare*, 1994, 24 (1)：17 – 36.

③ Deissinger, T. Germany's Vocational Training Act：Its Function as an Instrument of Quality Control within a Tradition – Based Vocational Training System. *Oxford Review of Education*, 1996, 22 (3)：317 – 336.

④ Raggatt, P. Quality Control in the Dual System of West Germany. *Oxford Review of Education*, 1988, 14 (2)：163 – 186.

⑤ 陈威凯：《台湾职业训练探讨——以德国为借镜与比较》，载于《科技与人力教育》2016 年第 2 期，第 14 ~ 38 页。

(二) 以企业雇主为行动主体的现代学徒制

与以德国为代表的双元学徒制度建构过程不同，英语语系国家尤其是英国在学徒制"复兴"路径的选择上走向了另一端。在英国，18 世纪末学徒制度走向衰败以后，尽管"徒弟"这个词还在使用，但它已沦为"低工资工人的一种代名词"[①]。在经历两次世界大战的悲痛之后，人们重新反思青少年的雇佣政策和人力培训问题，并于 1964 年制定了《产业训练法》(Industrial Training Act)，旨在通过国家对训练的直接干预，扩大学徒的数量和训练质量。该法律要求开设"昼间走读制"班级，允许在职青少年在学徒期第一年到政府批准的"产业训练中心"接受全日制教育；而且突出强调，工人培训所需费用由企业承担；对符合标准的企业，国家给予补助。[②] 该法案发布之后，政府建立了一个向雇主征税的制度，并为那些提供培训的人提供补助，以帮助分摊雇主培训的费用。然而，这一规定遭到了雇主的广泛反对，征税和补助的额度随后被削减[③]。1964 年的《产业训练法》标志着一种以"工业培训委员会"(ITBs) 的形式形成职业教育伙伴关系模式的尝试，以及一种对大企业征税的政策鼓动。[④] 由于 1970 年金融体制的变化，1973 年的《就业和培训法案》降低了学徒制的税收和它资助的补偿。20 世纪 80 年代标志着英国职业培训活动和变革时代的开始，最明显的是引入了"国家职业资格证书"(National Vocational Qualifications)，政府为青年培训提供资金，扩大了教育范围，建立了培训和企业委员会。[⑤] 然而，在富勒（Fuller）和昂温（Unwin）看来，学徒制度的建构依赖于各个时代不同参与者之间的互动，但作为一种正式制度安排的学徒制却在 20 世纪七八十年代被主要关注其他职业学习模式的政府所轻视。[⑥] 在这一时期，后来支撑学徒制的组织体系开始发展，这种新利益的发展似乎是一系列因素共同作用的结果，其中就包括越来越多的人认识到国家利益正在输给国际竞争对手，以及年轻人就业越来越难等。20 世纪 70～90 年代，学徒制经历了一段"低迷"时期，"雇主资助的学徒制"实

---

① [日] 细谷俊夫：《技术教育概论》，肇永和、王立精译，清华大学出版社 1984 年版，第 97 页。
② [日] 细谷俊夫：《技术教育概论》，肇永和、王立精译，清华大学出版社 1984 年版，第 98～100 页。
③ Marsden, D. A Phoenix from the Ashes of Apprenticeship? Vocational Training in Britain. *International Contributions to Labour Studies*, 1995, 5: 87 - 114.
④ Brockmann, M., Clarke, L. and Winch, C. The Apprenticeship Framework in England: A New Beginning or A Continuing Sham? *Journal of Education and Work*, 2010, 23 (2): 111 - 127.
⑤ Steedman. H. A Decade of Skill Formation in Britain and Germany. *Journal of Education and Work*, 1998, 11 (1): 77 - 94.
⑥ Fuller, A. and Unwin, L. Change and Continuity in Apprenticeship: The Resilience of a Model of Learning. *Journal of Education and Work*, 2009, 22 (5): 405 - 416.

际上被"国家资助的青年培训计划"所取代。[①] 国家在职业教育管理方面的作用越来越大,这在很大程度上是由将市场力量引入教育而引发的。而这一时期,工会似乎一直严格控制着英国的学徒制度,并将其作为进入熟练就业岗位和加入工会的一种手段。然而,利普曼(Liepmann)注意到,当时的许多工会对学徒培训的质量并不感兴趣,他们更关心的是如何保护熟练工人的利益,而不是学徒获得技能的过程。[②] 在这种情况下,学徒制反映了各种各样的、往往是相互竞争的权力利益,这种利益确保了学徒制仍然是培训年轻工人的一种排斥手段,最糟糕的是,学徒制在现代世界中变得越来越无关紧要。

也正是在这样的背景下,1993年11月,保守党政府宣布启动"现代学徒制"(modern apprenticeship),不仅将这种"基于就业的技能形成体系"扩展到非传统的职业领域,还将资格制度与公认的标准(3级或以上的标准)联系起来,并为学员提供员工身份。控制该计划的是由雇主主导的行业培训组织——"培训和企业委员会"(TECs)。第一年的调查结果表明,该倡议对受训者存在吸引力。然而,由于雇主的成本、技能的可转移性以及雇主间培训网络的薄弱,这些问题给学徒制未来的成功打上了一个问号。后期的调查研究也证明了这一点。高斯佩尔(Gospel)和富勒(Fuller)在对比了工程、建筑和信息技术三个部门实施现代学徒制的情况之后,认为在基本实现现代化的情况下,现代学徒制度安排受多方面因素影响:第一,是否存在学徒培训传统,影响现代学徒制度的实施;第二,行业内部广泛的参与网络的存在,尤其是雇主、雇员及其代表的积极参与对现代学徒制的发展至关重要,如雇主是否愿意主动雇用学徒制约着学徒数量;第三,公司的承诺,以及是否将学徒培训纳入公司人力资源战略,因为对于大型公司而言,他们有能力提供培训和支持年轻人的发展,而对于中型和小型企业,需要从战略上考虑地方或行业雇主网络对学徒培训的支持情况,以根据外部"挖人"现象发生的可能性来制定必要的行动策略;第四,衡量学徒水平的标准及其一致性影响学徒训练质量。[③] 斯科特(Scott)早已提醒我们,工业教育不仅仅意味着年轻人应该被训练成一个高效的工人,对行业所有分支都应掌握熟练的知识,也意味着在其工作中应该植入崇高理想,应该成为"一个高效、高尚的社会成员",而工厂主几乎不可能充分认识到这一活动的社会意义并与之合作,只

---

① Unwin, L. Employer-led Realities: Apprenticeship Past and Present. *Journal of Vocational Education and Training*, 1996, 48 (1): 57–68.

② Liepmann, K. *Apprenticeship*: *An Enquiry into its Adequacy under Modern Conditions*. London: Routledge and Kegan Paul, 1960: 154–155.

③ Gospel, H. and Fuller, A. The Modern Apprenticeship: New Wine in Old Bottles? *Human Resource Management Journal*, 1998, 8 (1): 5–22.

有公立学校才能更好地发挥中世纪学徒制度的功效。[①] 显然,斯科特将企业内部年轻人的训练视为一种教育活动,不应只局限于对经济利益的思考,应存在社会性的一面。因此,对于英国乃至其他国家而言,如何在已经衰退或从未存在过的多雇主培训体系的监管框架下,建立一个稳定的以雇主为基础的培训制度,无疑意义重大。

经由前文,学徒制有一个长达数个世纪的传统,在18世纪和19世纪采用自由进入商业与贸易的制度后,学徒制结构面临瓦解。在工业化开始后,只有在对合格劳动力的需求日益增加时,学徒制才能迎来复兴。在此过程中,各个国家发展了不同形式的学徒制,它们内嵌于各国政治、经济及文化结构之中,是其不断变革和发展的结果。这些学徒制度体系并不仅仅是提供一个职业资格,与传统行会学徒制一样,同样负有社会安全和收入保证方面的功能。在这一过程中,企业雇主和商会扮演着重要的角色。在第二次世界大战以后,学徒制与教育和培训系统的结合,尤其是与初始学校职业教育之间的竞争和融合,给传统企业、商会、职业院校及政府的角色定位和功能发挥带来了新的挑战。欧洲诸多工业化国家纷纷从本国实际出发,对学徒制进行制度重构,而这样的制度又有别于中世纪学徒制度。这些制度规则的设置为学徒制在市场力量监管下的问题解决提供了潜在的办法,特别是雇主对其他人的培训努力;低质量的工作培训;面对学徒的高工资成本,而培训不足;不重视教育内容。[②] 为了区别起见,我们更愿意将这种"二战"以后兴起的、不同于全日制职业学校和单纯企业职业培训,而是将企业学徒培训和现代职业学校教育相结合、适应后工业社会条件要求的现代初始职业教育与培训制度,称为"现代学徒制"或"现代学徒制度"。不过,需要明确的是,在传统学徒制到现代学徒制的转型过程中,学徒制的制度功能、参与主体及彼此互动过程比已往任何时候都复杂,由是对现代学徒制相关制度内容及其结构特征的概括就显得十分必要。

三、现代学徒制度的结构特征

从学徒制本身来看,尽管现代学徒制的建构具有丰富的现实意义,但传统学徒制的许多要素在今天仍然适用,如学徒仍然需要被雇佣和培训,以发展其胜任特定工作的技能。这就需要存在一种手段,能够证明学徒的经验学习可以满足工

[①] Scott, J. F. *Historical Essays on Apprenticeship and Vocational Education*. Michigan: Ann Arbor Press, 1914: 70 - 72.

[②] Ryan, P. The Institutional Requirements of Apprenticeship: Evidence From Smaller EU Countries. *International Journal of Training and Development*, 2010, 4 (1): 42 - 65.

作场所的需要，并获得雇主的认可。在这一问题上，工业化后的职业培训出现了多种形式的"资格"认证，这些资格就像垫脚石一样，用来支持学徒的进步。不过，在推崇资格认证的同时，似乎对于学徒需要获得的最终能力并没有明确的目标标准。另外，从历史发展来看，学徒制成功的关键往往在于雇主和学徒的关系，但今天的情况往往并非如此——在许多国家，学徒制变成了政府主导的培训项目，培训过程由培训专业人士而非雇主负责实施。可以设想一下，如果雇主与学徒不能借培训过程相互了解并建立起彼此互动的关系，甚至雇主被迫雇用超出他们当前需求的人员，从长远来看，这样的学徒制不会走得太远。雇主和学徒之间的关系应得到必要重视。此外，现代学徒制的建立，我们不能满足于学徒的训练受到工作范围的限制，在充满活力和不断变化的经济中，人们需要做好准备，能够将自己的技能应用于新的工作和行业。因此，尽管我们必须确保学徒制是在培训人们从事真正的、特定的技术性职业，但我们也必须确保学徒制的范围足够广泛，能够让人们具备真正可转移的技能，即他们在任何工作中都需要和使用的技能，以及使他们能够胜任和自信地超越目前工作范围的技能，无论是在整个行业还是其他行业。不可否认，兴起于中世纪行会的学徒制职业培训模式，在工业化进程带来的技能短缺和制度变迁影响下被赋予了新的社会意义和"现代性"特征。但现代学徒制的成功受多种因素影响，其中一些因素在现代学徒制的构建中发挥基础性作用。如果把现代学徒制视为一个由多种要素组成的结构体的话，那么这一结构本身至少包含：明确能力目标的培训标准；丰富的培训内容以突破工作范围的限制，满足可转移技能习得的需要；雇主与学徒间协调互动的关系；对获得技能的必要认证。

  不过，现代学徒制的结构组成如果只有上述这些要素，还远远不够，因为学徒制模式要具有可信性，必须由社会伙伴以民主确定的立法框架进行管理。[①] 这一立法框架为双方提供了安全和透明度，并规定和确定诸如地位、任期、权利和义务等参数，社会伙伴的积极参与鼓励了一种合法的学徒制模式框架，使其对学徒和工业界都具有相关性和益处。[②] 可见，现代学徒制如果被理解为一种"合法"的塑造行为的技术手段，那么其结构要素就变得复杂起来，至少应有"强制"的方法。当然，对于"强制"，可以通过多种方法组合进行，如财政激励、提高现代学徒制知名度等，但其中最明显的方法还是制度化，这一点从英国和德国学徒制的现代化进程中可窥见一斑。当然，如果现代学徒制要获得"制度"的地位，其规则结构应有一些关键的共同参数：（1）明确能力目标的培训标准；

[①] Steedman, H. *Overview of Apprenticeship Systems and issues*. Geneva：ILO，2012：7.
[②] Steedman, H. *Overview of Apprenticeship Systems and issues*. Geneva：ILO，2012：22.

（2）基于工作场所学习与学校学习相结合的丰富培训内容；（3）雇主与学徒之间通过正式规则的约定，保障彼此的义务、权利以及关系的协调互动；（4）存在外在激励的手段，允许学徒获得一定数量的报酬；（5）学徒期结束后，学徒获得正式认可的证书；等等。也因如此，现代意义上的学徒制已不再作为一种进入某一行业的控制手段，或仅仅作为一种单纯的学习方式，其主要功能已被赋予治理、就业和教育的职能。这些功能的形成和作用的充分发挥需要一系列的规则支撑，如立法、资格认证及正式的合同等。同时，各功能维度的行动者是谁、如何行动，以及采取什么样的策略，又因地域不同而有所差异，进而在现代学徒制的制度表现上呈现出不同的特征。

第四节 本章小结

虽然从历史演进的角度对学徒制内涵进行考察本书并不是首例，但借助制度主义相关理论对学徒制及其现代发展的本质进行探究，仍具有现实意义。其一，在历史研究的基础上，认为现代学徒制本身可以成为一种制度，而促成制度化过程发生的关键事件是借助立法手段，并上升为国家意志。其二，现代学徒制无论是否具有法律地位，其自身的运行需要若干规则支持，现代学徒制强调一种规则体系的构建。其三，随着时间的推移，学徒制的功能发生改变，随之而来的是相应参与主体和相关制度安排的变迁。在政府支持的学徒制度中，权利通过"治理"与"就业"和"教育"一起成为现代学徒制结构中相互关联的基本要素。然而，如果没有某种方法来理解现代学徒制度中参与者之间的关系，单凭权利理论很难帮助人们理解学徒制度，权利既是参与者关系的结果，又是参与者关系的条件。这也就是现代学徒制的构建需要从行动者角度进行考量的重要原因。其四，从人力资本理论的角度来看，政府支持的现代学徒制应该为个体学徒、企业和整个社会的发展提供一个平台。当然，一种新制度的产生往往需要从规则本身的设计开始，但本体层面制度设计的有效性却需要由实践来检验。

第三章

现代学徒制本体制度构建的实践进展：基于"设计"的视角

有意识的制度设计是制度形成的一个重要维度，因为制度本身就是"社会博弈的规则"，是"人为设计的对人们之间互动关系的约束"。[①] 制度并不会在人们有需要的时候自动出现，而必须被创设出来。并且，为了应对那些没有"预定"方案但又重复发生的问题，行动者需要对制度进行精心的制定。[②] 基于上述洞识，政府、教育主管部门及实践单位依据一定的线索，在理性指导下制定了一系列的现代学徒制度规则。当然，设想与结果之间虽存在着某种因果联系，但这样的联系往往因为时空差距的存在而变得并不十分明显，从规则内容出发探究现代学徒制本体制度设计的意向性（即预期效应）或是缩小这种差距的有益手段。

第一节 现代学徒制本体制度构建的合理性

"理性"是哲学的基本论题，对认识、语言和行为中"理性"的反思，即追求意见和行为的"合理性"，是哲学研究的传统主题。在哈贝马斯看来，我们一

[①] [美] 道格拉斯·C. 诺思：《制度、制度变迁与经济绩效》，杭行译，格致出版社2014年版，第55~56页。

[②] [美] W. 理查德·斯科特：《制度与组织——思想观念与物质利益》，姚伟、王黎芳译，中国人民大学出版社2010年版，第106、113~114页。

且使用了"合理的"这样一种说法，就在"合理性"和"知识"之间建立起了一种紧密的联系，合理性的表达取决于它所体现的知识的可信性。① 对于现代学徒制而言，制度构建的"合理性"就是要求制度构建本身具有行为发生的现实性和成功的可能性。

一、时代的选择

目前，全球已进入"工业 3.0""工业 4.0"时代，智能制造、云服务、移动互联网技术等新技术、新模式不断涌现，创新正在以前所未有的速度在全球范围内展开，对各类劳动者技能改变的需求全面快速增长。② 大量具备"创新精神"与"创新能力"且"技术精湛"的"技术技能人才"成为这一经济新变化的人才需求类型。③ 但有学者提出，2020 年前后，我国技能劳动者队伍建设任务相当繁重，除了需要弥补现存的缺口 927 万人外，还要弥补需求增量 3 291 万人；除了需要弥补高技能人才的现存缺口 436 万人外，还要弥补高技能人才需求增量 993 万人。④ 诚然，造成这一局面的原因是多方面的，但与产业升级对技能型人才的需求上升不无关系。从发达国家的成功经验来看，伴随社会经济的发展，国家对人才的需求将会集中在中高端制造业生产、管理等一线的技术工人，第三产业的高端服务业的技术应用人才，以及能将知识成果转化为工程、生产第一线应用实践，并能进行技术、工艺和生产组织创新的高技能应用型人才。⑤ 换言之，随着经济的发展、产业结构调整升级，产业形态的新变化必然引发工作岗位的变动，而工作岗位的变动对职业教育最直观的影响就是人才就业形势的变化。如果职业教育要培养出能胜任工作岗位需求的人才，必然需要对其人才培养模式进行必要而有效的调整。

当然，对于职业教育而言，人才培养模式改革几乎已成常态，但目前为止，企业对职业院校毕业生的满意度并非尽善尽美。事实证明，这种现象的形成与人才培养模式改革不到位不无关系，突出表现为，面对产业结构的调整，工作岗位

---

① [德]尤尔根·哈贝马斯：《交往行为理论：行为合理性与社会合理化》，曹卫东译，上海人民出版社 2004 年版，第 1 页。

② 迟福林：《劳动力产权论：实现共享发展的理论探索》，中国工人出版社 2018 年版，第 275 页。

③ 徐国庆：《我国职业教育现代学徒制构建中的关键问题》，载于《华东师范大学学报》（教育科学版）2017 年第 1 期，第 30~38 页。

④ 刘军、莫荣、徐艳等：《2010-2020 年我国技能劳动者需求预测》，载于《中国劳动》2011 年第 12 期，第 14 页。

⑤ 卢志米：《产业结构升级背景下高技能人才培养的对策研究》，载于《中国高教研究》2014 年第 2 期，第 85~89 页。

的新变化，传统人才培养模式的改革并未抓住其所需人才的"命脉"，即产业升级带来的并非是高规格人才需求的增加，而是基于精湛技术的技术技能人才需求的大幅上升。在实践中，这一现象非常普遍，例如目前很多企业要求其管理人才不但要懂得管理，还要懂得在实践中如何操作。这对于现有的职业教育人才培养模式来说，根本无法实现。因为，精湛技术的形成不仅需要足够长的实践操作，还需要能够应用于实践的丰富专业知识，更为主要的是，精湛技能的形成需要经历一个从"新手"到"老手"的成长过程。就目前而言，能做到这一点的职业教育形式多半与现代学徒制有关。也因如此，现代学徒制为多数国家所采用。据 2017 年世界经济合作与发展组织（OCED）报告显示，在其 35 个成员国中，有超过 20 个国家通过学徒制对本国 16~25 周岁的青年人进行有效培训，并帮助其由学校向工作顺利过渡。① 这些国家中，既包括诸如德国、奥地利、瑞士等实行"需求引导型"（demand-led）学徒制的国家，也有像英国那样实行"供给引导型"（suply-led）学徒制的国家；同时，也有在一国经济体框架下，实行多种形式现代学徒制的国家，如丹麦现行的职业教育制度体系下，学徒制就包括"中等职业教育和培训"（IVET）、"职业教育和普通教育融合的高中阶段新学术准备项目"（EUX – Programme）、"新学徒制"（new apprenticeship）、"基本职业教育和培训"（basic vocational education and training）以及"个性化职业教育和培训"（individual vocational education and training）5 种形式。②

不可否认，现代学徒制作为当前国际社会技能形成制度改革的重要方向，已在西方主要国家普遍建立和发展，并日益成为许多国家人才强国和创新驱动发展的重要战略。我国自 2014 年《国务院关于加快发展现代职业教育的决定》和 2015 年《国务院关于进一步做好新形势下就业创业工作的意见》发布之后，现代学徒制已作为实现"制造强国"战略目标的重要支撑，写入了我国实施制造强国战略的行动纲领《中国制造 2025》之中。"形成具有中国特色的现代学徒制度"不仅是教育主管部门对现代学徒制发展的总体要求，也是我国职业教育改革和发展的时代需要。因此，如何从中国国情出发，在客观世界中探寻与现代学徒制制度构建相关联的客观"实在"就显得很有必要。

二、产学合作已有多年积淀

企业的参与对于现代学徒制的发展至关重要，不仅影响教育与工作之间的匹

---

① Kuczera, M. *Incentives for Apprenticeship.* Paris：OECD Publishing, 2017：7.
② Andersen, O. D. and Kruse, K. *Apprenticeship-type Schemes and Structured Work-based Learning Programmes.* Metropolitan：Metropolitan University College, 2014：3.

配程度，更关乎学徒培训的质量，是现代学徒制度存在的必要条件。① 在国际现代学徒制发展案例中，成功的现代学徒制企业参与积极性较高，如澳大利亚和德国。在这些国家中，企业雇主往往把参与学徒培养视为一项基本的社会责任。相比较而言，英国的培训体系呈现出支离破碎的局面，企业雇主对于现代学徒制的参与积极性远不及德国，目前正试图精简这一体系。② 不可否认，学校和企业之间的良序合作是现代学徒制有效开展的前提和保障。而这种带有合作性质和合作战略导向的学校与企业间的关系和行为被称为"产学合作"，其存在目的虽不局限于，但包括人才培养。③ 究其本质而言，仍然是国际上普遍认同的学校与用人单位合作培养学生的一种"教育模式"，即"合作教育"。④ 不过，不同国家产学合作的形式和经验并不完全一致，对现代学徒制产生的影响也各有差别。在中国情境下，多年来职业院校和企业合作积淀了丰富的经验，一系列举措鼓励或者说也帮助了企业和学校更紧密地合作，为现代学徒制的发展和制度构建提供了重要的现实基础。

第一，形成了具有中国特色的校企合作体系框架。首先，在国家层面，由其代理机构，即政府部门进行引导，并对参加合作的具体内容进行具体化，如要求行业"主管部门""协会"制定"教育培训规划"，参与学校职业教育的教学评估与管理。⑤ 其次，在区域层面，学校和企业在地方政府的参与下组建了不同形式的职教集团，近年来有些地区还尝试着探索建设协同中心。这些举措一方面深化了区域一级的校企合作，另一方面也加深了企业对学校职业教育的嵌入程度。再次，在行业层面成立了各类职业教育教学指导委员会，为职业院校具体办学提供咨询、评价和指导。最后，在具体教学层面，鼓励合作企业"全面参与教育教学各个环节"。⑥ 在一系列举措的影响下，由政府引导的校企合作的体系框架逐步清晰起来。

---

① Wolter, S. C. and Ryan, P. *Handbook of the Economics of Education*. Netherlands：North – Holland，2011：521 – 576.

② *Department for Business Innovation & Skill. Apprenticeship by Provider Type：Starts and Achievements* 2005/06 to 2011/12. www. gov. uk/government/uploads/system/uploads/attachment_data/file/298288/January2013_Apprenticeship_Provider_Type. xls. 2013 – 01 – 20/2018 – 12 – 25.

③ 李元元、邱学青、李正：《合作教育的本质、历史与发展趋势》，载于《高等工程教育研究》2010年第5期，第22~29页。

④ 《本质特征——访中国产学研合作教育协会副秘书长张炼研究员》，载于《职业技术教育》2002年第23期，第20~21页。

⑤ 《国务院关于大力发展职业教育的决定》，http：//www. gov. cn/zwgk/2005 – 11/09/content_94296. htm. 2005 – 11 – 09/2019 – 01 – 23。

⑥ 《教育部关于充分发挥行业指导作用推进职业教育改革发展的意见》，http：//www. gov. cn/gongbao/content/2012/content_2041868. htm. 2011 – 06 – 23/2019 – 01 – 23。

第二，产学合作深入人心，合作模式多元发展。职业教育是一种与实践密切结合的教育类型，学校形式的职业教育在社会实践方面相对不足，与企业之间开展的合作教育可以作为弥补这一不足的重要措施，并已日益成为提高学生综合职业能力、就业竞争力和促进学生全面发展的必不可少的途径。[①] 而就目前来看，在实践中已摸索出多种不同的模式。例如，为了发挥企业主导作用而采取的"订单"式合作；也有"校中厂"的形式，把企业直接引入学校，双方深度合作。其中比较常见的方式是企业提供实习岗位，学校选派实习生，校企双方共同育人。实践中这些形式的有序运行，为我国职业教育人才培养积累了重要经验，产学合作已日渐成为一种深入人心的人才养成模式，而上述列举的合作形式则是这一模式的具体表现。需要指出的是，上述具体模式的形成是不同学校基于本地实际探索的智慧结晶，具有较强的实践价值。不过，这也带来了一个问题，即如果要对这一模式进行改变，恐怕并不是一件容易的事情。例如，在试点中，现代学徒制通常在具体的教育教学中被理解为"订单班""企业班"，甚至是"冠名班"。这不仅仅涉及对现代学徒制的理解问题，更为重要的是，从中反映出学校职业教育的一种固有思维。

第三，进行了一系列的制度安排。为了推动职业教育产学结合机制的形成，国家层面、地方政府及学校层面进行了一系列制度安排。首先在国家层面，进行了一系列政策设计，这些政策主要是指导性的，而较近一次正式发布的文件是由六个部委共同印发的《职业学校校企合作促进办法》，旨在进一步推行企业和学校的合作教育活动。其次在区域层面，为了发挥企业的教育功能，不少地方政府出台了相应的促进条例，主要在税收减免、经费补贴以及经费资助等方面予以政策倾斜。最后在学校层面，企业和学校之间签订了合作协议，并就具体合作活动进行了相关组织和人员安排。这些制度安排不仅为企业参与职业教育提供了重要支撑，也为现代学徒制本体制度的构建提供了重要参照。

三、试点推动

现代学徒试点运行为现代学徒制的制度构建提供了可能。就目前而言，我国现代学徒制的发展远未形成诸如德国现代学徒制的制度体系，更未完全照搬别国的经验，而是试图从我国实际出发，在"试点"的基础上构建适合本国国情需要的"中国特色现代学徒制度"。政府在政策制度有效供给之前先行进行试点，以

[①] 黄尧：《在全国中等职业教育产教结合经验交流会上的总结讲话》，载于《中国职业技术教育》2004年第7期，第11~12页。

期在实践中归纳、总结经验形成制度,这是中国治理实践中"所特有的"机制创新。而所谓的"试点",就是"政策试点"在名称上的日常简化,有广义和狭义之分。广义的"政策试点"既包括"政策生成"也包含"政策测试",前者的目的在于通过政策方案创新达到"制度创新";而狭义层面的"政策试点"突出强调后者,即"政策测试",目的在于对政府部门所设计的政策方案的"正确性"与"可行性"进行验证,并在此基础上获集方案实施细则,推进决策活动开展。[①] 依此理路,现代学徒制试点并不只是简单的试点活动,而是一种带有一定政策测试性质的"政策试点"。首先,从现代学徒制试点决策的缘起来看,为创造更大人才红利,党中央、国务院对我国职业教育现代发展问题做出重大战略部署,并在《国务院关于加快发展现代职业教育的决定》中明确提出开展"现代学徒制试点";紧接着教育部印发了《关于开展现代学徒制试点工作的意见》(以下简称《意见》),这也成为我国现代学徒制试点工作的开展及相关制度文本设计的主要参照。其次,政策具体方案的设计与提出。2015年初教育部职业教育与成人教育司下发了《关于开展现代学徒制试点工作的通知》,决定组织遴选现代学徒制试点单位,并以附件形式发布了《现代学徒制试点工作实施方案》对现代学徒制试点过程进行了安排。自此,对于该政策方案的"正确性"与"可行性"验证,以及与方案实施细则获取相关的活动,次第展开。

现代学徒制试点推进意义重大。第一,现代学徒制试点为现代学徒制本体制度的设计提供重要路径。政策可以源于法律规范和行政规则,也可以因为"内部的制度化管制需要""一个外部项目",或者因为一个外部"服务条款的需要"而被设计出来。换言之,政策就是立法机构或者管理机构制定出来的"规则体系",是"构成社会制度框架的正式规则",也是组织机构执行的一套"游戏规则"。[②] 不过,格斯(George M. Guess)和法纳姆(Paul G. Farnham)提醒我们,正式规则的制定实际上意味着"一项实验",此实验常令制定机构陷入一种"正式宣言和实际问题的困境中"[③]。因此,一项好的公共决策要求存在一种制度,能够收集"群体的偏好",并依据群体的意愿进一步采取行动,尽管有时群体并不能达成完全一致的意见,但让其认可"做出这一决策的过程"也是非常必要

---

① 周望:《中国"政策试点"研究》,南开大学博士学位论文,2012年。
② [美] 乔治·M. 格斯、保罗·G. 法纳姆:《公共政策分析案例》(第二版),王军霞、贾洪波译,中国人民大学出版社2017年版,第3~5页。
③ [美] 乔治·M. 格斯、保罗·G. 法纳姆:《公共政策分析案例》(第二版),王军霞、贾洪波译,中国人民大学出版社2017年版,第6页。

的。① 第二，现代学徒制试点为制度规则的调适提供了可能。在赫伯特·西蒙（Herbert A. Simon）看来，人们所生活的世界中，完全理性的假定前提并不常见，人们在做决策时很难对每一个措施可能产生的结果进行完全正确的预测，对于可能的措施也很难考虑周全，人们决策的正确与否受决策人（或组织）所具备的"相关知识的深度"以及"所需材料的完备程度"等因素影响。② 而且，"渐进决策模式"观点认为，决策过程是一个渐进的、看似动作缓慢的过程，是决策者依据过往经验对现行政策稍加修改而已。③ 确实，从技术层面看，决策者在做出决策时由于受到时间或所掌握资源的限制，不可能达成完全一致的意见，也无法及时洞悉政策方案的可能后果。因此，通过试点，基于实践经验对现代学徒制制度方案加以修改，不失为一项较好的选择。第三，现代学徒制试点是现代学徒制制度规则有效扩散的重要手段。单就字面而论，"扩散"可理解为"扩大分散出去"，通常当一个新的产品、观念或政策产出之后，势必希望能够扩大分散出去，进而进行一连串的推广，以达到我们所预期的效益或目标。因而，政策扩散可以简单地理解为某种新政策扩大分散的过程。对于现代学徒制而言，政府推行试点政策方案，"扩散"是很重要的环节，而在这一过程中，试点工作的展开是现代学徒制规则有效扩大分散，并为社会所熟识，甚至认可的重要一环。倘若在推广的过程中或是政策在开始推行时因未经检验而受到阻碍，则势必无法获得其预期的成效，因此现代学徒制试点工作的开展对于现代学徒制规则的有效推广以及制度变迁的应对都有很大的助益。

不仅如此，现代学徒制试点还有利于参与主体间规范化行动共识的达成，为现代学徒制本体制度的优化提供路向参考。现代学徒制一直被视为一种跨界教育，与传统学徒制的主要区别之一就在于行动主体的复杂性。④ 面对如此复杂的行动主体，最大的障碍莫过于如何调动非公共部门的参与积极性，以及如何引导和规范公共机构与私人机构之间、国家与私营部门之间的合作与互动。这些年来，尽管产学合作已取得长足发展，但职业教育校企合作中"学校热""企业冷"的"壁炉现象"一直遭人诟病。⑤ 这一问题的长期存在有其复杂的原因，但

---

① ［美］查尔斯·韦兰：《公共政策导论》，魏陆译，格致出版社、上海三联出版社、上海人民出版社 2014 年版，第 5 页。
② ［美］赫伯特·西蒙：《管理行为——管理组织决策过程的研究》，杨砾等译，北京经济学院出版社 1988 年版，第 2 页。
③ 竺乾威：《渐进决策理论及其运用》，载于《决策探索》1995 年第 11 期，第 14～15 页。
④ 关晶、石伟平：《现代学徒制之"现代性"辨析》，载于《教育研究》2014 年第 10 期，第 97～102 页。
⑤ 王为民、俞启定：《校企合作"壁炉现象"探究：马克思主义企业理论的视角》，载于《教育研究》2014 年第 7 期，第 54～62 页。

在本书看来，这与很长一段时间以来，政府在职业教育管理过程中，权力自上而下运行的单一向度不无关系。改革开放以来，职业教育虽作为教育的一种类型而存在，但国家对职业教育的管理逻辑和向度并未发生质的变化，仍然与普通教育一样遵照政府权威，按照政府制定和发布的政策要求开展活动。然而，实践已胜于雄辩地表明，政府单凭一己行动去解决所有的问题已不太可能，政府的权威往往会因行动能力受限而不能获得公众的认可。而在治理理论看来，管理应该是一个上下互动的过程，应借助彼此协商、合作伙伴关系的构建，以及共同行动目标共识的达成等方式对公共事务进行管理；治理的权威源于行动主体的共同认可，"以自愿为主"，而不以强制为主。① 但这并不是说，治理可以完全取代国家的强制力，只是说治理可以在一定程度上弥补国家及其政府和市场对资源配置调节中的某些不足。就此而言，可以将治理的不成功理解为相关各方对既定目标的有效性"发生争议"，进而对目标无法"重新界定"所致。② 现代学徒制试点工作的开展，有望使上述问题的破解获得转机。一方面，试点工作的开展有利于不同参与主体间共同行动的协调和问题的解决。无论是政府、职业院校还是企业，试点工作为其提供了一次彼此深入交流和互动的机会，通过互动能够就彼此合作中新出现或既往一直存在的问题交换意见和看法，利于问题的解决。另一方面，试点有利于形成一种规范化的行动模式。对于真正的参与主体而言，通过试点，有利于彼此在问题解决行动过程中达成一些共识，这些共识又会指导后续行动的开展，进而形成一种约定俗成的具有规范意义的行动模式。此类行动模式的存在不仅制约着现代学徒制本体制度的设计，也为制度规则的完善提供了可能。不过，目前现代学徒制试点中存在的最大问题莫过于：截至目前形成了哪些共识？这些共识是否具有广泛的适应性？还是说只是一种区域层面的狭隘经验？值得庆幸的是，这些内容并不是不可观测的，通常可以从政策工具的选择、各方参与主体的不同反馈中窥得一斑，而这也是后续章节中要讨论的主要内容。

第二节 制度设计的分析框架：基于文本内容的考察

制度可以应设计而产生，它们可以被清晰地制订在法规和条例之中，由权威

---

① 俞可平：《全球治理引论》，载于《马克思主义与现实》2002年第1期，第20~32页。
② 鲍勃·杰索普、漆燕：《治理的兴起及其失败的风险：以经济发展为例的论述》，载于《国际社会科学杂志》1999年第1期，第31~48页。

机构来正式执行，也可以被明确地设计为组织内部的管理章程，通过组织自身的力量对其成员的权利和义务加以规范。也因如此，制度的适应范围、领域和对象，以及制度设计的预期效应等内容，通常会在制度文本中有所体现。因而，为了更好地获得现代学徒制本体制度设计的意向，有必要从制度文本出发对已形成的制度内容进行具体分析。

一、文本分析的逻辑

制度因研究者所处领域不同而被赋予不同的理解，但自诺思将规则引入制度概念领域，制度往往被视为一种包含正式规则和非正式规则的结构，其中正式规则是人为设定的，包括宪法、"成文法与普通法""明确的细则""确定制约的单个合约"，以及"特定的说明书"。① 既然制度是可设计的，那么成文的制度文本必然蕴含着设计者的智慧和劳动，制度设定当初的某些想法、意识或某种共同信念也应该在制度文本及其实施过程中有所体现。因而，为了充分发挥制度的功能，通过某种手段对制度文本进行分析以把握行动者思想和行为属性的构想是可行的。不过，为人们日常生活提供稳定结构的制度之间是千差万别的，每一项制度都是特殊的、唯一的、现象的，彼此之间存在着质的不同，因此对于制度的分析必须具体，只能以"discourse"的方式进行定性表述，而无法以"quantization"（定量）来剖析。② "discourse"在语言学研究领域通常被理解为"话语"，但在福柯、墨菲以及拉克劳等人的作品中，"话语"已超出单纯语言学的范畴，被理解为一种社会关系和实践的系统。③ 同时，随着语言研究的不断推进和深入，"话语分析"的目的已逐步被理解为通过对文本和情境之间的"细致阅读"，以考察话语的"内容、组织和功能"。④

显然，话语分析对于文本本身内容的把握并非其唯一旨趣，其真正用意或价值在于挖掘文本背后及与文本所处环境之间所隐藏的"故事"。在此基础之上，诺曼·费尔克拉夫（Fairclough Norman）建立了一套分析社会实践话语的方法论，该方法论又被称为"批判话语分析"（Critical Discourse Analysis，CDA）框架。在费氏看来，语言与社会实践密切相连，语言文本（text）的产生是话语实

---

① North, D. C. *Institutions, Institutional Change and Economic Performance*. Cambridge：Cambridge University Press, 1990：64.

② 汪丁丁：《制度分析基础讲义——自然与制度》，上海人民出版社2005年版，第29页。

③ Miller, D. Discourse Theory and Political Analysis：Identities, Hegemonies and Social Change. *Contemporary Political Theory*, 2002, 1 (1)：133–134.

④ Gill, G. Discourse Analysis. In J. P. Scott (ed). *Documentary Research* (Vol1) Thousand Oaks：SAGE Publications, 2006：228.

践过程的产物（product），话语的生产过程既源于即时的情境，也内嵌于更广泛的制度或组织，或者是更大的社会层面，因而话语分析的方法应该包括对文本的"描述"（description）、对文本与话语实践关系的"阐释"（interpretation），以及对话语实践过程与社会进程关系的"解释"（explanation）。[①] 其中，"描述"层是对文本自身的分析，包括对文本的语言形式、运用和交际等的分析，处于微观层面；"阐释"层面处于中间层，发挥中介作用，对文本的产生过程进行分析；而"解释"层着重从社会分析角度说明意识、权利是怎样发挥作用的。费尔克拉夫的话语分析方法旨在以话语实践为中介，整合文本与社会文化实践之间的关联，揭示文本是如何源于社会并为之服务的，这为我们分析与现代学徒制相关的制度文本提供了很好的借鉴。但需要明确的是，制度研究视角下的文本分析，其真正用意在于以制度文本为载体，探寻制度内容生发的背景与设计意图、具体方案如何安排以及如何保障运行等信息，判断内容实施的可行性和可能存在的问题，提出完善建议。但也有人提出，我国制度文本分析的有效框架应自上而下分为"理念规划层""基本制度层"和"操作实施层"。[②] 显然，要想借鉴话语分析理论对现代学徒制构建过程中的制度文本进行有效分析，费尔克拉夫的批判话语分析框架需要进行必要的调整。

二、制度内容分析的架构与设计

正如前文所述，一项制度的产生不可能是横空的，情境不同，制度文本的形式可能不同。因此对于制度文本的分析，首先要描述文本所处情境。而这样的情境可以从政治、经济、社会、文化等不同的角度展开。本书研究的目的并不在于从语言学角度探讨文本的语言形式、语法结构和交际功能，因而费尔克劳夫分析框架中对文本进行单纯分析的步骤，对于本书研究主旨的阐发无实在意义，因此将分析框架中的第一步骤和第二步骤合并，并以"制度背景"命名。其次，经由上文，设计者主观意向对制度的产生可能存在影响，而且观念甚至可能影响其他额外或不同的问题，以及相关解决方法的构想，即制度文本能传递出设计者对该项制度所面向问题的态度、观念和信念，通过制度文本的分析，能够反映出制度制定者针对这些问题的构想、识别、界定以及解决路径是否可行。但需要指出的是，这些观念可能只是存在于社会创造的构念中，对此必须小心处理。

---

① Fairclough, N. *Critical Discourse Analysis: The Critical Study of Language*. New York: Longman Group, 1995: 96 - 97.

② 杨立华、常多粉、张柳：《制度文本分析框架及制度绩效的文本影响因素研究：基于47个大气污染治理法规政策的内容分析》，载于《行政论坛》2018年第1期，第96～106页。

因而，对于制度文本中所要传递的信息和方案结构应尽可能地如实呈现。所以，分析的第二步应重点概述文件的结构、文本中提出的主要政策建议和措施，或者同时包括这些内容。最后，与费尔克劳夫分析框架相比，此部分集中分析和讨论制度文本中就其所提措施、建议及要求等内容存在的潜在论证。这些论证对于制度内容设计的规范性、科学性及可行性至关重要，当然这些论证既要规范也要有主观想象，能反映出对相关问题解决策略的意图和期望。因此，对此进行分析，能够很好地挖掘出制度设计背后的观念、愿景及目标等内容。所以，分析框架的第三部分重点在于对论证的基础或依据进行挖掘，最终目的在于构化出制度设计过程中，抽象图景转化为真实制度内容所依存的推理路线。

由此，制度文本分析框架主体部分由"制度背景""规则与结构"以及"制度设计的意向"三部分组成，在分析之后的部分，将对试点实践中相关制度安排进行归结，并就存在的某些共性问题展开讨论，以期对可能存在问题做进一步澄清，为后续相应解决策略的提出奠定基础。

第三节　现代学徒制本体制度设计：背景、内容及愿景

为了更好地说明问题，此环节拟以2014～2017年国家出台的正式文件、省一级行政部门正式发布的《试点工作实施方案》或《实施意见》，以及首批试点单位制定的部分相关制度规则为对象，借助制度设计理论，对制度规则的形成背景、具体构成及制度设计的意向等内容进行探讨。需要说明的是，此部分中所涉及的制度样本主要以"现代学徒制"为主题，以"新型学徒制"为主要设计对象的相关政策制度不在本书研究范围之内。

一、国家层面的制度安排

为创造更大人才红利，党中央、国务院对我国职业教育现代发展问题做出重大战略部署，并在《国务院关于加快发展现代职业教育的决定》（以下简称《决定》）中提出，开展"现代学徒制试点"，推进"校企一体化育人"。为进一步推进和落实试点工作，促成校企一体化育人，国家层面进行了一系列相关制度的安排。其中，2014年教育部印发的《关于开展现代学徒制试点工作的意见》（以下简称《意见》），对我国现代学徒制试点以及中国特色现代学徒制度的构建提出

了具体要求和相应的安排，这也成为我国现代学徒制试点工作具体实施以及相关制度规则设计的主要参照。

（一）制度背景

当然，教育部《意见》的提出除了是对《决定》内容的贯彻和落实，其具体内容的设计与成文受复杂外部环境的影响。首先，产业发展对职业教育提出新的要求。我国产业发展经历了改革开放40多年来的经验和教训洗礼，正处于结构调整升级的重要时期，普通公民个体自身劳动技能水平的全面提高是加快升级换代"中国模式"的核心命题。[①]但传统职业教育发展中存在的产教分离、培训低质等沉疴痼疾亟待"自我革命"。其次，党的十八届三中全会以来，职业教育治理体系和治理能力的"现代性"建构，在治理方式上要求多元主体参与，重点解决好政府与企业、职业院校间，以及政府与市场之间的相应关系。最后，从职业教育内在发展来看，此时的职业教育已基本度过规模发展期，正寻求内涵式发展，对职业教育人才培养质量的关注度极高。但企业参与度不高、"双师型"教师缺乏等问题仍然没有得到实质性改善，严重影响职业教育的质量。正是在这样的背景下，新一届中央政府提出，将"现代学徒制"作为推进职业教育人才培养模式创新的重要内容，试点运行。为了规范运行秩序，由教育部起草并以正式文件的形式提出试点意见，并相继发布了《关于开展现代学徒制试点工作的通知》和《关于公布首批现代学徒制试点单位的通知》，进一步推进试点工作的开展。

（二）规则与结构

从内容上看，《意见》共5个部分、13条。主要是在充分认识试点工作意义的基础上，明确试点工作的整体要求，重点在三个方面提出试点意见：一是把握试点工作内涵；二是工作如何推进；三是保障机制的完善（具体内容见表3-1）。从行文结构上看，文本主体结构上采用总分式，先提出总体要求，再对具体做法提出详细意见，这样便于问题的阐述和人们对问题的认知。从具体内容来看，《意见》不仅在目标、内容和实施路径上对现代学徒制试点工作的开展进行了部署，而且以质量为中心，强调"双元"特征，突出四种保障机制建设。

[①] 邬志辉、李涛：《治理体系和能力现代化的三重核心命题》，载于《中国教育报》2014年4月28日，第6版。

表3-1 教育部《意见》(摘要表)

试点意见	具体要求
内涵把握	试点基础：招生与招工一体化
	试点核心：工学结合人才培养模式改革
	重要任务：校企共建师资队伍，形成双导师制
	重要保障：科学合理的教学管理与运行机制
稳步推进	逐步增加试点规模
	逐步丰富培养形式
	逐步扩大试点范围
完善机制	合理规划：各地教育行政部门结合地方实际，会同人社、财政、发改等部门，制定本地试点办法，确定试点单位，明确试点规模、试点层次和实施步骤
	组织保障：各地建立跨部门的试点工作领导小组，定期会商和解决试点重大问题；专人负责，及时协调；引导和鼓励行业、企业与试点院校通过组建职教集团等形式，整合资源，为现代学徒制试点搭建平台
	政策支持：奖励措施（通过财政资助、政府购买等）；权益保障（合理报酬，落实保险、工伤保险，确保安全）；双证融通，资格认证
	监督检查：加强监控，年报年检；试点不力或影响不良，暂停试点

（三）制度设计的可能意向

在制度功能主义看来，一项制度的设计总是有其目的，制度文本的设计往往是制度具体要求的反映。从文本伊始处不难发现，《意见》设计的目的在于"深化产教融合、校企合作""完善校企合作育人机制"，创新"人才培养模式"。为了达到这样的目的，《意见》随即提出了"推进产教融合、适应需求、提高质量"的试点目标，并从"突破口""着力点""手段"等角度为试点工作实施路径的选择提供了具体的意见。《意见》以国家政府部门正式文件的形式下发，作为一种正式规则对地方行政部门，尤其是现代学徒制试点单位具有明显约束力，对于试点工作的开展无疑是有助的。但人为设计的制度也存在一定风险，如果制度设计目的不明、概念不清或者实施路径曲折都有可能对具体实践带来极大的破坏。那么，对于《意见》文本而言，是否存在这些问题？

第一，就制度安排的目的来看，文本表示该意见的提出是为了"深化产教融合、校企合作"，但从后文中似乎并不能体察到现代学徒制是如何"深化产教融合、校企合作"的。相反，在文本中倒是反复出现了双方是如何开展工作的内容。因此，有人提出，现代学徒制并不是化解企业"参与问题"的一种"手段"

或"措施",相反,现代学徒制的实施恰恰端赖于企业与学校的"深度合作"。[①]第二,现代学徒制有别于传统学徒制,对于其"现代"维度上内涵的把握至关重要。《意见》在"把握试点工作内涵"部分专门进行了阐述,从表3-1所列内容来判断,《意见》对现代学徒制内涵的把握具有明显的"双元"特征,对"招生与招工一体化""双导师制""双证融通"等内容都有明确表述。这些内容的提出,一方面为试点单位试点工作的开展指明了方向,另一方面也对已往职业教育治理体系带来了重要影响,要求加强政府与学校、社会力量等多个方面之间的关系和权责互动。不过,从目前试点来看,要达到《意见》中的"双元"要求并非易事。按照试点要求,试点院校不仅要对原本的招生方案、师资配备、人才培养方案进行调整,还要对教育教学管理体系进行重新完善。这些内容看起来似乎没有太多复杂之处,但在真正实施起来对于经费投入、政策支持等都有极高要求,而这些内容在文本中并没有详细的表述,试点单位在实施过程中难度较大。

总体来看,《意见》的发布为我国现代学徒制试点工作的开展提供了政府层面的指导意见,使中国特色现代学徒制度的建构进入正式实施阶段。当然,也应看到,这份有关我国现代学徒制试点工作的制度文本,由教育主管部门提出,在实践中对于企业参与行为存在约束乏力的现象。而且,文本中有些内容的表述还存在需要完善之处,这些内容需要政府部门和试点单位根据试点实践进行后续调整。此外,文本以《意见》的形式发布,既然是"意见",就允许试点单位在试点实践中有自己的创新,进而不同区域根据本地区实际形成的地区层面的制度安排可能有所侧重,在制度文本的内容选择上也会有所不同。

二、地方层面的制度安排

根据《意见》部署,各地试点工作次第展开,并在地方教育主管部门的推动下,形成了诸多颇具地方特色的现代学徒制度。为了更好地说明问题,本部分从华东、东北和西南地区分别选择L省、J省和C省作为研究对象,以省政府、教育厅以及所辖市印发的有关现代学徒制的实施意见、试点通知、各类协议等内容为研究样本展开分析。

[①] 喻忠恩:《职业教育改革的顶层设计及其理路——从"现代学徒制"试点谈起》,载于《职教通讯》2016年第7期,第40~44页。

（一）L 省的制度安排

在教育部公布的试点名单中，L 省域内涉及 1 个试点地区、1 家试点企业和 8 所试点院校。为了推进现代学徒制试点工作，L 省教育厅、L 省财政厅、L 省经济和信息化委员会共同进行相关制度安排，联合发布了《关于印发 L 省职业院校现代学徒制试点工作实施方案的通知》（以下简称《L 省实施方案》），并在附件 1 中给出了实施方案的具体内容。那么，L 省现代学徒制试点方案是在什么样的背景下提出的？其主要内容又有哪些？是否可以在全国推广？

1. 制度背景

L 省作为华东地区重要省份之一，其试点工作实施方案的研制和发布有其内在的考虑。首先，该省教育规划纲要提出，至 2020 年，L 省接受职业教育的在校生人数要由 2009 年的 240 万提升至 252 万，其中，中职生人数由 156 万提升至 160 万，高职生人数由 84 万提升至 92 万。为增加职业教育吸引力，L 省强调以质量为核心，提升职业教育办学水平，重点采取措施改变本省"职业教育基础能力薄弱"的现状，一方面增加资金投入，另一方面强调通过政策制度建设，优化职业教育改革发展环境。其次，L 省产学合作已有多年经验。早在 2009 年，L 省就已加大企业实训基地建设，并由人民政府办公厅印发了《关于加强全省企业实训基地建设的意见的通知》，明确提出："企业实训基地是大中专（技工院校）学生进行实践训练的主要载体，是培养实用型、创新型人才的重要途径。"实训基地建设加强了企业和职业院校间的联系，也提升了企业对职业院校的理解，为企业储备了一大批"下得了车间，走得进课堂"的优秀企业指导教师，这些为现代学徒制双导师队伍建设提供了便利。教育部首批试点名单中的某集团有限公司，就是 L 省首批 443 家企业实训基地之一。而且与试点院校合作的企业中，大部分也是 L 省首批企业实训基地。很明显，试点院校与企业之间的合作由来已久，现代学徒制试点中所制定的大部分制度在前期的合作中已初具雏形。最后，从 L 省会城市群经济圈建设发展来看，第一产业人才结构和产业结构耦合度相对较高，而第二产业耦合度仅为 2.91，第三产业耦合度为 3.67，第三产业高技能人才耦合度略高于第二产业，但并不特别明显。[①] 由此，对于 L 省而言，现代学徒制的发展存在现实的必要性，因为现代学徒制的重要功能之一就是实现学校本位学习向工作场所顺利过渡，实现人才培养与产业需求之间的良好对接。这一点从 L 省现代学徒制参与企业的情况分布上可以判断出（见表 3-2）。

[①] 张淼：《基于产业转型升级视角下的高技能人才队伍建设对策研究——以 L 省会城市群经济圈为例》，载于《齐鲁师范学院学报》2016 年第 5 期，第 90~94 页。

表 3-2　　　　　　　试点项目合作企业情况　　　　　　　单位：家

产业	世界 500 强企业	国家 500 强企业	规模以上企业	合作企业数
第一产业		1	5	6
第二产业	1	5	48	54
第三产业	8	19	66	93
合计	9	25	119	153

注：规模以上企业指年主营业务收入在 2 000 万元及以上的企业。
资料来源：本表根据 L 省第一、第二批试点院校数据统计。

2. 规则与结构

《L 省实施方案》由 6 个部分组成：第一、第三部分分别是指导思想和工作原则；第二部分明确工作目标，即自 2015 年起，经过 3 年实践，逐步建立起"政府引导、行业参与、社会支持，企业和职业院校双主体育人的现代学徒制"；第四至第六部分是试点工作的主要内容，包括"主要任务""工作安排""保障措施"（具体内容见表 3-3）。

表 3-3　　《L 省职业院校现代学徒制试点工作实施方案》（摘要表）

试点意见	具体要求
主要任务	探索校企协同育人机制：通过合作协议明确职责；整合资源；探索成本分担机制等
	推进招生招工一体化：研制招生方案、组建试点班；明确双重身份，签三方协议等
	改革人才培养模式：共同设计人才培养方案；共建专业课程及其体系等
	建设校企互聘共用的师资队伍：共同制定挂职、研发的激励制度和考核奖惩制度等
	完善体现现代学徒制特点的管理制度：制定学分制和弹性学制管理办法等
	建立多方参与的考核评价机制：第三方评价；技能达标考核；定期检查、反馈等
工作安排	实施步骤：前期准备、初步实施、持续推进、总结推广
	申报条件：明确试点院校、试点专业、合作企业应具备的条件
	立项程序：申报、审核、立项公布，并提供补助资金
保障措施	加强组织领导
	科学制订试点方案

续表

试点意见	具体要求
保障措施	提供经费保障：5 000 元/名学徒补助企业，3 000 元奖励师傅、2 000 元企业耗材等
	加强科学研究工作

3. 制度设计的可能意向

从内容来看，L 省试点工作实施方案设计的最终目标是用 3 年左右的时间，建立起"政府引导、行业参与、社会支持，企业和职业院校双主体育人的现代学徒制"。显然，L 省域层面现代学徒制特点与教育部《现代学徒制试点工作实施方案》中的内容完全一致："政府引导""行业参与""社会支持"。为此，L 省在其试点工作实施方案中将其主要任务界定为六个方面，并将"探索校企协同育人机制""建立多方参与的考核评价机制"置于重要位置。为了保障试点目标的实现，L 省对试点院校、专业和合作企业提出了具体要求，并试图通过政府购买的形式均衡企业成本负担，进而提高企业的参与积极性。然而，我们也注意到，虽然方案中对于试点合作企业提出了一定的要求，但这些要求似乎更侧重于企业在规模、设备以及运营状况等方面的条件限制，而这些制度安排并不足以有效规范企业的参与行为。因而，在一系列外在诱致性制度安排下，某些企业无视"双主体育人"的初衷而一味追求利益最大化行为的出现也就不足为奇了。同时，该方案中，校企合作"1＋N 模式"中允许"某几家企业联合承担"的规定，更是为某些无学徒培养能力的中介组织提供可乘之机，进而加剧了现代学徒制试点工作偏离"双主体育人"轨道的风险。此外，L 省的试点工作实施方案主要针对职业院校设计，对于市一级试点和企业试点并未留有试点名额，而且方案中对行业参与和社会支持相关内容的表述明显较少，这对于 L 省试点工作目标的达成存在不利。

（二）J 省的制度安排

J 省区域内教育部现代学徒制首批试点单位包括 2 个区域试点、2 所高职院校与 1 所中职校试点，试点院校主要集中于该省省会城市。为推进现代学徒制试点工作的开展，J 省根据教育部《意见》要求，结合本地实际，研究制定了《J 省开展职业教育现代学徒制试点工作实施方案》（以下简称《J 省试点方案》），并以教育厅文件的形式印发。

1. 制度背景

《J省试点方案》的制定一方面以教育部《意见》为主旨，另一方面反映地方经济社会发展的需要。第一，产业转型升级，高素质技能人才供给不足。东北地区近年来经济发展下行，产业结构布局深化调整已成在弦之箭。随着国家新一轮东北振兴战略的推进，"创新"被视为东北老工业基地振兴的内在发展动力和主要生长点。但近些年来，东北人才外流导致的人力资本短缺问题成为制约东北振兴战略顺利实施的掣肘因素。J省作为国家重要的老工业基地，正处于产业结构调整升级和全面振兴的关键时期，对产业工人的素质提出了更高的要求。第二，J省前期相关制度的建设，为试点方案的制定提供了支撑。例如，2015年J省教育厅、省财政厅、省人社厅等多部门联合修订并印发《J省"长白山学者计划"和"长白山技能名师计划"实施办法（2015年修订）》。该办法旨在通过"长白山技能名师计划"，为J省培养、储备高素质产业工人以及提供重要的师资力量，而这也为现代学徒制试点工作的开展提供了重要的师资支撑。第三，国家发展和改革委员会、教育部、人力资源社会保障部以及国家开发银行联合制定，旨在建立"产教融合、校企合作的双元办学模式"的《老工业基地产业转型技术技能人才双元培育改革试点方案》为《J省试点方案》的制定营造了良好的校企合作氛围。正是在这样的背景之下，J省将"现代学徒制"纳入职业教育"政策支持范围"，并在参照教育部《意见》的基础上制定了该方案。

2. 规则与结构

《J省试点方案》由J省教育厅研究、制定并印发，共6个部分、12条。第一、第二部分主要是明确试点目标和工作思路；第三至第六部分，提出试点工作的主要内容、申报单位条件、具体工作安排以及"组织和保障"（具体内容见表3-4）。

表3-4 《J省开展职业教育现代学徒制试点工作实施方案》（摘要表）

试点意见	具体要求
主要目标	建立J省特色的"政府统筹、教产衔接、校企双主体育人的职业教育现代学徒制体系"，提升J省职业院校人才培养水平和服务产业能力
试点内容	招生招工一体化：多元招生；明确双身份；签三方或四方协议；保障权益
	培养模式改革：共同制订培养方案；工学灵活交替；加大实践学时比重等
	课程及其体系开发：职业能力分析入手；结合人才成长规律；融入国家职业资格等
	校企共同组建教学团队：明确校企导师职责和待遇；设立"技能导师工作室"等

续表

试点意见	具体要求
试点内容	建立健全现代学徒制管理制度：制定四大类文件（条件与标准类、协议类、管理类与考核类）
试点单位	院校申报条件：高职应为省级以上品牌专业；中职应为省级示范专业等
	企业申报条件：企业需具有多年校企一体化育人经验；联合职业院校申报
工作安排	项目申报：企业申报材料由合作学校所属市州或合作省属院校报送等
	评审遴选：目标明确、方案完善、支持力度大、特色鲜明、示范性强的单位优先
	组织实施：以专业学制为一个试点周期；各市州教育局负责统筹协调等
组织保障	组织领导：教育厅统筹领导；专家指导；试点院校成立实施领导机构；定期会商等
	政策支持：试点单位及其主管部门要提供资金支持等

3. 制度设计的可能意向

从内容来看，J省试图通过现代学徒制提升职业院校的人才培养水平和对产经界的服务能力，并参照教育部关于现代学徒制试点意见，从招生、人才培养模式、双导师以及管理制度层面探索具有J省地方特色的现代学徒制体系。不过，经由表3-4不难发现，相较教育部试点要求，J省在现代学徒制试点强调"基于工作岗位的课程与课程体系"开发，并从课程内容、课程实施、课程评价等层面提出了具体的试点要求。当然，从课程层面推进现代学徒制试点工作，不仅有利于现代学徒制在个体技能形成过程中功能的充分发挥，也加深了校企之间彼此的了解，进而有利于学校和企业在实践中真正融合发展。然而，从目前的制度文本内容来看，对于现代学徒制课程问题至少有三个问题未能澄清：一是现代学徒制课程或课程体系与非现代学徒制专业课程及体系之间如何区隔？二是文本中把现代学徒制课程划分为"专业课程"和"企业课程"，两者之间的边界该如何划分？三是"专业课程"和"企业课程"在开发过程中，校企之间是否需要合作？如果需要又该如何合作？对于这些问题，目前的文本并没有给出详细的描述，也没有后续的补充说明，因而试点实践中出现课程开发层面的混乱并不令人感到意外。

另外，《J省试点方案》强调组织保障和政策支持，但具体到经费层面，并没有给出具体的经费数目，而是强调"试点单位及其主管部门要提供资金支持"。在实践中"试点单位"及其"主管部门"是否会提供资金支持？即使提供又会以什么方式提供？经费用途如何？经费投入不明朗，无疑不利于调动试点单位的参与积极性，这也是很多试点院校不愿继续试点的重要原因。从目前来看，J 省内并不是每一个"主管部门"都对经费投入问题进行了相应的制度安排。倒是市级层面的教育局在其 2015 年发布的《关于推进职业教育现代学徒制试点工作的通知》中，对现代学徒制试点工作在经费层面给予了极大的支持，并对经费的用途给出了较为详细的说明。

（三）C 省的制度安排

教育部首批试点名单中，C 省域内在列 1 个试点地区、3 所高职院校和 1 所中职校。2014 年 9 月，C 省政府召开全省职业教育工作会议，省政府印发了《关于加快发展现代职业教育的实施意见》，对现代学徒制试点提出了明确的要求，其后 C 省在试点实践中先后制定形成了一系列制度文本。

1. 制度背景

作为西部经济核心增长极，随着国家西部大开发战略实施的深入，C 省三次产业结构由改革开放初期的 44.5∶35.5∶20.0 演变至 2015 年的 12.2∶47.5∶40.3，工业化持续推进，服务业不断成长。[①] 在此背景下，如何创新职业教育制度，培养出满足 C 省经济转型升级的高素质技能人才，是当前 C 省职业教育改革和发展中的重要议题。为此，《C 省现代职业教育体系建设规划（2014－2020 年）》中明确提出，至 2020 年"专科层次职业教育在校生数"由 2012 年的 84 万上升至 89 万，"职业院校职业教育集团参与率"由 75% 上升至 90%，"有实践经验的专兼职教师占专业教师总数的比例"由 35% 提升至 60%。这些内容的规划，不仅为 C 省现代职业教育体系建设设定了量化目标，也在一定程度上为现代学徒制试点工作的开展提供了制度性安排。以此为基础，C 省教育厅、C 省经济和信息化委员会联合制定并发布了《关于开展现代学徒制试点工作的实施意见》（以下简称《C 省实施意见》），就 C 省域层面现代学徒制试点工作的开展提出试点意见。

2. 规则与结构

《C 省实施意见》包括 6 个部分、21 条。第一部分提出总体目标，到 2017 年，全省遴选出约 150 所现代学徒制试点院校，"基本形成具有 C 省特色的现代学徒制度"；第二至第六部分，分别对"主要目标""重点任务""试点成果""工作要求""保障措施"进行了明确（具体内容见表 3-5）。

[①] 韩立达、牟雪淞、冒俊娟：《经济增长、产业结构升级对人口城镇化的影响研究——基于 C 省数据的分析》，载于《经济问题探索》2016 年第 10 期，第 105～112 页。

表 3-5 《C 省实施意见》（摘要表）

试点意见	具体要求
主要目标	至 2017 年，形成 C 省特色现代学徒制度
重点任务	实现双主体育人
	实现双导师教学
	实现员工和学生双重身份
	实现学历教育与非学历教育并举
试点成果	不断总结经验，形成与现代学徒制相适应的六大方面制度成果
工作要求	确定试点院校
	明确试点专业及人数：试点院校结合企业需求，选择岗位实践技能要求较高的专业
	制订实施方案：招生前明确分工、权责；共同制定、执行、完善人才培养方案等
	保障学徒权益：明示试点工作意义、方案，签订三方或四方协议；明确学徒权益等
	确保学徒安全：要求企业开展安全培训；规定学徒日常工作（学习）时长、顶岗年龄限制、岗位要求等内容；不得通过中介机构代理、组织、安排和管理学徒企业工作等
保障措施	合理规划，加强指导
	搭建平台，促进交流
	科学研究，政策支持：各地政府出台扶持政策，通过奖励引导企业和职业院校参与

3. 制度设计的可能意向

显然，《C 省实施意见》设计和施行的目标在于，在试点实践的基础上，从六大方面构建并"基本形成具有 C 省特色的现代学徒制度"。为了达成这一目标，C 省在制度安排上以"双主体育人""双导师教学""员工与学生双重身份""学历教育和非学历教育并举"为重点任务，并对政府、职业院校和企业的参与行为提出了较为细致的要求。如试点院校在确定试点专业时，应"选择就业岗位实践技能要求较高的专业开展试点"；明确要求试点单位"不得通过中介机构代理、组织、安排和管理学徒企业工作"；校企之间不仅负责共同开发、确定人才培养方案，还要求根据试点实际，不断调整与完善。这些内容与其说是"工作要求"，不如说是对各方参与行为的一种约束和规范，在很大程度上消解了现代学徒制试点工作中的不确定性，有益于实践工作的顺利推进。

此外，我们也注意到，《C省实施意见》在机制保证上不但强调诱致性制度设计，还强调惩戒性制度安排，如在文本中明确提出，"对试点工作不力或造成不良影响的，暂停试点资格"。这一点在其他省份的制度文本中并不多见，这对于一味地通过财政资助、服务购买、表彰奖励等措施吸引试点单位参与的惯常做法，无疑提供了一种新的路向。不过，在机制保证方面，文本中无论是对惩戒的描述还是对激励的说明仍存在不够具体之处。比如，"对试点工作不力"或"对试点工作取得明显成效"如何进行判断？而且对于诱致性制度安排中的关键问题，即经费的具体数目及如何使用的问题，也未能进行详细阐述。

三、校企层面的制度安排

校企层面的制度安排与国家、省（市）级以及行业层面的制度设计有所不同：一方面，校企层面处于政策制度由设计到实施的临界面，在现代学徒制构建体系中处于最低端，其制度设计受约于国家、地方以及行业政策制度安排，后者的意图应在校企层面的具体文本内容中有所反映；另一方面，正因为校企层面处于实践一线，负责具体制度的落实和实际运行，因而面对的实际问题可能因地域和人员不同而变得极为复杂，从试点实际出发进行具体制度设计又成为校企层面不可或缺的重要任务。此外，校企层面的制度安排是试点院校和合作企业之间对双方合作行为的具体设定，带有一定的内隐性，很多制度文本并不会像国家、地方和行业那样公开发布，因而具体制度文本的获得困难重重。为了更好地澄清问题，本书在制度文本内容的获取路径上主要以实地访谈和现场收集为主。通过内容整理发现，试点单位在具体制度安排上并不同质，而是有所侧重（见表3-6），这也给具体的文本分析带来了一定困难。

表3-6　　　　　校企层面制定的制度文本

制度名称	依频次排序
企业学徒协议书（三方/四方协议或劳动合同）	1
现代学徒制实施管理办法	2
师傅聘用标准	3
现代学徒制企校合作协议书	4
师徒协议	5
师傅考核标准	6
有效访谈人次	21

(一) 制度背景

校企层面试点单位的制度设计，虽考虑到本地实际情况，但制度文本的主旨还是围绕《意见》有关要求展开，总体看来主要从五个方面进行设计。第一，促进校企协同育人的制度安排，主要通过签订《现代学徒制校企合作协议书》的形式，明确双方职责。第二，推进招生招工一体化的制度安排，强调以企业、学校和学徒签订协议的方式，确定身份并明确权益。第三，加强教育教学标准建设，包括制定"专业教学""课程""企业师傅""质量监控"等标准。第四，规范师资队伍，对校内导师和企业师傅的选拔、职责、待遇及考核的内容进行相应的制度设计。第五，完善管理制度，要求从学分、学制、考核、质量监控等方面探索制订相应标准，保障学徒在岗位和工作任务安排、报酬、人身安全等方面的权益。

(二) 规则与结构

为了实现上述五个方面的任务要求，试点院校与合作企业纷纷从自身实际出发，通过规则的设置对双方合作过程中可能有的关系与行为进行调节和规范。从表3-7的结果来看，近80%的试点院校要求企业和学徒签订三方（或四方）协议或劳动合同；超过60%的受访者认为应加强管理，并在校企层面设置了"现代学徒制实施管理办法"；而在所有教育教学标准的制定中师傅聘任标准处于突出位置，这一点也反映了规范师资队伍建设的重要性。可见，试点单位在制度安排上的侧重点有所差异，而这样的差异在具体制度文本的内容设置上更为明显。同样是对关系和行为进行的调节和约束，但规则内容的要求上并不完全一致（具体内容见表3-7）。

表3-7　　　　　　校企层面制度安排举要

制度名称		具体要求	出现频次
现代学徒制试点校企合作协议书[a]	共同责任	共同制订专业课程标准	3
		共同制定《教师/师傅标准》《学生（学徒）培养标准》	2
		教师、师傅及管理人员培训	2
		对学生（学徒）共同考核（分段、全程）	3
		设立奖励基金，分学期奖励学习成绩优异者	3
	企业责任	提供学徒训练岗位	3
		委派带教人员	3

续表

制度名称		具体要求	出现频次
现代学徒制试点校企合作协议书[a]	企业责任	提出考核意见	3
		保障学生安全	3
		提供教学参观机会	3
		提供生活保障（就餐、休息、劳保用品）	3
		为学徒购买工伤保险	1
		优先择用考核合格者，不低于15人	2
	院校责任	负责招生	2
		设置课程、实施教学	3
		为企业提供专业信息、技术咨询及技术协作等服务	3
		择优推荐毕业生	2
		加强思想教育，教育学生遵守企业保密、规章制度	2
		办理意外伤害保险	1
		支付师傅劳务费、讲课费及其他相关费用	3
		确保录用学徒为企业服务5年以上，负责追缴违约金	2
	有效期	三年	2
企业、学校学徒三方协议[b]	学徒期	三年	1
		半年	1
		一年	1
	入徒办理	自愿报名、初审、面试，签订协议	3
	培养安排	分段培养	在校基础理论，企业体验，在校岗位理论和基本技能，准入考核，顶岗，从业资格考核和认证	1
			岗位轮训	1
		学徒办理入学手续，分阶段完成学习任务	2
		企业安排师傅、负责考核，考核结果反馈到学校	1
		学习结束由校企共同考核，由学校颁发学历证书	1
	各方权利和责任	企业和学校共同承担教育管理任务	3
		企业负责学徒在企期间的培训和住宿	1
		企业提供生活补贴（或/与工作酬金、奖学金及助学金）	3
		学徒培训合格后学校向企业支付培训费	1

续表

制度名称		具体要求	出现频次
企业、学校学徒三方协议[b]	各方权利和责任	企业负责安排带教师傅	3
		学徒学习期间遵纪守法，按要求参加学习，服从统一管理	3
		学徒就业：考核合格企业安排就业，学徒须留任，否则违约	1
		学校负责购买保险	1
		企业负责为学徒购买保险	1
		未提及购买保险	1
	违约责任	企业无故不录用，支付学徒违约金	1
		学徒不留任，支付违约金并赔偿培训费，退还助学金和奖学金	1
		考核不合格，视为学徒违约，情节严重需支付违约金并赔偿培训费用	1
		考核不合格，学校负责召回	1
		因企业和学校原因造成学徒培训无法进行，双方责任共担，保证学徒完成学业，优先推荐就业	1
现代学徒制实施管理办法[c]	总则	强化过程监控，提高建设质量	2
	管理机构与职责	成立领导小组	企业和学院管理者为主要成员	1
			学院管理者为主要成员	2
		主要负责	审核年度计划	2
			统筹资金	2
			审定制度	2
			及重大事项的机动处理	2
		下设专门办公室，负责日常管理	2
		主要负责	部门间的联系，材料报送	1
			编制计划，分解任务	1
			起草制度，监督落实	1
			会同其他部门进行绩效考核	1
			收集问题，向领导小组汇报	2
		成立项目监察与审计小组	2

续表

制度名称		具体要求	出现频次
现代学徒制实施管理办法c	管理机构与职责	主要负责：负责汇总经费预算	1
		制定试点工作中与资金、采购有关的制度	1
		监督招投标、费用使用	1
		编制年度审核报告	1
		分项目成立工作实施小组	2
		主要负责：分解任务，制订年度工作计划	3
		编制项目经费预算	1
		负责任务的实施，并对实施过程进行监管	3
		负责项目的考核和奖励	1
		编制项目的各类总结、报告	3
		负责建设过程材料的处理	3
	项目建设与管理	建设方案和任务书不得随意变更	1
		过程管理内容包括：建设任务完成情况、经费使用情况、关键数据增长情况	1
		管理过程分三个阶段（分年度建设、中期、验收）	1
		实行项目负责制，由各项目负责人统筹	1
		实行任务责任制，任务到人	1
		建立信息发布制度	1
	项目建设与管理	实行联席会议制度	1
		实行定期检查制度	1
		建立专项资金、设备管理制度	1
		建设成果的"使用权"和"专利权"归学校	1
	项目考核	实行年度考核：分级考核和整体考核	1
		明确考核办法	2
		实行年度专项激励	2
师傅聘任标准d	聘用原则	按需聘用（技术专家、"能工巧匠"）	1
		"利于发展"	1
		"动态管理"	1
	任职条件	为人师表、遵守职业道德规范	3
		工作负责、善于表达，具备承担教学任务的"业务能力"和"教学水平"	3

续表

制度名称		具体要求	出现频次
师傅聘任标准[d]	任职条件	三年及以上企业岗位工作经历	3
		大专及以上学历	1
		中级及以上职称（或高级及以上职业资格证书）	1
		年龄50岁以下	1
		专业部门骨干人员	1
		有经验的优秀员工优先	1
	聘任程序	聘任组织：成立领导小组，分院和企业人力资源部领导分别担任组长和副组长；组员由学校和企业专业带头人担任	1
		部门申请，上报拟聘计划	2
		学院和企业共同审核	2
	工作职责	按要求实施教学、学徒考核和成绩评定	2
		按时提交教学材料	1
		参加专业研讨、方案制订、课程建设等工作	1
		道德教育，引导学徒爱岗敬业	3
		讲解劳动纪律、规章制度	2
		负责学徒日常和现场安全管理	3
		配合第三方和学校对学徒进行评价	1
		学习新工艺、新技术，鼓励创新，正确对待学徒提出的建议	1
	师傅考核	校企结合学徒评价共同对企业师傅进行综合考核	3
		考核结果记入师傅业务档案	2
		考核未通过者取消带徒资格	2
	工作待遇	享有带徒授课酬金	2
		与校内教师享有同等进修、学习和培训的机会	1
		培训效果良好的师傅，企业在"评奖评优""职称晋升"方面优先考虑	1
		具有校内评优、评先资格，并享有同等奖励	1

注：a部分内容来自同一所试点院校的不同专业；b部分内容来自不同省份的不同试点单位；c和d摘取部分内容。

(三) 制度设计的可能意向

首先,"双主体育人"主要通过签订《现代学徒制校企合作协议书》的形式明确双方职责。不过,在实践中不同试点单位对校企双方共同承担的职责有所侧重,即便是同一家试点单位,不同专业之间对校企各自的职责划分也不尽相同,这一点可以从表3-7中a部分所示内容中窥得一斑。表3-7中a部分所列制度文本内容来自L省,该单位有三个专业入选教育部现代学徒制试点,但三个专业在与企业协同育人中各自职责、分工的划分并不完全一致,如表中有些职责的出现频次仅为"1",说明对于这一职责的约定只在一个专业的校企合作中出现。

其次,"招生招工一体化"虽存在争议[①],但与之相关的企业、学校及学徒之间签订的"三方协议"(也有试点单位采用"四方协议"或"劳动合同",为了陈述方便,后文中皆称为"三方协议")却在现代学徒制试点中被赋予了极其重要的地位,因为"落实双重身份"被视为"现代学徒制度设计的核心"[②]。而"三方协议"设置的目的在于明确参与现代学制学生的"准员工"身份,要让企业明白是在为"自己培养员工",同时,"三方协议"是对学徒培训过程中各方权利和义务的约定,受法律保护。从表3-7中b部分所列举的制度文本内容来看,试点单位对于参与各方的行为进行了较为明确的界定,并对于违约行为的处罚也进行了相应的约定。从现有文本内容来看,约定主要集中在以下几个方面:自愿报名、分段交替学习、培训环境、学徒津贴、企业师傅带教、安排就业等。不过,即使有了这样的制度安排,参加学徒培训的学徒是否愿意留下来?学徒留任意愿受哪些因素影响?对于这些问题,制度文本并没有给出答案,有待进一步澄清。

最后,从现代学徒制的实施管理来看,虽然受访者对管理制度的制定十分期待,但现有的规则设计对于试点单位合作企业行为的约束明显乏力,再加之没有第三方监督、认可,校企双方共建组织的合法性并不明朗。此外,试点中,师资队伍的建设一直受人关注,尤其是企业师傅的选聘问题,这一点从表3-7中d部分制度文本的设计上已有所体现。但对一位好的带教师傅的评判,文本中所列的几点恐怕远远不够,毕竟师傅在培训中面对的是鲜活的个体,业务能力强、技术职务高并不一定能带好学徒,因为带教过程中还是需要强调方式方法的应用。而这一点是否重要或必要,制度文本中也无法给出答案,只能从受教个体的反馈中获得。由此,深入培训一线,从学徒角度对现代学徒制试点中的一些问题进行

---

① 赵志群:《现代学徒制离政策目标有多远》,载于《中国教育报》2016年9月27日,第4版。
② 林宇:《落实双重身份·完善政策保障·加强现代学徒制试点工作动态管理》,载于《中国职业技术教育》2017年第1期,第42~44页。

澄清已成必要。

综上所述,不同试点单位以及不同层级之间在具体制度设计上有所侧重,这一点从相关制度文本的设计中可以明显体察到。但即便如此,现代学徒制试点在一些基本原则上还是保持了高度的一致性,并在文本设计中被严格遵守。第一是"双重身份""联合培养"。双重身份在现代学徒制度设计中被赋予了极高的地位,但只通过"三方协议"的签署是否能达到预期的目标?这一问题的回答需要有有力的证据作为支撑,毕竟身份问题是制度设计的"核心"。第二,重视过程质量控制,如试点单位制定"专业教学""课程""企业师傅""质量监控"等各类标准。不过,从试点实践来看,这些标准内容的设置不仅缺乏系统性,而且各自独立、缺乏连贯性,显得凌乱。在实际操纵中,也往往顾此失彼。事实上,这些标准都是为了解决同一个问题,即学徒学习的质量问题,应围绕如何有效促进学徒高质量学习为主要线索进行制度文本设计,因而这些标准可以归并或纳入"质量标准"中,或以制度规则设计为标的对上述维度进行系统设计。此外,现有的制度设计强调政策支持和制度保障。"支持政策"和"保障措施"被认为是地市级试点单位的探索重点,但从试点实践来看,由于受到行政管辖范围的局限,地市级试点设计的政策制度多只对所辖范围内的职业院校和企业存在影响,而很多省属职业院校,并不能享受到政策的宏利。另外,地市级试点设置的政策制度与省一级政府政策制度出现重叠,致使部分试点院校既是省级试点也是市级试点,而这种"双料"试点单位在高职院校层面不在少数,甚至同一个专业既是教育部试点也是省级试点。这种现象的出现,并不是个案,其出现的原因也并不复杂,根本原因在于经费投入的不足,如果每一层级的主管部门能有足够的经费支持,作为试点院校则希望拿出更多的专业去试点建设,毕竟试点有利于专业的发展。可见,政策制度的设计问题并不只是某一层级试点单位的事情,还是应该从试点实际出发,在充分调查的基础上综合各方因素进行整体构建。不管怎么样,为了推进试点工作的顺利实施,更确切地说为了支持学徒和现代学徒制的发展,政府部门以及试点单位进行了一系列的制度安排。这些制度供给有力地推进了现代学徒制的制度化进程,但同时在具体实践中也遇到了一系列的困难。

第四节　我国现代学徒制度的本体特征

通过与前文的对比发现,我国现代学徒制的制度设计与第一章中提到的"现代学徒制度的结构特征"有所差异,而这些差异与现代学徒制制度本体共性在实践中的结合又秉承了某些基本的原则，这些原则在很大程度上反映了我国现代学徒制构建过程中的主要着眼点，同时也形塑了当前我国试点中现代学徒制的典型特征。

一、双元安排，明确权责

从试点实践看，我国现代学徒制的制度安排带有明显的"双元性"，因为它包括多个学习地点的组合，以职业院校学习为基础与一个甚至多个合作企业相关联。学徒分阶段按月或按周在企业工作，在生产环境中接受培训。同时，按月或按周交替在职业学院进行辅助性教学，目的是学习在日常工作的生产条件下难以获得的补充知识。这种带有明显"双元性"的学习模式是以经济系统的代表（行业协会、企业）与各级政府、职业院校之间密切和长期合作为基础的。为此，在具体制度安排上，提供学徒培训的企业和全日制职业院校之间通过"校企联合育人协议"发生关联，并通过协议的签订对双方在合作育人过程中的具体行为进行了约定。相比较而言，在校企合作协议中，更强调企业在育人过程中的作用和功能的发挥。对于企业而言，除了学徒进行实际培训外，还要与合作院校一起共同制定各种与学徒培训相关的标准，以及为学徒在培训期内的生活提供保障。

不仅如此，现代学徒制试点强调企业、学校与学徒之间订立协议，通过协议的方式对各方的角色和责任进行明确，此类协议在试点中主要表现为"三方协议"（或"四方协议"，也有部分试点签订劳动合同）。根据协议，学徒承诺为企业工作，同时接受学徒训练。该协议规定了学徒培训的目的、内容、期限、学员的身份以及任何报酬或社会保障缴款等内容。它们确保有关各方不受剥削，并明确其义务。同样重要的是，"三方协议"不给雇主带来不必要的负担，以使他们持续参与和提供学徒培训机会。从试点实践来看，企业与学徒之间带有契约性质的约定得到了广泛的使用，这为学徒与雇主在培训合约期内的社会关系的形成和维持奠定了基础。对于学徒而言，"三方协议"提供了一个有保障的就业期。在此期间有机会学习与职业有关的各种技能，也有机会学习如何成为一名工人，以及在工作中明白自己职位的意义。对于雇主来说，"三方协议"提供了一个机会，让他们能够参与到特定行业的技能形成过程中，并随着时间的推移从学徒或受训人员那里获得提高生产力的好处。企业雇主可获资助以支付学徒在合约期内的工资津贴，从而支持他们的工作。通过"三方协议"，参与现代学徒制的学生获得了准雇员的身份并获得报酬，企业在职业院校的协同下制订学徒个人学习计划。

综上可见，我国试点中的现代学徒制带有明显的双元特征，与单纯的企业内部学徒制有本质的区别，而且通过相关制度的安排对各方权利和责任进行明确，尤其是试点中签订的"三方协议"，既具有确定雇佣关系的功能，又发挥了培训合同的作用，是对学徒身份和权益进行澄清的重要尝试（具体结构特征见图 3-1）。但我们也注意到，培训企业与职业院校之间的合作完全建立在自愿的基础上，即使有政府参与，充其量也是通过诱致性手段吸引企业参与，如 L 省对试点单位的经费投入。但 L 省在实践中出现的问题不能不引起我们的警觉（这一点在 L 省制度实践分析中已阐明）。

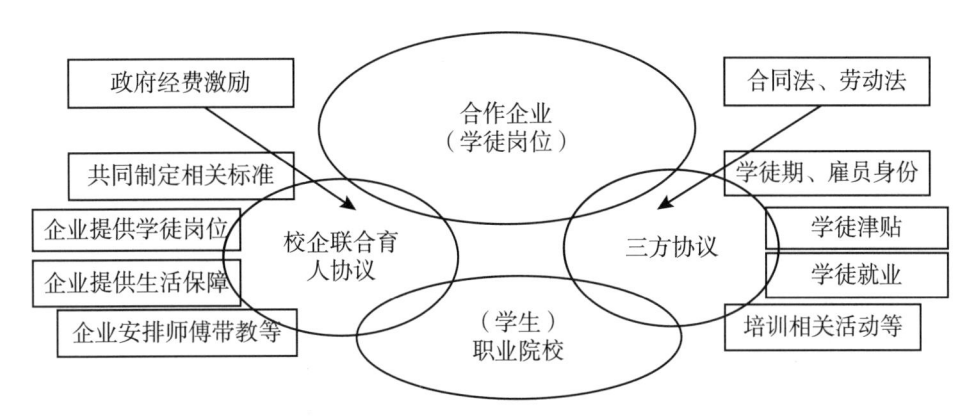

图 3-1　试点中现代学徒制的制度结构

二、共同资助，关注质量

如何促进企业参与学徒制一直是现代学徒制发展过程中的一个棘手问题。为了促进企业参与现代学徒制，反映企业在培训计划中的技能需求，试点中主要通过促使企业和公共部门（主要是职业院校、政府部门）之间充分或适当分担成本的方式，使现代学徒制对企业，特别是中小企业更具吸引力。如 L 省采用补贴措施吸引企业提供学徒培训岗位，表 3-3 中列举的试点院校以向企业支付培训费的形式购买企业的培训服务。在大多数国家，以公司为基础的培训，其培训费用由各自的培训公司承担，而在兼职职业学校进行以学校为基础的培训，其培训费用则由公共基金承担。这意味着企业要为公司内部学徒培训提供最大一部分资金，既包括培训的直接成本（学徒的设备、培训设施和材料），也包括间接成本，如师傅因培训学徒而生产率降低。此外，学徒报酬自然也是一项成本——尤其是在学徒期的前几年。然而，学徒通过他们的生产性工作为培训公司的生产力做出了贡献，他们在生产性工作中的份额随着每一个学徒年龄的增加而增长。但这样的收益在短期内并不能显现出来，因此对于现代学徒制试点中的企业是一大挑战，很可能有些企业会因短期内成本增加而退出现代学徒制。而为了推广现代学徒制计划，地方政府以及试点单位采用了多种财政方法，除了上文提到的直接拨款和购买服务的形式以外，试点院校也承诺投入一定的经费。当然，这些公共部门的费用投入并不能模糊了企业对学徒制度的总财政贡献。前文对试点状况的统计已明显地表明，企业承诺提供相当大比例的资金，似乎对运作良好的学徒制度至关重要。从试点实践来看，对现代学徒制的普遍认识、学徒培训对企业的益处以及易于理解和应用的激励措施可能为这种承诺奠定基础。不过，尽管企业的财政贡献很大，没有他们的投入，现代学徒制度极有可能无法运作，但对于企业到底为现代学徒制付出了多少的代价却很难量化，因为学徒阶段的学习大部分是在个别公司中进行。从长期来看，必须找到国家融资解决方案，以实现经费投入的可持续性。

不过，为企业主提供补贴本身并不能促进计划的成功。[①] 换句话说，参与的雇主也必须有积极性并致力于向年轻人提供高质量的与工作有关的实际培训和工作经验，而不是仅仅以一种临时和机会主义的方式利用现有的财政支持。在试点中，企业为使所培训的学徒更切合自身的需要，在质量保证方面与合作院校共同行动：首先，合作制订培养方案，设置课程目标、范围和学习内容，以确保学徒培养符合专业发展要求（如符合现行的资格标准）；其次，共同商定培训的类型、内容、频率、长度和质量等；再次，公平、公开招募学徒；最后，明确学徒的工作条件，以及其他有关的条款和安置条件。显然，随着现代学徒制试点工作的开展，企业也越来越多地在地方一级与合作院校密切合作，以确保课程和培训内容符合他们的具体需要，并参与到有可能保证培训质量的行动中。不仅如此，为了确保培训的成果和质量，试点中很多单位尝试邀请外部力量参加质量评估，并从制度层面对学徒教育的可及性、学习途径的效率以及具体如何进行教育和指导进行了相应的制度安排。而且，职业院校本身常常扮演着"中介的角色"，因为它们不管理和控制系统，也不制定国家标准。相反，它们通过评估个人的成果和授予资格，在确保现代学徒制实施质量方面发挥着重要作用。显然，试点实践中的制度安排将质量控制注入"双元体系"中，当然目前对质量的关注还未能生成一套定义工作场所培训条款的统一规则，这对于现代学徒制的实施效应存在不利影响。

三、多方参与，协同建构

上述两点从制度安排的具体内容出发，对当前我国现代学徒制的结构特征和运行特点进行了归纳。同时，这些制度在具体安排和内容设计上也具有明显的特

[①] European Commission. *Apprenticeship and Traineeship Schemes in EU27：Key Success Factors—A Guidebook for Policy Planners and Practitioners*. Brussels：European Commission，2013：17.

征，即强调多方参与，协同建构。首先，从国家层面和各省相关制度的安排来看，强调多机构参与组织和管理。具体来看，在国家层面，以教育部为主，负责现代学徒制试点工作的总体规划和管理；省级层面，主要包括各省人民政府、教育厅、试点市，侧重于省一级层面的政策支持与措施保障；作为试点单位的地级市，统筹并立足辖区内职业教育与企业资源，合理遴选和确定试点专业和学生规模，侧重于市一级支持政策和保障措施的探索；行业层面，试点行业负责统筹行业内职业院校和企业，进行各类标准和规范的开发；企业层面，试点企业负责联合职业院校探索相关支持政策、有效参与路径、激励机制，以及运作方式；职业院校层面，负责联合企业，在试点实践中，对人才培养的模式以及相关管理制度进行探索。其次，制度内容共同协商，系统安排。虽然政府主要负责监测和发展培训制度的全面质量，但各行业的利益攸关者对培训方案的制订和执行作出重大贡献。例如，合作企业参与学徒的招募和选拔；行业协会和企业确定方案的有关内容，协助编制教学资源，并支持在工作场所提供实际训练。

不可否认，当前我国现代学徒制的制度架构主要以培训安排和规则设计为主要任务，具体内容的生成还处于一个多方协商构建的阶段。如果从实践主体来看，大致包含四个层面的协同行为：①在宏观层面上，中央政府和地方政府积极配合，制定国家现代学徒制培训规则和实施意见。②在中观层面，试点院校和企业负责制度的具体执行，两者之间的直接合作是制度建构的中心环节，试点中现有的制度安排也多集中于此。③企业所在行业（或主管部门）和相关教育部门之间的互动协调，通过规范和标准调控职业院校与企业（即中观层面合作主体）间的合作进程和培训安排。这一层面的合作，虽也处于执行层面，但主要是对中观层面合作主体的调控，并不直接涉及微观层面学徒培养问题，因而带有明显的外部性，属于外部执行层面。④微观层面，即"学徒"与"学生"的层面，虽不能主动构建制度，但现代学徒制相关制度的安排与实施最终以此为落脚点。对于微观层面行动者而言，其主要的问题是如何将从两个不同的机构获得的信息整合到他们的个人知识库中，以及如何连接不同的经验，并在不同的地点内形成职业身份。具体内容如表3-8所示。

表3-8　　　　试点中相关主体间的协同构建

层级	主体		主要合作任务
宏观层面	中央政府	地方政府	制定国家培训规则； 制定实施意见
外部层面	企业主管部门	教育主管部门	控制执行机构（企业和职业学校）进程有关的直接合作

续表

层级	主体		主要合作任务
中观层面	企业	职业院校	执行机构（企业和职业院校）之间以及其行动者（企业师傅和学校导师）之间的直接合作
	培训者（师傅）	教师	
微观层面	学徒	学生	如何将从两个不同的机构获得的信息整合到他们的个人知识库中； 如何连接不同的经验； 如何在不同的地点内形成专业身份

综上所述，我国现代学徒制在结构组成、运行安排以及制度生成方面已逐步呈现出自己的特点，并从国家到地方初步形成了一系列的制度规则。但目前的制度安排还存在很大的不确定性，首要表现就是制度安排"项目化"倾向所导致的制度设置的短效性。从目前制度样本内容来看，"现代学徒制"被普遍视为一种"项目"，而项目就有周期性，一旦到期，极有可能不复存在。制度安排上这种"项目化"倾向，客观上加剧了制度变迁的速度，极易造成制度间断裂现象的反复发生，不利于现代学徒制的有序发展。此外，制度安排的不确定性还表现为某些共性制度文本格式设计的无序性。如目前实践中强调企业、学校和学徒之间签订的三方协议，以及还有家长参与的四方协议，其文本内容的格式设置在不同区域之间并不一致，没有统一的标准。这些都会对试点实践造成不同程度的混乱。更为紧要的是，即便进行了一系列的制度安排，但现代学徒制度未必有效，毕竟现代学徒制度是一个复杂的过程，不同参与主体的利益诉求和个体特质不尽一致，其中尤以企业和学徒表现得最为明显。因而，从学徒、企业等参与主体角度对试点中现行制度的运行状况进行进一步的实际调查，进而归纳出影响现代学徒制构建的可能因素，必然对我国现代学徒制度的完善和发展大有帮助。

第五节 本章小结

在理性主义看来，制度可以通过有目的的行动来创建和改变，而行动者被区分为个人和复合行动者（集体行动者和合作行动者）。[①] 合作行动者（企业和试

---

① Scharpf, F. W. *Games Real Actors Play: Actor-Centred Institutionalism in Policy Research*. Boulder: Westview Press, 1997: 52.

点院校）在本书中构成了运行层面具体制度设计的主要参与者，并以组织的名义进行互动。研究发现，中国情境下现代学徒制的参与主体主要由三类构成：一是合作行动者——政府部门（主要以教育主管部门为主）、职业院校、企业；二是集体行动者——行业协会；三是个体行动者——学徒（主要源于职业院校在校学生）。此外，现有制度安排主要分为三个层面：一是教育部层面设计的整体试点意见和方案；二是实际运行层面的具体制度设计和安排，主要由试点单位负责；三是地方政府为支持现代学徒制运行进行的相关制度安排。当然，还有一点不能忽略，即所有这些制度的设计都是在整个国家制度体系下进行的。这些制度的产生是有目的行动的结果：首先，国家层面为创造更大"人才红利"，促成"校企一体化育人"，为推进试点提出相应意见和方案；其次，地方政府为进一步探索区域层面校企协同育人机制，保障现代学徒制试点方案的具体实施；最后，学校和企业层面，前者旨在满足自身劳动力供给的需要，后者旨在借助外在资源完成人才培养的任务，双方通过共同协商进行一系列相关制度的设计与安排。

当然，如果研究就此结束，仍有很多问题没有解决，其中就包括试点中的这些制度安排是否达到制度设计的预期目标。这种担心不是没有道理，从国际比较经验来看，即便是在具有学徒制传统的国家（如英国），以及法律体系相对健全的国家（如德国），具体制度的实施也会遇到不同程度的障碍。但问题的关键在于，如何及时发现并解决问题，进而，对现代学徒制本体制度实施效应进行审视就成了一种必要。

第四章

现代学徒制本体制度构建的实践进展：基于实际效应的视角

制度效应是对制度设计者行动意向性结果的衡量，行动者可能是工具性的，或富有远见的，但制度运作可能并不会简单地依循于设计者的偏好。也就是说，制度效应有可能在"意料"之外。因此，从实际效应角度审视现代学徒制本体制度在实践中的运行效应，不仅有利于现代学徒制度的完善，更有利于现代学徒制的健康发展。为了更好地说明问题，对现代学徒制本体制度效应的考察主要区分两个层面：一是"合作执行机构"（即职业院校和企业）及其行动者（师傅与教师）层面；二是学徒层面。当然，对于不同层面行动主体的行为和内心所发生变化的具体情况，还是需要走进现代学徒制实施现场，做进一步了解。因此，本章的主要任务有两个：一是通过现场调查的方式，对现代学徒制度实施过程中不同行动者间的互动情形以及彼此对现代学徒制的看法等内容进行搜集；二是对影响不同参与主体参与积极性的有利因素与不利因素进行分析，挖掘出影响我国现代学徒制度构建的关键因素。

第一节 现代学徒制本体制度的实施效应及其影响因素分析：合作执行机构及其行动者的角度

有效和高效的制度设计必须考虑到各机构之间在交换资源和活动过程中可能

出现的复杂或有时是隐藏的问题。[①] 现代学徒制的赞助者历来对学徒制度本质上的私人性有着强烈的承诺，因而往往抵制任何形式的政府或外部干预。有鉴于此，试图找出职业院校与企业联合育人过程中潜在的障碍和促进因素尽管不易，但却十分必要。

一、方法的选择与设计

对于人文社会科学而言，其研究方法至少包含质性研究方法和量化研究方法两种，而在具体采集资料的路径选择上又分别以访谈和问卷调查较为常见。通常认为两者各有优势，就如同"放在木匠工具箱中的每件工具一样"，每一种各有其适用的对象，"主要是看研究者如何选用"，将最佳的工具应用到最需解决的问题上。[②] 相比较而言，访谈较易深入了解问题的核心，尤其是当访问者取得受访者的信任与配合之后，访问者可以伺机激发受访者，深入了解自己的经验，且可试探原先在研究计划中未期望得到的重要资料。特别是受访者自我的负面观点或对他人的负面情感方面，本就难以启齿，亦不愿在问卷上展现出来，唯有通过访谈的方式才有可能获取，也较易从中发现问题的症结所在，继而做进一步深入探讨。对于本书的研究而言，急需要了解的是现代学徒制实施的真实情况，其中就包括各参与主体的具体参与情况、可能存在的问题，以及引致这些问题的深层次原因。因而，在需要获得的信息中可能存在负面的内容，而这些内容对于现代学徒制的有序发展至关重要。例如，在书中提到的企业以现代学徒制为名不当获取政府补贴的信息就是在访谈中获得的。当然，访谈调查法功能的充分发挥与调查过程的有效设计不无关系。

（一）访谈的准备

为了使利用访谈方法获得的资料值得信赖并具有客观性，有必要在正式进入调查现场之前，进行精心准备。首先，掌握访谈方法背后的原理和信息提取的方法与原则，并在正式进行访谈之前进行多次访谈模拟训练，以便能够准确地从访谈记录中识别各种有用信息。其次，拟好访谈提纲，并经多次练习之后，熟悉访谈目标和内容。就某种意义而言，访谈是一种口头问卷，受访者虽不用填写答案，并可以按自己的方式回答被问及的问题，但为了获得资料的高效性，访谈者

[①] Tindall, L. W. Effective Linkages for Interagency Cooperation in Interagency Cooperation and Agreements. In J. P. Greenan (ed.). *Policy Paper Series*: *Document* 4. Urbana: Illinois University, 1980: 53 – 73.
[②] 王文科、王智弘:《教育研究法》，五南图书出版公司2012年版，第255页。

必须对调查内容谙熟于心，不至于临场慌乱或犹豫不决。最后，了解被访问者，尽可能地熟悉被访问单位的试点情况。具体通过三种方式进行：一是通过中间联系人进行了解；二是通过试点单位官方网站以及教育部现代学徒制试点工作管理平台进行把握；三是通过试点单位公开发表的学术论文获得部分信息。通过上述准备，已对调查方法运用的步骤与原则，以及这一方法的优缺点形成了较为深刻的认知，并对访谈内容和被访对象有了进一步的了解，能够做到在使用该方法的过程中尽可能地避免其缺点对可获得资料准确性的不利影响。

（二）受访对象的选择

为了能够获得具有代表性的关键信息，本书首先将目标锁定在教育部首批试点单位。原因有二：一是首批试点单位名单公布已过去很长一段时间，通过试点实践，相关参与主体已对现代学徒制有了较为深入的体悟，而且也形成了一定数量的文本性材料，通过这些材料可以对访谈中所获得信息内容的真实性进行验证；二是首批试点意味着实践中可能遇到很多新的问题，这些问题是什么以及如何解决，对于本书的研究而言有较大吸引力。不过，现代学徒制参与主体相对复杂，单从试点单位性质来看，就已划分为不同类别，如果具体到参与主体层面则更为复杂。然而，为了更好地获得有效资料，本书还是从具体行动者角度展开调查，并将受访对象区分为：企业人力资源部管理者、企业人力资源部现代学徒制具体联系人（或负责人）、企业带徒师傅；职院院校学校层面管理者、职院院校专业负责人与校内导师（受访者具体信息见表 4-1）。需要说明的是，表中所列受访对象并不是在同一时间段接受的访问，具体访谈区分不同阶段、不同批次进行，这也就涉及访谈具体实施的问题。

表 4-1　　　　　　访谈对象具体信息和编码情况

对象来源	性别	年龄	职务/职称	所属行业/专业	受访者编码
企业人力资源部	女	42	主管	飞机制造	HR-FF42
	女	29	培训联络员	飞机制造	HR-FF29
	男	36	副总	纺织工业	HR-FM36
	男	28	培训联络员	机床制造	HR-CM28
	女	39	主管	精密仪器加工	HR-JF39
	男	30	副主任	汽车制造	HR-JM30
	女	38	主管	汽车4S店服务业	HR-FF38
	女	25	干事	汽车4S店服务业	HR-FF25

续表

对象来源	性别	年龄	职务/职称	所属行业/专业	受访者编码
企业人力资源部	女	33	副总	酒店服务业	HR-JF33
	女	29	主管	旅游服务业	HR-LF29
	女	35	副总	IT服务业	HR-IF35
	女	30	主管	创新产业	HR-CF30
企业师傅	男	56	培训中心主任/高级技师	飞机制造业	CM-FM56
	男	55	高级技师	飞机制造业	CM-FM55
	男	53	高级技师	精密仪器加工	CM-JM53
	男	36	技师	精密仪器加工	CM-JM36
	女	37	技师	汽车4S店服务业	CM-FF37
	男	34	技师	汽车4S店服务业	CM-FM34
	女	34	中级	酒店服务业	CM-JF34
	女	31	中级	民政行业	CM-LF31
	男	40	技师	装备制造业	CM-ZM40
	女	32	中级	IT服务业	CM-IF32
	女	33	中级	创新产业	CM-CF33
学校层面负责人	女	37	教务副处长	全校试点专业	SP-FF37
	男	43	教务处长	全校试点专业	SP-JM43
	男	50	副校长	全校试点专业	SP-FM50
	男	53	校长	全校试点专业	SP-HM53
	男	49	科技处长	全校试点专业	SP-KM49
	女	47	副校长	全校试点专业	SP-FF47
	男	42	教务副处长	全校试点专业	SP-FM42
	男	44	教务处长	全校试点专业	SP-JM44
专业负责人（校内导师）	男	36	副高	中药	IA-ZM36
	女	45	教授	轨道交通通信技术	IA-GF45
	女	35	副教授	城市轨道交通车辆	IA-CF35
	女	29	讲师	食品生物技术	IA-SF29
	男	38	副院长/副高	家具设计与制造	IA-JM38
	男	45	副高	畜牧兽医	IA-XM45
	男	48	副高	国土资源	IA-GM37

续表

对象来源	性别	年龄	职务/职称	所属行业/专业	受访者编码
专业负责人（校内导师）	男	37	副高	工业机器人技术	IA – GM37
	男	35	副高	应用化工技术	IA – YM35
专业负责人（校内导师）	男	36	副高	数控技术	IA – SM36
	男	36	副院长/副高	轮机工程技术	IA – LM36
	男	33	讲师	计算机应用技术	IA – JM33
	男	43	副高	机械制造与自动化	IA – JM43
学徒	男	21	学徒	轮机工程技术	AP – LM21
	男	20	学徒	轮机工程技术	AP – LM20
	男	20	学徒	服装设计	AP – FM20
	女	21	学徒	服装设计	AP – FF21
	女	20	学徒	计算机应用技术	AP – JF20

注：本环节在调查对象的选择上以执行机构（公司和职业学校）与其行动者（培训人员和教师）为主，为了便于分析，此处将受访学徒信息一并列出。

（三）访谈的主要内容

在借鉴国际比较经验和前期调研的基础上，编制了半结构式的访谈问卷。访谈的主要内容包括：（1）现有的制度安排对企业参与现代学徒制行为的影响；（2）影响企业参与现代学徒制的关键因素，主要考察企业参与现代学徒制的原因以及遇到的障碍（具体访谈问题如吸引贵企业参与现代学徒制的原因是什么？企业在参与现代学徒制过程中遇到了什么样的障碍？等等）（3）学校对现代学徒制的理解，主要考察学校管理者及一线教师在现代学徒制实施中所体察到的困难，以及现代学徒制带来的优势（具体访谈问题如现代学徒制的实施给学校教学管理带来了什么样的障碍？学校在教学管理制度方面进行了什么样的改革与创新？通过现代学徒制培养，学生在哪些方面提升更加显著？等等）。

二、访谈的具体实施

访谈层面的调查又分为不同的步骤，首先是第一次接触，通过守门人与试点单位负责人取得联系，将事先设计好的访谈提纲发至对方指定邮箱，并与对方约定受访对象，不仅包括学校负责人、校内导师，还包括合作企业以及在企业接受训练的学徒。但联系个人要求他们参与这项研究并不总是容易或直接的，这使得调研时间的安排极为重要。其次是第二次接触，通过电话和电子邮件确定具体调研时间和地点。大部分试点单位能够在第一次接触之后愿意帮助协调安排，并能在第二次接触中确定调研时间。但在此过程中也出现过被调研单位时间安排冲突的情况，以及所联系企业由于生产任务繁忙无法接待的情况，这需要对调查时间做进一步商定。经再次商定之后，大部分试点单位能确定受访时间，也有部分单位因时间冲突和学校忙于申报优质校而无法统筹安排，最终只能将现场调研的计划安排，改为邮件和电话访谈的方式获得部分问题的信息。通过电子邮件方式的好处在于，它给了双方研究者和潜在参与者思考这个问题的机会，但使用电子邮件进行调查也存在一些问题。例如，不回复邮件可能会让研究人员对没有回复感到困惑，尽管原因可能是收件人不在办公室，或者他们没有收到邮件，又或者已经决定不参加。最后是第三次接触，即当面介绍，主要与中间联系人有关，而对于具体被访对象而言，仍是第一次接触，但这并不影响调查的开展。

需要说明的是，通过访谈获得数据的方式虽有诸多优点，但也存在一定不足。从具体实施来看，最大的不足之处在于调查对象数量受限，且每次访谈时长受个人因素影响明显。最为明显的是，在对专业负责人和校内导师的访谈中，由于需要获得信息量较大，每位受访人平均用时 1 小时 20 分，在后 20 分钟内能明显感觉到受访者的疲惫感。同时，对访谈者本身也是一种挑战。为了更好地获得资料信息，在时间安排上，根据不同区域、不同试点单位，分批次进行。

三、访谈结果内容分析

（一）现有的制度设计并不能在短期内解决企业人才短缺的问题

经由前文制度文本的分析，校企层面现代学徒制本体制度设计的重要目标之一就是帮助企业获得可用之人，更确切地说，是帮助企业通过学徒培训的方式获得对企业发展有利的未来员工，尤其是那些在培训期间生产效率最高的未来员工（学徒）。当然，企业对人才需求的满足，完全可以通过社会招聘的方式解决，也可以通过校外招聘准员工，然后进入企业培训中心进行培训的方式来完成，或者说可以通过以往提供"实习"岗位的形式来解决，未必一定要通过现代学徒制的方式参与未来员工的培养（学徒培训）。事实上，企业参与学徒培训的真正目的就在于充分利用学校培养机制，尽可能快地培养适合企业需要的技能人才。正如一个企业培训中心负责人所述：

"……这个技术工人技能的门槛还是比较高的，所以工人的培养周期会比较长，而且又急需用人，以往的实习生，进来时间短，光适应就得两三个

月。不像现在，从大一就有课程植入，二年级学徒（大二）就能进行简单操作，为企业节省时间。"（CM - FM56）

同时，学校的选拔机制又让企业离目的的实现更进一步。具体而言，来自职业院校的学徒，在其正式入学之前都经过严格的选拔（中考或高考），虽然成绩有差异，但相对于社会青年，这些学徒的可塑性更高，对于企业规章的遵守也相对较好。这一点可以从另一位被访对象的陈述中得到印证：

"……然后从我们的角度来说，学校里出来的孩子比较小，技校毕业只有十八九岁，是一张白纸，只要他品行端正，然后同时又比较上进，通过我们长期的一个培养机制，他能够成长起来。"（HR - JF39）

不可否认，就一般而言，企业对于劳动力的满足往往有两种选择：培训或雇用。第一个是培训自己的工人，旨在通过类似于内部劳动力市场的方式培养自己未来的员工；第二个是在外部劳动力市场雇用已经合格的工人。但从调查结果来看，外部劳动力市场人才供给往往受行业特点、企业定位等因素影响，企业难以招募到自己想要的人，再加之信息不对称等因素影响，企业的招聘成本较高，因而企业更倾向于通过自我培训的方式来解决企业人才短缺问题。正如贺加斯（Hogarth）等人认为的那样，企业投资学徒制的一个重要原因就在于：现有员工的技能要求有限，难以满足技能要求，而当地劳动力市场又缺乏有经验的熟练工人，通过招募年轻人，他们的技能可以通过劳动力培训的方式来提高，这是一种对连续性职业或特定于行业的新技能的渴望。[①] 尽管如此，我们仍然可以设想一下，如果企业花费大量的精力提供学徒培训，但到头来，想留的人不愿留下，这对于企业来讲，恐怕已不是培训投资损失那么简单，更致命的是对企业培训积极性的打击。企业成员表述了这种情况：

"企业最不能接受的就是学徒在培训之后不辞而别，不遵守此前签订的服务协议……而且在离职时，不按企业离职流程处理，直接旷工离职。这让企业很被动，实为难以接受，极大打击企业投入现代学徒制的积极性……希望学校能加强学徒的思想教育。"（HR - JM30）

如果情况真如企业所言，那么学徒的不辞而别对于企业参与积极性的打击是不言而喻的。在调查中也注意到，该企业在学徒培养过程中投入了大量人力和物力，但学徒还是选择了离开，这不能不引起企业和试点院校的重视。当然，造成学徒离任的原因是多方面的：

"2015 年招生 37 人，目前 35 人，2 人参军，明年毕业。15 人确定留在

---

① Hogarth, T., Gambin, L., Winterbotham, M., et al. Employer Investment in Apprenticeships and Workplace Learning: The Fifth Net Benefits of Training to Employers Study. London: BIS, 2012: 14.

企业工作，20 人解约。15 级学生分布在两个企业——湖南长沙和河南安阳，长沙共有 18 个人，17 个人不愿留，理由是独生子、父母不愿意、饮食等；安阳有 17 人，有 3 个人不愿意留……"（IA – SM36）

有观点认为，学徒"留任"是制度成果的衡量标准。[①] 为了更好地说明问题，本书在研究中对访谈材料中有关学徒的去留问题进行了进一步的梳理，所得具体信息如表 4 – 2 所示。从现有信息来看，并不是每一个学徒都留在了提供学徒培训的企业，情况不容乐观。如果假设参与学徒制的每一个企业都是为了培训自己想要的人，那么对于这些离开的学徒只有两种解释，一种是企业不愿意留，另一种是学徒不愿意留。那么，哪一种可能性更大？根据目前的信息并不能做出回答。也因如此，从学徒角度对留任意愿进行量化的调查显得很有必要，这也是后续章节中将重点探讨的问题。从访谈结果来看，学徒在学徒期内中途退场的情况并不是个案，至少对于那些参加升学考试的学徒而言，现代学徒制远没有升入更高一级学府那样更有吸引力。面对这一问题，现有的制度安排根本就是无能为力，企业人才短缺的问题并未在短期内得到很好的解决。

表 4 – 2　　　　　　　　　学徒去向汇总

专业	年级 一	年级 二	年级 三	合作企业就业	专业对口择业	非专业对口就业	其他
酒店管理	20	20	20		30%		
印刷					25%		5 人升学
机电	90	90	90	40%～50%			
材料成型		50	50	不愿留下		转行较多	
家具设计与制造	19	8	12	80% 左右	有		
汽车维修		100		90%			
电子商务	15	9	11	3～5 人	50% 以上	不到 10%	3 人升学
城轨		30	35	60% 左右			
供电技术	19	8	35	15	20		
美发	50	32	20	80%	90%	5%～10%	5% 升学
旅游管理	100	100	100	80%			50%～60% 升学
烹饪	200	200		50%	90%		25%～30% 升学

---

① Hsu，Y. H. Training Externalities and Institutional Determinants：Assessing Retention in Ohio Apprenticeship Programs. The Ohio State University，2013：16.

续表

专业	年级 一	年级 二	年级 三	合作企业就业	专业对口择业	非专业对口就业	其他
数控	100	100	100	90%	85%	15%	
电子技术		50		5%	15%	10%	70% 升学
机械加工		57		大部分			
汽车维修		70	100	70%			
汽车运用	72	70	105	80%~90%			
水产养殖	49	32	46	90% 左右		较少	较少
轨道交通	35	36	45	70%	有	有	升学
轨道交通	52	49	45	80%	轨道装备类企业	很少	

资料来源：根据访谈结果信息整理。

（二）现代学徒制本体制度的实施带来企业经费支出的增加

现代学徒制的实施一方面确实为企业带来了很多的益处，但同时也带来了投入成本的增加。对于企业，参与现代学徒制就意味着为学徒提供工作岗位和培训，使他们在培训结束后成为熟练工人。在这种情况下，企业愿意投资于一般培训，因为他们的成本可以通过学徒生产力和工资成本之间的差异来补偿，而随着生产力的提高，这种差距扩大了，这意味着雇主可能从培训中获得额外的收益。[①] 不过，即便如此，在企业参与现代学徒制初期，还是给企业增加了大量的成本。这样的成本一部分是显性的，如按实施要求发放的学徒补贴、为学徒购买保险、支付师傅指导学徒的补助，以及为留住学徒而制定的企业内部额外的财政政策；还有一部分是隐性成本，如有经验的工人在指导和培训学徒方面的时间成本，以及与项目开发、实施和管理相关的成本，这些常常是无法精确量化的。这一点可以从人力资源部门的谈话中得以验证：

"这个补贴我们是按照每一个学徒每个月大概 2 000 元给的……这笔钱其实也不少，他们培训所用时间差不多要一年左右……另外，师傅要去学校里面上课，因为工厂比较远，还要派车，这些都是有形的成本，无形的成本就是我们内部可能也会有一些人员工作的调整、变更，会导致这些工作有时候不能延续地特别好，也会有一些问题。"（HR-FM36）

---

① 冉云芳、石伟平：《德国企业参与学徒制培训的成本收益分析与启示》，载于《教育研究》2016 年第 5 期，第 124~131 页。

现代学徒制的实施不仅在短期内带来了企业成本投入的增加,也给地方财政和试点院校办学经费的投入提出了新的要求。试点院校在现代学徒制实施过程中,不仅需要向企业师傅支付来校指导费,还要支付校内导师因实施现代学徒制带来的额外工作量的部分费用:

"……3 年 120 万元,实际已经超了,省级以上的专业 20 万元,学院就十几万元;广东省共七十几万元,分给几个专业,共投入将近 200 万元……计算机专业是省级试点,16 人,25 万元,人均一万多元,有扩大规模的想法,但是经费上升,可能经费不够用。"(IA – JM33)

这只是一个试点单位增加的投入,如果全国试点加总的话,这确实是一笔不小的投入。这也就是为什么在受访人员中,有超过五成的专业负责人认为,现代学徒制的实施急需获得经费支持。

(三) 现有的制度安排并未带来集体行动的合力

协同育人是我国现代学徒制实施的主要任务,也是国家层面进行制度设计的主要愿景,这一点在政策文本中已明确。不过,从现有的制度安排来看,协同育人的主体(企业和职业院校)分属于不同的部门,二者"协同"育人困难重重。

1. "协同育人"规制不足

制度是影响个人行为的结构性制约因素,对行为具有控制与制约的力量,制度通过界定法律、道德与文化的边界对行为施加严格的制约,并对活动的合法性与非法性加以区分。[①] 制度不仅包括法律、规定等正式制约因素,还应包含规范、习俗等非正式制约因素,其中正式制约因素,亦即正式规则,诞生于"为了处理复杂争端而创造出来的正式法律系统",其约束的层次从宪法到成文法、普通法,到具体的内部章程,再到个人契约。[②] 在理性选择制度主义者看来,制度具有强制社会成员为增进整体利益而进行交换与协作的作用,进而法律、规定、契约等正式规则的制定成为其关注的焦点。现代学徒制将传统学徒培训与现代学校教育相结合,是一种"合作教育制度",本体制度的设计理应重视对校企"协调育人"行为的控制与制约,但从目前实践来看,制度对校企"协同育人"行为的规制明显不足。

---

① [美] W. 理查德·斯科特:《制度与组织——思想观念与物质利益》,姚伟、王黎芳译,中国人民大学出版社 2010 年版,第 58 页。
② [美] 道格拉斯·C. 诺思:《制度、制度变迁与经济绩效》,杭行译,格致出版社 2014 年版,第 55~56 页。

现代学徒制"横跨产业、教育、人力资源管理等多个领域"①，其参与主体极其复杂，不仅涉及单个组织内部个体之间的彼此关系，而且还在不同组织之间形成了一种相互的关联。因此，现代学徒制度正式规则的制定既要考虑不同组织之间集体和个体互动交往关系的规约，又要思量对同一组织场域内部交往行为的约束；既需要有宏观立法层面的考量，也需要有微观层面具体操作规则的设计。但遗憾的是，现有的制度安排虽明确了规则的内容，也试图通过奖励来影响学校和企业的参与行为，但对于制度实施过程中，相关行动者是否遵守规则，缺乏必要的检查或审查，更没有实施制裁的迹象，制度规则约束乏力。正式制约因素的缺失，不仅是企业参与度不高问题的"根本原因"②，更是在很大程度上制约了试点中奖惩性行为实施的正当性，继而影响其存在的稳定性和有效性。诚然，试点中政府对入选试点名单的职业院校和企业给予了一定形式的资金支持，这些经费的投入与使用在一定范围内吸引了部分学校和企业参与到联合育人互动活动中来，进而对双方的互动行为产生了一定的支配作用，但如何对激励行为本身进行有效的规约以图影响将来的行为，目前尚未形成正式有效的制约性规则。正如受访对象所认为的那样：

"……对当前发展中的现代学徒制而言，无论从法律层面还是从具体操作层面，无论从强制性视角还是从诱致性角度，正式规则缺失的现状已成不争之事实。"（SP－FM42）

既然企业和职业院校之间的合作缺乏必要的强制性，那么现有状态下校企之间又是如何在现代学徒制框架下进行互动的？两者之间是否存在"协同"的可能？这些问题只能由亲历者本人来回答。为了更好地说明问题，在进入现场之前，有必要澄清什么是"合作"。对于"合作"的理解可以从不同层面加以考虑：一是在社会层面上，这一概念嵌入一个历史进程中，遵循准自然的社会分工，以及由于个人资源的限制而相互需要合作的原则；二是在组织层面，合作嵌入到效率原则中，目的是优化联合活动以提高性能和产品。在一般系统论看来，与其把组织看作一个有着自我约束和结构的孤立的社会单元，还不如把重点放在组织所在社会网络的相互依赖的性质上。③ 我们的方法是调查行动层面的合作，

---

① 张启富：《高职院校试行现代学徒制：困境与实践策略》，载于《教育发展研究》2015年第3期，第100～101页。

② 胡新建：《高职院校试行现代学徒制的实践与探索——以宁波城市职业技术学院为例》，载于《中国高教研究》2016年第7期，第102～105页。

③ Banathy, B. H., Haveman, J. E., Madsen, M., et al. Building Models for the Linkage and Coordination of Vocational Education at Public and Private Post－Secondary Schools and Business, Industry, and Labor. San Francisco, CA: FarWest Laboratory for Educational Research and Development and Pacific Grove, CA: Intersystems, Inc., 1978: 88.

重点是参与者和参与者之间互动的制度环境，因为行为通常被嵌入进化的正式结构中，而这些结构又往往在日常实践中被主观地重新定义和重新语境化。正如"交换理论"所认为的那样，当相容的组织无法单独获得实现具体或一般目标所需的所有资源时，就会产生签订联系协定的根本动机。[①] 也就是说，合作是一种优化活动结果的方法，当两个组织具有一致的目标和价值子系统时，联系便有可能发生。[②] 因而，所谓的"合作"是指在一个统一的制度或结构内朝着共同的目标一起行动。就现代学徒制而言，在强制性规制不足的情况下，只有在认识到潜在的障碍和交换需求并系统地加以解决时，校企之间的合作才有可能出现。再进一步，基于实践联系的企业（企业师傅）和职业院校（学校导师）间的合作存在两种可能：一种是意外事件驱动下的合作，即对出现的问题或过去导向的纠正；另一种是基于意外事件预期的合作，带有明显的目标性和未来导向性。这两点在现代学徒制试点中都有所表现，正如访谈中某专业负责人总结的那样：

"对现代学徒制的看法，四种企业愿意合作，一是企业缺少工人，如铁道施工企业；二是校企合作关系非常紧密，相互之间觉得可以尝试，渭南企业也是这样的，有几十年的合作基础；三是小范围的合作企业，如行业协会，我国是一种形式，不像德国；四是看中现代学徒制的经费，因为学校也会给企业一定的经费，所以有些企业会到学校大量的招生。"（IA-JM43）

显然，第四种类型企业的参与行为受"意外事件"的影响，但如果本着获得培训经费而参与学徒培养，对现代学徒制的发展是不利的，这一点在对L省制度文本分析中也有所涉及，可见并不是个案。这也提醒我们，在可观察行为的表面上，上述两种合作可能的方向无法区分，但如果分析其内在动机、目标导向和时间线，这两个方向就变得可见。例如，上文访谈中那位专业负责人提到的，前两类企业，一种是解决缺人问题，另一种是基于既往合作的基础，相互之间觉得可以尝试。也因如此，"企业与学校以前的合作关系"成为多数试点院校选择合作企业时首要考虑的因素，持这一观点的职业院校几乎占受访对象总数的三成（见表4-3）。

表4-3　　　　　　　　选择合作企业主要考虑因素汇总

	首选频率	占受访样本总数比例（%）
企业与学校以前的合作关系	17	28.81
企业规模	13	22.03

---

① Levine, S. and White, P. E. Exchange as a Conceptual Framework for the Study of Interorganizational Relationships. *Administrative Science Quarterly*, 1960, 5 (4): 583-601.

② Litwak, E. and Hylton, L. F. Interorganizational Analysis: A Hypothesis on Co-ordinating Agencies. *Administrative Science Quarterly*, 1962, 6 (4): 395-420.

续表

	首选频率	占受访样本总数比例（%）
企业用人计划与用人规格	7	11.86
企业技术水平及其生产组织方式	6	10.17
企业知名度	5	8.47

资料来源：根据访谈结果信息整理。

那么，接下来需要揭晓的是，在现代学徒制之前，企业和职业院校之间已往"合作"的真实情况又是怎样的？为了便于调查和发现问题，本书在研究过程中对职业院校与企业间的"合作"做了进一步的区分，主要区分为三类。第一，"协调行动"，即基于问题解决和日常活动的需要，双方共同行动。例如，教师和企业师傅间就学徒社会行为、专业表现以及学徒的参与情况和纪律交换信息；其他的例子还包括教师走访企业，以加深对企业工作和情况的了解，澄清组织问题，或在学校为企业师傅（或培训师）提供公开咨询日等。第二，"合作"，即基于提高质量的需要，双方共同行动。这种合作活动的例子包括跨机构的学习、公司培训计划和学校课程的协调调整和匹配，以及培训内容和教材的联合开发等。第三，"共同构建"，即基于改善分工的需要，双方共同行动。这种合作形式的例子包括组建制度化的联合工作小组、企业从业人员参与职业学校教学，以及在合作协议中明确合作的基本问题等。① 如果这一区分可行的话，那么"协同育人"所端赖的企业与职业院校间之前的"合作"行为大致如表4-4所示。很明显，之前的"合作"关系中，协调性活动占大部分，也就是说，两者间的合作互动主要基于解决问题的需要；而相比较而言，基于提高质量需要和与制度化有关的"合作"行为，出现频次较低，相对较弱。不可否认，促使校企双方朝着共同目标一起行动的"统一的制度或结构"似乎并不存在。

表4-4　　　　　　校企合作互动类型分类汇总

出现频次	互动形式	类型
1	交换有关学徒专业表现的资料	协调
1	提供职业学校联系人名单	协调
1	交换关于学徒个人参与的信息	协调

---

① Gessler, M. The Lack of Collaboration between Companies and Schools in the German Dual Apprenticeship System: Historical Background and Recent Data. International Journal for Research in Vocational Education & Training, 2017, 4 (2): 164-195.

续表

出现频次	互动形式	类型
1	交换关于学徒的纪律和守时的信息	协调
1	教师参观培训企业（企业考察）	协调
1	阐明相关组织活动事项（如考试时期）	协调
1	职业学校每年邀请培训师参加公开咨询会	协调
1	调整企业培训计划和学校课程	合作
1	联合开发培训和教学材料	合作
1	制度化的联合工作小组	协同建构
1	企业从业人员参与职业学校教学	协同建构
1	合作协议中明确合作的基本问题	协同建构

资料来源：根据试点院校访谈结果信息整理。

综上所述，在现有的制度安排下，校企协同育人行为的存续端赖于既往问题解决互动中形成的共同心态，而相比之下，旨在提高育人质量和改善分工需要的合作行为缺乏明显的制度干预。可以预见，现有制度框架下，如果校企协同育人互动中存在着某种"制约"的话，那么这样的约束也只是非正式化的、分散的，通常表现为谴责或回避活动等民间的方式，对育人过程中可能有的违反规则约定的行为并不能形成强有力的规制。

2. 计划周期和计划安排存在差异

试点中，不单是企业还包括职业院校，都感觉到组织协调的障碍。在之前的合作中，企业与职业院校之间的互动大部分集中在学生的实习期，时间相对集中，企业和学校都好管理，可以抽调专人在特定时间内专门负责。但现代学徒制的实施要求学习在工作场所和学校交替进行，因而计划安排和计划的时间周期上存在不协调的现象，进而对职业院校和企业之间的互动产生较大影响。首先，时间表上的差异降低了企业和职业院校间协调工作以服务于学徒培养的可能性。而如果企业与学校之间无法很好地分享学徒培养过程，两者间的协调和联合规划极可能会被认为是徒劳无益的活动。其次，希望协调规划的企业和职业院校发现，由于规划或预算周期不兼容，很难在实践中完成规划。其中突出表现为，日程和日常安排的差异妨碍企业与职业院校之间在具体服务方面的协调。例如，企业生产的季度时间表与学校学期时间表并不吻合。可能涉及共享二级和二级以上设施的程序受到这一因素的阻碍。类似地，学徒被企业接受，并且几乎在一年中的任何时候都有资格接受培训，但是许多职业项目在一年中的入职点是有限的，不能在入职点之间接纳学徒。显然，计划的时间表和时间周期上的差异不仅减少了组织间的访问，也影响企业与职业院校间的关系协调。企业负责现代学徒制项目的成员恰当地表示了这种情况：

"……其中一个大问题是，学校上课时间和企业的生产时间不在一条线上，我不能把机器停了等学徒从学校过来……"（HR－CM28）

这种缺乏同步的普遍后果是迫使学校教学组织重新规划，给学校的管理带来新的挑战，也给校企合作造成了很多的不确定性，很可能扼杀企业和学校双方的积极性。

3. 合作执行机构之间存在行为偏好

计划和时间障碍是组织之间规划程序差异的具体例子。然而，目前现代学徒制度实施中存在一个较为普遍的问题，即忽视或没有充分重视和处理合作执行机构之间的参与偏好问题。从职业教育工作者的角度来看，企业注重短期技能发展，目的是让个人尽快获得无补贴就业。职业教育学家更倾向于强调提供一系列的技能或为学生提供一个深入的专业方向。职业管理人员对短期技能项目的价值表示怀疑，他们认为这些项目对职场准备不足。另外，企业认为职业教育项目缺乏灵活性，职业教育不愿意与其他机构分享自己的地盘（或专业知识），职业院校对企业的培训参与比对企业的资金资助更感兴趣。在组织具有相同目标的情况下，每个机构对这些目标的相对优先次序可能有重大差别。在访谈中发现，在某些情况下，优先次序的差异极有可能使得不同组织之间的合作因冲突而停顿下来，使它们难以在协调规划中就某些问题达成协议。例如，有人指出：

"企业是逐利的……而职业院校是要培养人的，如果学徒培训影响企业生产，企业是不会好好带徒弟的。"（SP－FM42）

上述看法有其自身的理由，但回到问题本身，如果企业不考虑利益，不从节省成本、发展生产的角度考虑尽快提高学徒的技能问题，而是整日思考专业知识，似乎也不合情理。反之亦然，合作院校想利用企业平台，补充自身在学徒培养过程中实践操作方面的短板，这样的考虑也不为过。这里面所缺少的，是一种协调，如果有适当的政策和程序，这样的协调努力会更有用。

（四）讨论

制度主义视角下的合作行动者概念暗示了在个体之上有意识行动的能力。合作行动者（如企业和试点院校）构成了现代学徒制试点中具体运行层面制度设计的主要参与者，并在这一背景下以组织的名义进行行动，进而策略选择与个人偏好相分离。不过，既存制度只为行动者之间的合作提供了一个大致的合作情境和方向，而彼此间的合作必须在日常实践中面对偶发的、意想不到的事件重新定义和语境化。也就是说，在宏观层面和外部层面，制度安排所设定的框架并没有直接决定行为，而是在企业和职业院校之间创造了一种共享的手段和重叠的任务。在这一背景下，试点中，中观层面学校和企业直接合作取得了一些进展，并形成了一些实践经验。第一，我们了解到了企业需求的细节。理想的情况下，由于企业通常需要根据他们自己的具体需要进行培训安排（例如，具体到使用的设备种类，而不仅仅是完成的任务），因此企业需求的证据需要在非常细微的细节上得到理解。通过现代学徒制中校企双方的互动，使职业院校对企业有了更深入的了解，尤其是企业对技能形成的需要。尽管这样的需要在目前还不能被及时满足，但至少为校企双方提供了共同努力的方向。第二，为校企双方提供了处理复杂性问题的经验。技能供应、相关资金来源范围和数量不断变化，加上频繁的政策制定，意味着学校和企业之间合作关系形成的复杂过程。试点中各种合作尝试加深了职业院校和企业之间的合作，并提升了双方尝试解决复杂问题的能力。同时也应看到，一个合作行动者（企业）与另一个合作行动者（学校）相比，在现代学徒培养行动中拥有不同的资源，进而双方在策略选择和行动取向上有所不同。企业的参与动机在于获得可用之人，而学校参与的动机在于充分利用企业资源进行人才培养，相互依存的共同目标的存在是两者进行合作的前提。不过，合作行动者集群也反映了潜在冲突的程度。但现有行动者之间的互动模式并没有描述这些冲突是如何解决的，这为后续研究的开展提供了思考的空间。

此外，在调研中也发现，对于参与积极性较高的企业，往往企业最高层重视培训。而且大型的、跨区域经营企业的培训决策通常由总部的培训部门做出，而集团内部机构有责任实施这些决策，并有不同程度的自由裁量权。在大型的单一场所机构中，往往由培训或人事经理带头，并负责制定培训预算，但关于培训对象和培训内容则由各个部门主管决定。在其他单一地点的工作场所，培训决策往往是基于当前人员招聘和留任情况下的人力资源需求而做出的，工作场所越小，临时决策就可能越多。从政策制定的角度来看，这一点很重要，因为我们需要知道在哪些方面需要施加影响。同时，政策制定是要避免个别企业利用政策渔利行为的发生，尤其是在部分地方政府采取激励措施的背景下，这样的行为并不是个案。当国家把权力下放到地方一级，这些障碍不但没有消失，反而面临着采取行动的适当性以及地理规模的挑战。因此这就意味着在地方区域一级就技能形成进行一定程度的规划实属必要。当然，对中观层面的讨论虽为我们揭示了校企直接合作中的一些状况，但并不能反映学徒培训过程中的细微问题，而这些问题还是要让学徒自己来回答。

第二节 现代学徒制本体制度的实施效应及其影响因素分析：学徒的角度

现代学徒制虽被越来越多的国家所采用，但对于现代学徒制实施效应的度量问题一直存在不同的观点和意见。尽管如此，现代学徒制作为一种制度干预，它覆盖了从"新手"到"熟手"转变过程中所涉及的一般过程和关系，这为我们从学徒层面对现代学徒制实施效应的考量提供了重要路径依据。

一、现代学徒制本体制度的实施效应及其影响因素的度量

（一）现代学徒制度的实施效应及其度量

"工作本位培训"（workplace-based training）因其为非大学毕业生准备进入劳动力市场的潜力而广受赞誉，而将学校本位的职业教育与雇主提供的工作场所培训相结合，更是在缓解"学校到工作"的过渡、降低失业率等方面保持着良好的记录。[①] 跨国证据显示，在学徒制度最发达的欧洲国家，年轻人在劳动力市场上的表现优于其他国家。[②] 虽然学徒制培训对个体产出的积极或非消极影响很少受到质疑，但导致这些影响的机制却与学徒的"技能习得"不无关系。[③] 在人力资本理论（Becker，1994）看来，学徒由于其特定技能的提高而更快地找到他们的初始工作，这有助于他们更快地适应新的工作场所，并从一开始就提高了生产率。在工作场所学到的"特定技能"既可以是企业特有的技能，也可以是技术上通用的技能。[④] 这意味着，尽管在企业获得的技能是特定于某一专门技术的，但它们在使用相同技术的其他企业中也可能有用。不管怎么样，获得技能是学徒学

---

① Breen, Richard. Explaining Cross-national Variation in Youth Unemployment: Market and Institutional Factors. Eur. Sociol. Rev. 2005, 21 (2): 125e134.
② Quintini, G. and Manfredi, T. Going Separate Ways? School-to-Work Transitions in the United States and Europe. Paris: OECD Publishing, 2009: 12.
③ Ryan, P. Is apprenticeship better? a review of the economic evidence. Journal of Vocational Education & Training, 1998, 50 (2): 289–329.
④ Acemoglu, D. and, Pischke, J. S. Why Do Firms Train? Theory and Evidence. Quarterly Journal of Economics, 1998, 113 (1): 79–119.

习的首要目标。① 通过学徒培训旨在使青年人掌握职业技能，使他们能够有效的、创新的、自主的与他人合作工作。② 可见，对于学徒而言，能否在学徒期限内学习一门手艺，并成功吸收与"成为熟练工人"相关的独特而专业的信息和技能，是现代学徒制成功与否的重要评价指标。

当然，现代学徒制度能否帮助年轻人为工作做好准备，还取决于接受培训的学徒是否能够顺利度过学徒期并决定留下来。一方面，对于学徒来说，在学徒期内退出学徒培训可能不会带来明显的经济损失，他们可以改变职业或公司，也可以升入大学，或者真的辍学。然而，"辍学"的选择极有可能带来糟糕的职业和收入前景，甚至面临着最高的失业风险，因此应该竭力避免。③ 另一方面，一旦合同被取消，企业不得不花更多的钱来寻找替代品，而且根据企业类型的不同，采用投资策略的企业，他们还必须面对以后无法收回的成本。因为，学徒期内学徒的生产力远低于他们的培训成本，参与学徒培训的企业通常要在成功度过学徒期后才能获得收益。也就是说，参与学徒培训的企业不仅依赖于学徒期的成功结束，而且还依赖于学徒期结束后保留学徒来支付学徒期的成本投入。此外，通过保留学徒策略，企业还可以避免技能短缺，在劳动力市场吃紧的时候避免匹配的问题。④ 可以认为，学徒留任率是企业投资学徒培训的重要决定因素。⑤ 可以试想一下，如果企业都不愿意参与学徒培训，那么最终受到影响的还是学徒本身。

综上所述，现代学徒制度在帮助学徒"从学校到工作"转型方面的积极作用已成普遍共识。但现代学徒制是否能有效促进学徒由学校向工作的转变取决于两个重要因素。第一，学徒培训是否有助于学徒技能的提升。为了成为合格的工人，学徒必须获得广泛的个人、一般和具体技能以及与此相关的技术专门知识，这些内容"超出了人类语言能力的解释"，是一种默会的领域，是手艺人有效进入实践的一部分。⑥ 第二，学徒是否能够顺利度过学徒期并决定留下来。这一点受不同因素的影响。一份来自澳大利亚的研究认为，影响学徒过程和完成率的因素，可能是相对稳定的（如学徒前教育水平），也可能是动态、可变的（如学徒

---

① Vickerstaff, S. "I was just the boy around the place": What made apprenticeships successful? *Journal of Vocational Education and Training*, 2007, 59 (3): 331–347.

② Søren, B. P. and Christiane, E. *Approaching Apprenticeship Systems from a European Perspective*. Bonn: BIBB, 2016: 28.

③ Ryan, P. The School-to-work Transition: A Cross-national Perspective. *Journal of Economic Literature*, 2001, 39 (1): 34–92.

④ Fougére, D. and Schwerdt, W. Are apprentices productive? *Applied Economics Quarterly*, 2002, 48: 317–346.

⑤ Acemoglu, D. & Pischke, J. S. The structure of wages and investment in general training. *Journal of Political Economy*, 1999, 107 (3): 539–572.

⑥ Sennett, R. *The Craftsman*. London: Penguin, 2008: 95.

酬金或工资），还可能是相互关联、先后累积的（如学习难度）。① 因此，从学徒层面对现代学徒制度实施效应的考量除了顾及制度本身的效应之外，还需对本体制度实施效应的影响因素做必要考察。

（二）现代学徒制制度实施效应的影响因素及其度量

作为教育的一种类型，职业教育的主要目标是培养年轻人的动手能力，或采取行动的能力，即在工作场所和作为社会公民的情况下采取负责任行动的能力。② 对于接受学徒培训的年轻人而言，现代学徒制本体制度设计的重要意向就是吸引年轻人（试点中以职业院校在校学生为主）积极参与学徒培训，并通过规范化手段提升其技能水平。但学徒培训中，个体技能的提升以及学徒培训后愿意留下来的潜在动机受多重因素影响。

1. 影响学徒技能提升的因素及其度量

对于未来学徒而言，一个主要激励在于通过一种学习的方式探索工作世界和实现职业的抱负。在这一过程中，实践学习的吸引力是重要的维度，因为现代学徒制的重要功能就在于它的技术、认知和动机方面与理论和实践相结合，从而达到高超技艺水平。而技艺的发展始于身体的实践，通过触摸、行动和想象，工匠获得了技术上的理解，并建立了手和头之间的亲密联系。③ 这样的例子包括砖瓦匠、金匠、体育冠军和作家，这是一个艰难但令人满意的过程，对于那些"扎根于有形现实""对自己的工作感到自豪"的人来说，这一过程有望带来情感上的回报。④ 显然，在需要学习的地方，职业教育和培训可以在工作场所，在真实的职业环境中有效地进行，而不一定是在高度结构化的学校环境中。⑤ 布罗克曼（Brockmann）强调了现代学徒制是如何"培养学生的学习倾向，使学徒成为知识的生产者，而不是被动的吸收者"。⑥

然而，富勒（Fuller）和昂温（Unwin）提醒我们，如果学习的质量不够高，

---

① Clayton, B., Harris, R., Simons, M., et al. *Factors that Contribute to Retention and Completion Rates for Apprentices and Trainees*. Australia: National Centre for Vocational Education Research Ltd., 2001: 10.
② Brockmann, M. Learning cultures in retail: apprenticeship, identity and emotional work in England and Germany. *Journal of Education & Work*, 2013, 26 (4): 357–375.
③ Sennett, R. *The Craftsman*. London: Penguin, 2008: 9.
④ Sennett, R. *The Craftsman*. London: Penguin, 2008: 21.
⑤ Streeck, W. Skills and the Limits of Neo-Liberalism: The Enterprise of the Future as a Place of Learning. *Work, Employment and Society*, 1989, 3 (1): 89–104.
⑥ Brockmann, M. Identity and apprenticeship: the case of English motor vehicle maintenance apprentices. *Journal of Vocational Education & Training*, 2010, 62 (1): 63–73.

或者学习的"限制性很强",那么通过实践和基于工作的学习也会对学徒的参与行为起到抑制作用。① 限制性学习的特点在于学习目标狭窄,围绕着严格定义的任务而工作,这些任务可能是根据公司的具体和迫切需要量身定做的,进而可能会限制学徒对更广泛的实践社区的参与,而且扩展其身份的机会也受到制约;与此相反,连续统一体的扩展部分可以使学徒参与实践社区,从事具有广度的任务,并允许个人发展和扩展他们作为从业者的身份。② 因此,他们认为,三个相互关联的主题支撑着现代学徒制的连续性是广泛的还是限制性的,这三个相互关联的主题分别为:参与、个人发展和制度安排。但实际的现实可能并不支持个人选择学徒制的工艺愿望,也可能会阻碍其他人参与现代学徒制。例如,在英国,二级技能水平的零售学徒制,有时仅仅是为了认可那些已经在公司里工作的在职人员的学习,对潜在的学徒仅发挥有限的激励作用。③

  对于学徒制而言,体验真实的工作环境是其重要的核心特征之一。不过,在工作场所学习理论看来,工作场所的学习形式多种多样,从短期的学生实习到正式的学徒期不等。作为一个学习环境,工作场所具有令人信服的吸引力,是一个学习现代设备上的硬技能和通过在现实世界中与人合作来学习软技能的好地方,通过允许雇主和潜在雇员相互了解,实现从学校到工作的顺利过渡。企业在提供工作场所培训的同时,也提供了企业所需各种技能的重要信号。但工作场所的有效学习还需要学徒和雇主的共同承诺。这意味着雇主应提供足够的奖励,并确保所提供培训的质量。高质量的工作场所学习需要准备充分的工作场所培训师(师傅),而现代学徒制和其他正式的工作场所培训类似,对工作场所培训的要求特别高。这种培训需要提供一系列良好的职业技能——包括硬技能和软技能,并提供进入相关工作岗位的有效途径。更具体地说,学校职业教育应补充以工作为基础的培训,学徒、企业和职业教育机构之间的关系是决定培训成功与否的关键因素,他们应该对培训有一个共同的认识,明确各自的角色和责任。④

  与此同时,学徒作为受训人员应该执行各种各样的任务,要么在公司内部,要么在公司之间轮换。⑤ 任务应该随着时间的推移而增加复杂性,并允许学员自

---

  ① Fuller, A. and Unwin, L. Apprenticeship As An Evolving Model of Learning. *Journal of Vocational Education and Training*, 2011, 63 (3): 261 – 266.

  ② Fuller, A. and Unwin, L. Learning as Apprentices in the Contemporary UK Workplace: creating and managing expansive and restrictive participation. *Journal of Education and Work*, 2003, 16 (4): 407 – 426.

  ③ Brockmann, M. Learning cultures in retail: Apprenticeship, identity and emotional work in England and Germany. *Journal of Education & Work*, 2013, 26 (4): 357 – 375.

  ④ Schofield, K. *Independent Investigation into the Quality of Training in Queensland's Traineeship System*. Queensland: Department of Employment, Training and Industrial Relations, 1999: 23.

  ⑤ Gruber, E., Mandl, I. and Oberholzner, T. *Learning at the Workplace*. Thessaloniki: European Centre for the Development of Vocational Training (Cedefop), 2008: 16.

主工作和实践技能。[1] 企业总是对学徒和受训人员的直接生产性贡献感兴趣,但有时不太关心是否提供良好的学习经验。问题是学徒的生产贡献是否以牺牲培训质量为代价,而明确工作场所培训内容和质量标准被认为是确保高质量学习的关键。[2] 不过,不同的企业,培训质量也存在差异,小公司不太可能有专门的培训人员,而且提供的培训往往是计划外的、非正式的或公司特有的。[3] 虽然工作本位的培训需要给雇主带来好处,以鼓励他们提供足够的培训名额,但这种培训不应过于局限于企业,从而阻碍未来的职业流动。

综上所述,学徒培训过程中,受训人员的技能习得受诸多因素影响,大致可区分为两类。一是人的因素。具体包括两个方面:一方面是学徒的参与动机和个人特质问题(包括性别、年龄以及过去受教育的经历);另一方面是师傅的具体指导问题,以及培训中上级、同伴的影响。二是环境因素。这些因素构成了学徒"生活世界"的各个方面,并且与以人为导向的因素一起,影响着学徒学习的效果。表4-5总结了上述两类因素下相关文献中可识别的具体因素。

表4-5　　　　　　　　与学徒技能提升有关的因素

以人为本的因素	环境导向因素
参与学徒制培训的动机	工作任务内容丰富
性别	工作任务复杂性的动态调整
年龄	任务内容与个人能力匹配
过去的生活经历包括早期教育经历	培训质量(有明确的培训内容和质量标准)
带教师傅的指导	在学徒期间,从事有成效和有意义的工作
与上级的人际关系	
工作中同伴间社交网络的类型和质量	

2. 影响学徒留任意愿的因素及其度量

留任意愿一直受到管理者和社会学领域的广泛关注,并作为一种预测实际离职行为的强有力指标,被广泛应用于组织依恋(organizational attachment)的测量

---

[1] Strickland, A., Simons, M., Harris, R., et al. *Evaluating On-and Off–Job Approaches to Learning and Assessment in Apprenticeships and Traineeships*. Kensington: The National Centre for Vocational Education Research (NCVER), 2000: 32.

[2] Smits, W. The Quality of Apprenticeship Training. *Education Economics*, 2006, 14 (3): 329–344.

[3] Osborne, M. Participants in a Work-based Learning Programme: Small and Medium Enterprises and their Employees. In B. Stephen (ed.). *Good Thinking: Good Practice – Research Perspectives on Learning and Work*. Brisbane: Griffith University, 1997: 140.

中。① 这一观察是基于菲什拜因（Fishbein）的态度、意愿和行为模型做出的，即态度是基于对情境的评估而产生的情感或情感反应，而意愿是对特定行为的陈述，它们是具体的行动计划。② 因此，意愿往往是行为的强大预测因素。与此相关，莫塔斯（Mottaz）把留任意愿视为一种"行为承诺"（behavioral commitment），关注的是个体通过过去的行为与组织联系在一起的过程，以及他们如何适应这一过程。③ 行为承诺概念发展产生的一个中心主题是交换的概念，即个人依附于组织，以换取组织的某些价值、奖励或报酬。④ 正如斯蒂尔斯（Steers）所指出的，个人进入组织时具有一定的愿望和目标，并期望在工作环境中不断使用和发展他们的技能，满足他们的愿望，并实现他们的目标。⑤ 如果组织被认为促进了这些目标，那么组织的承诺很可能会增加。另外，如果组织被认为在这方面没有提供足够的机会，组织的承诺很可能会减少。再进一步，如何借助"工作多样性"和"工作与人匹配"来提高个体对企业的承诺是不同组织面临的普遍而现实的问题，也是影响个体最终是否留下来的决定性因素。⑥ 也就是说，学徒培训过程中，企业组织对培训的安排对学徒留任意愿存在重要影响。

人力资源管理领域的研究进一步指出，工作场所的各种因素会对培训项目中参与者留任产生影响，这为现代学徒留任意愿的影响因素研究提供了重要参考。范恩（Vann）和辛顿（Hinton）发现，那些完成培训项目并留任的参与者，拥有更多支持性的工作网络；那些最有可能在该项目中获得成功的参与者，都有教育程度更高或相近的参照群体。换言之，参照组提高了学习的价值。⑦ 不可否认，留用是一个过程，在这个过程中，进入学徒期的学徒如果得到支持，在培训合同结束时可能发生的事件之一，就是留在提供学徒培训的企业。但瑞（Ree）和卡雷塔（Carretta）也观察到，培训的强制性以及学员在课程结束后从事的工作缺

---

① Iii, C. A. O. and Caldwell, C. D. F. People and Organizational Culture: A Profile Comparison Approach to Assessing Person - Organization Fit. *The Academy of Management Journal*, 1991, 34 (3): 487 - 516.

② Fishbein, M. Attitude and the Predication of Behavior. In M. Fishbein (ed). *Readings in Attitude Theory and Measurement*. New York: Wiley, 1967: 477 - 492.

③ Mottaz, C. J. An Analysis of the Relationship between Attitudinal Commitment and Behavioral Commitment. *Sociological Quarterly*, 1989, 30: 143 - 158.

④ Angle, H. L. and Perry, J. L. Organizational Commitment: Individual and Organizational Influences. *Work and Occupations*, 1983, 10 (10): 123 - 146.

⑤ Steers, R. M. Antecedents and outcomes of organizational commitment. *Administrative Science Quarterly*, 1977, 22 (1): 46 - 56.

⑥ 刘小禹、孙健敏、苏琴：《工作感受和组织公平对员工组织承诺与职业承诺影响的跨层次研究》，载于《经济科学》2011 年第 1 期，第 114~125 页。

⑦ Vann, B. A. and Hinton, B. E. Workplace Social Networks and Their Relationship to Student Retention in On-site GED Programs. *Human Resource Development Quarterly*, 2010, 5 (2): 141 - 151.

乏吸引力也是造成高流失率的重要原因。① 以上的这些研究，让我们看到了学徒留任意愿的形成受多重因素影响（见表4-6），这些因素的挖掘为现代学徒制有效性的考量提供了重要的切入点。

表4-6　　　　　　与学徒留任意愿有关的因素

人本导向的因素	环境导向因素
行为的自主性	工作多样性
对工作的控制感	任务安排与能力匹配
组织支持	工作场所中同伴的态度
领导的认可	培训的强制性
	工作场所中管理者的态度
	未来从事工作的吸引力

综上所述，现代学徒制的实施效应受不同因素影响，表4-6所列因素为我们提供了一个有用的起点，但后续研究的深入需要更好地理解这些因素之间的相互关系。而且，更为重要的是，要能够区分那些随时间而相对稳定的因素和那些在性质上更有活力，因而更容易改变的因素。例如，学徒的教育水平不能轻易改变，让一个年轻人重返昔日的校园通常不太可能。然而，与学徒培训质量有关的因素更容易改变，因此理应作为关注重点，也应是值得政策干预的目标。

二、问卷设计及检验

（一）调查问卷的设计

一般而言，基于文献研究、通过访谈自行挖掘与设计，以及借鉴前人探明的题项是量表生发的主要依据。② 如果说上述文献的梳理为本书中调查问卷的设计提供了重要的基础，那么国内用于学生承诺测评的工具开发和实测则为本书中调查问卷的设计提供了重要参照。结合前期访谈，对问卷进行进一步的修订。从整体来看，问卷内容主要包括以下几部分（见表4-7）（具体内容见附录一）。

---

① Carretta, R. T. R. Lack of Ability Is Not Always the Problem. *Journal of Business and Psychology*, 1999, 14 (1): 165-171.

② Friedman, M. A. and Brownell, K. D. Psychological Correlates of Obesity: Moving to the Next Research Generation. *Psychological Bulletin*, 1995, 117 (1): 3-20.

表 4-7　　　　　　　　　　　调查问卷结构

题项	内容	备注
1、2	基本信息	
3、4、5	参与动机	
6-21	学徒培养过程	企业培训内容安排
		培训补助等
		企业培训资源
		师傅指导
		培训氛围
		工作任务安排
22-23	实施效果	留任意愿
		技能提升

问卷的第一部分主要为了获得试点院校参与现代学徒制学生的个人信息，包括年龄、性别、家庭收入、费用（学费、生活费、住宿费）支出以及所在学校和合作企业等。内容设置和调查的目的在于，试图获取并收集个人受教育程度、性别、个人及家庭经费投入等在学徒参与表现上的差异性。

第二部分，设置三个题目，主要为了了解学生参与现代学徒制的动机，分别从兴趣、收益以及不足影响三个方面进行设置，在设置技术上采用排序的方式，引导学生根据自己的实际情况进行选择，并且每道题的末尾都设置了开放性问题，以获得更多有关参与动机方面的信息。这部分调查获集的信息主要用于描述性分析。

第三部分和第四部分是本次调查问卷设计的主体，主要从现代学徒制实施过程和实施效应进行考虑设计，其基本假设在于，学徒培养过程对现代学徒制实施效应存在关键影响，而影响因素涉及企业培训内容安排、人员组织以及资源支持等不同方面。具体指标选取做如下安排。

1. 关于实施效应的问卷设计

现代学徒制实施效应主要围绕技能提升和留任意愿两方面展开，这些内容主要源于前期中观层面企业和职业院校的访谈，以及个人能力范围内所能获得的文献内容，加之对前人开发问卷的借鉴。在技能提升层面，主要区分可转移技能（如解决问题、沟通等）、专注于特定工作的技能，以及与守时、整洁和纪律相关的更传统的工作技能。[①] 而在留任意愿方面，学徒愿意留在企业的另一个原因可

---

① Lehmann, W. "I'm Still Scrubbing the Floors": Experiencing Youth Apprenticeships in Canada and Germany. *Work, Employment and Society*, 2005, 19 (1): 107-129.

能在于,学徒找不到其他满意的就业单位,或者目前技能水平较低,在劳动力市场上就业机会难觅,这也就是凌文辁等人所认为的"机会承诺"。[①] 可见,学徒是否愿意留在培训企业受多种因素影响,进而其留任心理的结构也可能是多维的。有鉴于此,调查问卷在内容设置上有所考虑,将问题设置为"即使我有机会到别的企业工作,我也想继续留在目前的企业"。具体设计安排如表4-8所示。

表4-8　　　　　　　　　现代学徒制实施效应量表设计

测量层面	具体题项设计	设计依据
技能提升（SD）	学徒培训使我能灵活运用所学解决工作中的实际问题	校内导师；Lehmann（2005）
	学徒培训让我能根据工作任务需要设计实施方案	企业师傅和校内导师；Lehmann（2005）
	学徒培训使我能熟练使用工作中的常用设备	
	学徒培训让我能按照操作规程顺利地完成工作任务中的各项操作	
	学徒培训令我能正确识别和运用各类图纸、说明书等文本材料	
	学徒培训使我与别人交流更流畅	
留任意愿（IS）	即使我有机会到别的企业工作,我也想继续留在目前的企业	企业管理者；徐等（Tsui et al., 1992）开发的留任意愿量表*；凌文辁等（2000）
	我打算在目前的企业一直工作下去	

资料来源：Tsui, A. S., Egan, T. D. and O'Reilly, C. A. Being different: Relational demography and organizational attachment. *Administrative Science Quarterly*, 1992, 37 (4): 549–579.

2. 关于影响因素的问卷设计

关于对现代学徒制实施效应影响因素测量的设计主要源于工作场所学习理论的文献研究（在本节第一部分中有所阐述）,主要涉及培训氛围（工作氛围）、师傅指导、培训安排中工作任务特征等内容。其中,师傅指导主要侧重于指导方法,这一方面的设计思路主要来自访谈信息,以及比利特（Billett）的观点。"在工作场所直接交流的质量是学习成果质量的关键决定因素",这延伸到了"指导的可用性""个人帮助他人的意愿"以及"有经验的同事分享这些知识

---

① 凌文辁、张治灿、方俐洛：《中国职工组织承诺的结构模型研究》,载于《管理科学学报》2000年第2期,第76~81页。

的技巧"①。为了更多地获集影响因素方面的信息,各部分又细分为不同的次级维度,具体如表 4-9 所示。

表 4-9　　　　现代学徒制实施效应的影响因素量表设计

测量层面	题项设计	设计依据
工作氛围 （WA）	培训过程中,同事之间会相互支持 培训过程中,大家很少交流 同事间彼此竞争激烈 企业对学徒的管理严格 企业鼓励学徒参加各类比赛 我感觉我的到来打扰到了企业其他人 学徒培训中被完全放任不管,要靠自己	DETYA（1999）[a]；Ree 和 Carretta（1999）；学生承诺问卷[b]
师傅指导 （MG）	企业师傅告诉我解决专业问题的思路 企业师傅为我示范如何处理具体问题 为了让我掌握处理任务的方式方法,企业师傅会向我解释要这样做而不那样做的理由 我更清楚作为一个企业工作人员,需要特别关注和留心哪些方面 企业师傅在完成重要工作任务的过程中,允许我参与其中 我在独立完成工作任务的过程中,能得到企业师傅的反馈和支持	Billett（2001）；学生承诺问卷[c]
培训任务安排 （TA）	培训安排的工作任务丰富多样 培训安排的工作任务具有挑战性 培训安排的工作任务与我的能力水平相当 在工作任务完成过程中,我有充分的自主性 培训过程中有机会了解企业生产整个过程,明白自己工作的价值和意义	格鲁伯等（Gruber et al., 2008）；罗伯森等（Robertson et al., 2000）；Smits（2006）

注：a. DETYA. *Traineeship Non-completion*, *Research and Evaluation Branch*. Canberra：Department of Education, Training and Youth Affairs, 1999：32.

b. 庄榕霞、赵志群等：《职业院校学生职业能力测评的实证研究》,清华大学出版社 2012 年版,第 240 页。

c. 庄榕霞、赵志群等：《职业院校学生职业能力测评的实证研究》,清华大学出版社 2012 年版,第 241 页。

---

① Billett, S. *Learning in the workplace*: *Strategies for effective practice*. New South Wales：Allen and Unwin, 2001：35.

综上所述，本书研究中所使用的调查问卷主体量表结构如表 4-10 所示。

表 4-10　　　　　　　　现代学徒制调查问卷量表组成

变量	编码	题项设计
工作氛围（WA）	WA1	学徒培训过程中，同事之间会相互支持
	WA2	学徒培训过程中，大家很少交流
	WA3	同事间彼此竞争激烈
	WA4	企业对学徒的管理严格
	WA5	企业鼓励学徒参加各类比赛
	WA6	我感觉我的到来打扰到了企业其他人
	WA7	学徒培训中被完全放任不管，要靠自己
师傅指导（MG）	MG1	企业师傅告诉我解决专业问题的思路
	MG2	企业师傅为我示范如何处理具体问题
	MG3	为了让我掌握处理任务的方式方法，企业师傅会向我解释要这样做而不那样做的理由
	MG4	我更清楚作为一个企业工作人员，需要特别关注和留心哪些方面
	MG5	企业师傅在完成重要工作任务的过程中，允许我参与其中
	MG6	我在独立完成工作任务的过程中，能得到企业师傅的反馈和支持
培训任务安排（TA）	TA1	培训安排的工作任务丰富多样
	TA2	培训安排的工作任务具有挑战性
	TA3	培训安排的工作任务与我的能力水平相当
	TA4	在工作任务完成过程中，我有充分的自主性
	TA5	培训过程中有机会了解企业生产整个过程，明白自己工作的价值和意义
技能提升（SD）	SD1	学徒培训使我能灵活运用所学解决工作中的实际问题
	SD2	学徒培训让我能根据工作任务需要设计实施方案
	SD3	学徒培训使我能熟练使用工作中的常用设备
	SD4	学徒培训让我能按照操作规程顺利地完成工作任务中的各项操作
	SD5	学徒培训令我能正确识别和运用各类图纸、说明书等文本材料
	SD6	学徒培训使我与别人交流更流畅
留任意愿（IS）	IS1	即使我有机会到别的企业工作，我也想继续留在目前的企业
	IS2	我打算在目前的企业一直工作下去

为了保证所设计的工具在实际测试中的有效性和可用性，本书在研究过程中事先征询现代学徒制试点单位中的当事者的意见，与其讨论后进行问卷的调整，草拟出问卷初稿，并将这些初稿带至试点单位进行前测，透过这个过程了解问卷的内容是否合宜、填答上是否会有困难、题意是否清楚等。在测试过程中，发现填答问卷的时间约为 25 分钟，在填答的过程中，笔者也观察实际的作答状况以作为设计问卷的参考，并依此修正出最终的问卷版本。

在问卷的发放上，笔者主要采用现场填答的方式展开，先行联系试点单位主管，约定好学徒返校时间，并在学校的帮助下集中填答。这样便于调查人员把握施测时间，也便于针对填答过程中的具体问题进行现场解答。例如，在施测过程中，有的学生对学徒培训过程中岗位交替问题的理解并不十分清晰，在现场专业教师的引导下得以顺利作答。此外，现场作答还能够很好地避免被试人员代答的问题。本书使用李克特量表进行计分，由"完全不符合"（或"非常少"）至"完全符合"（或"非常多"），相应地分数由 1 分至 5 分。此种量表适合探询受测者的态度及认知，在施测过程中，请受访者根据个人的经验或看法在对应分值上进行勾选。

（二）问卷检验：预调研的数据处理

虽然问卷内容设计得到了试点单位的认可，也获得了职业教育领域专家的肯定，并对问卷的题项设置、具体内容表述以及结构组织等提供了宝贵意见，但预调研中还是需要对量表进行必要的信效度验证。预调研的范围主要是首批试点中的职业院校，包括两所中职学校和一所高职学院。预调研以现场发放问卷的方式进行，现场发放问卷合计 180 份，回收 180 份，回收率达 100.0%，去除回答缺失严重以及得分重复度较高答卷，有效问卷 168 份，有效率为 93.3%。预调研中具体被试信息如表 4-11 所示。

表 4-11　　　　　　预调研被试信息（N = 168）

变量	样本分布（占比）
性别	男 69.6%；女 30.4%
年龄	最大 23 岁，最小 16 岁，18 岁以下（不含 18 岁）10.1%
受教育程度	高职学生 74.4%；中职学生 25.6%

根据现场施测情况和被试反映，对量表中部分内容进行了调整。被调整的部分，一方面是被试者无法回答的内容，如提供学徒培训企业的"员工数"，以及企业中"带徒师傅总数"，这些内容学徒并不是十分了解，即使了解对于精确数

字也很难记得,故予以删除;另一方面,对于量表中内容表述不清晰、读起来拗口以及过于深奥难懂的题项予以调整。同时,对于问题内容表述重叠,即两道题目所问内容交叉,区分不明显的题目进行优化,并借助计算机软件(SPSS22.0)对问卷的可靠性和有效性进行进一步的检验。

1. 信度检验

借助 SPSS22.0 对"现代学徒制调查问卷量表"进行信度检验,结果如表 4-12 所示。从表 4-12 中可以看出,α 系数均在 0.700 以上,一般认为 α 值在 0.700 以上说明量表"内部一致性"处于"佳"以上。[①] 依此,所设计量表内部一致性较高。

表 4-12　　　　　　　　　可靠性统计资料

	Cronbach 的 α	基于标准化项目的 Cronbach 的 α	项目个数
工作氛围分量表	0.752	0.753	4
师傅指导分量表	0.831	0.833	6
培训任务安排分量表	0.740	0.744	5
技能提升分量表	0.862	0.862	6

2. 效度检验

经专家评测,问卷、量表的内容效度良好。为了进一步判断所设计量表的测验程度,需对量表进行效度检验。依据统计学观点,KMO 值在 0.80 以上"适切性"良好,"Bartlett 的球形检验"显著性 < 0.05,"适合"因子分析。[②] 从检验结果来看(见表 4-13),所设计量表 KMO = 0.853 > 0.80,"Bartlett 的球形检验"的"大约卡方"值为 1623.776,显著性 = 0.000 小于 0.05 达到显著水平,所设计量表可以用作因子分析。

表 4-13　　　　　　　　　KMO 与 Bartlett 检验

Kaiser – Meyer – Olkin 测量取样适当性		0.853
Bartlett 的球形检验	大约卡方	1 623.776
	df	210
	显著性	0.000

[①] 吴明隆:《问卷统计分析实务——SPSS 操作与应用》,重庆大学出版社 2010 年版,第 249 页。
[②] 吴明隆:《问卷统计分析实务——SPSS 操作与应用》,重庆大学出版社 2010 年版,第 208 页。

通过主成分因子分析，提取四个因素，转轴后成分矩阵如表 4-14 所示。旋转后各因子具体内容得到了解释：因子 1 与 MG1-MG6 变量相对应，即师傅指导分量表；因子 2 与 TA1-TA5 变量相对应，即培训任务安排分量表；因子 3 与 WA1-WA4 变量相对应，即工作氛围分量表；因子 4 与 SD1-SD6 变量相对应，即技能提升分量表。各层面因子载荷 >0.5，量表结构效度较好，不需调整。

表 4-14　　　　　　　　　　因子载荷矩阵

题项	因子 1	因子 2	因子 3	因子 4
MG2	0.887			
MG1	0.858			
MG3	0.768			
MG5	0.712			
MG4	0.603			
MG6	0.566			
TA3		0.770		
TA4		0.703		
TA2		0.598		
TA5		0.567		
TA1		0.554		
WA4			0.843	
WA3			0.805	
WA1			0.672	
WA2			0.570	
SD1				0.871
SD2				0.792
SD3				0.765
SD4				0.707
SD5				0.653
SD6				0.597

三、数据收集与处理

对于现代学徒制实施效应的调查，学徒的反馈可以在一定程度上为我们提供有用的信息。本次问卷调查以教育部公布的首批现代学徒制试点单位中的学徒为主要对象。问卷发放以现场填答为主要形式，合计发放问卷790份，收回720份，其中有效问卷692份，有效率为87.46%。

（一）样本描述

表4–15以"年龄×性别×年级×试点单位性质交叉列表"的形式对受调查者的"概况"进行了统计分析。

表4–15　现代学徒制受访学徒的"概况"交叉列表

试点单位性质	年级	年龄		性别 男	性别 女	总和
1 中职	≥2	<18	计数	88	24	112
			占总和的百分比	40.4%	11.0%	51.4%
		≥18	计数	68	38	106
			占总和的百分比	31.2%	17.4%	48.6%
		合计	计数	156	62	218
2 高职	≥2	<18	计数	2	0	2
			占总和的百分比	0.4%	0	0.4%
		≥18	计数	297	175	472
			占总和的百分比	62.7%	36.9%	99.6%
		合计	计数	299	175	474
总和	≥2	<18	计数	90	24	114
			占总和的百分比	13.0%	3.5%	16.5%
		≥18	计数	365	213	578
			占总和的百分比	52.7%	30.8%	83.5%
		总和	计数	455	237	692
			占总和的百分比	65.8%	34.2%	100.0%

表4–15的人口统计资料显示，受访总人数（692人）中有455人（65.8%）

为男性；237人为女性，占34.2%。这意味着，在选定的地区，学徒以男性为主。其中，83.5%的受访者属成年人（≥18周岁），可以独立进行民事法律行为，18周岁以下学徒主要集中在中职学校，而且在中职样本总数中超过一半以上，达51.4%。此外，受访者中有474人（68.5%）来自高职学院，218人（31.5%）来自中职学校，通过受访者在职业院校的时间（≥2年级），我们得出结论，受访者理解问卷内容并能如实表达他们的真实感受。

（二）数据处理与检验

1. 信度检验

为了判断正式调查问卷的一致性，通过SPSS软件对正式调查的量表进行信度检验，结果如表4-16所示。从表4-16可以看出，α系数均在0.700以上，说明量表"内部一致性"处于"佳"以上。依此，量表内部一致性较高。

表4-16　　　　　　　　正式量表可靠性统计资料

	Cronbach 的 α	基于标准化项目的 Cronbach 的 α	项目数
工作氛围分量表	0.772	0.776	4
师傅指导分量表	0.891	0.892	6
培训任务安排分量表	0.780	0.781	5
技能提升分量表	0.878	0.880	6

2. 效度检验

通过分析软件对正式调查量表作效度检验，其结果如表4-17所示。从表4-17所显示的内容来看，KMO=0.946>0.80，"Bartlett的球形检验"的"大约卡方"值为7676.667，显著性=0.000小于0.05达到显著水平，所设计量表可以用作因子分析。

表4-17　　　　　　　　KMO 与 Bartlett 检验

Kaiser-Meyer-Olkin 测量取样适当性		0.946
Bartlett 的球形检验	大约卡方	7 676.667
	df	231
	显著性	0.000

通过主成分因子分析，提取四个因素，转轴后成分矩阵如表4-18所示。旋转后各因子具体内容得到了解释：因子1与MG1-MG6变量相对应，即师傅指

导分量表；因子 2 与 TA1 - TA5 变量相对应，即培训任务安排分量表；因子 3 与 WA1 - WA4 变量相对应，即工作氛围分量表；因子 4 与 SD1 - SD6 变量相对应，即技能提升分量表。各层面因子载荷 > 0.5，量表结构效度较好，无须调整。

表 4 - 18　　　　　　　　　　因子载荷矩阵

题项	因子 1	因子 2	因子 3	因子 4
MG2	0.787			
MG1	0.748			
MG3	0.718			
MG5	0.607			
MG4	0.603			
MG6	0.591			
TA3		0.670		
TA4		0.633		
TA2		0.605		
TA5		0.591		
TA1		0.570		
WA4			0.803	
WA3			0.760	
WA1			0.612	
WA2			0.550	
SD1				0.671
SD2				0.623
SD3				0.605
SD4				0.637
SD5				0.623
SD6				0.797

为进一步说明问题，有必要对量表进行进一步验证性因子分析，分析结果如图 4 - 1 所示。

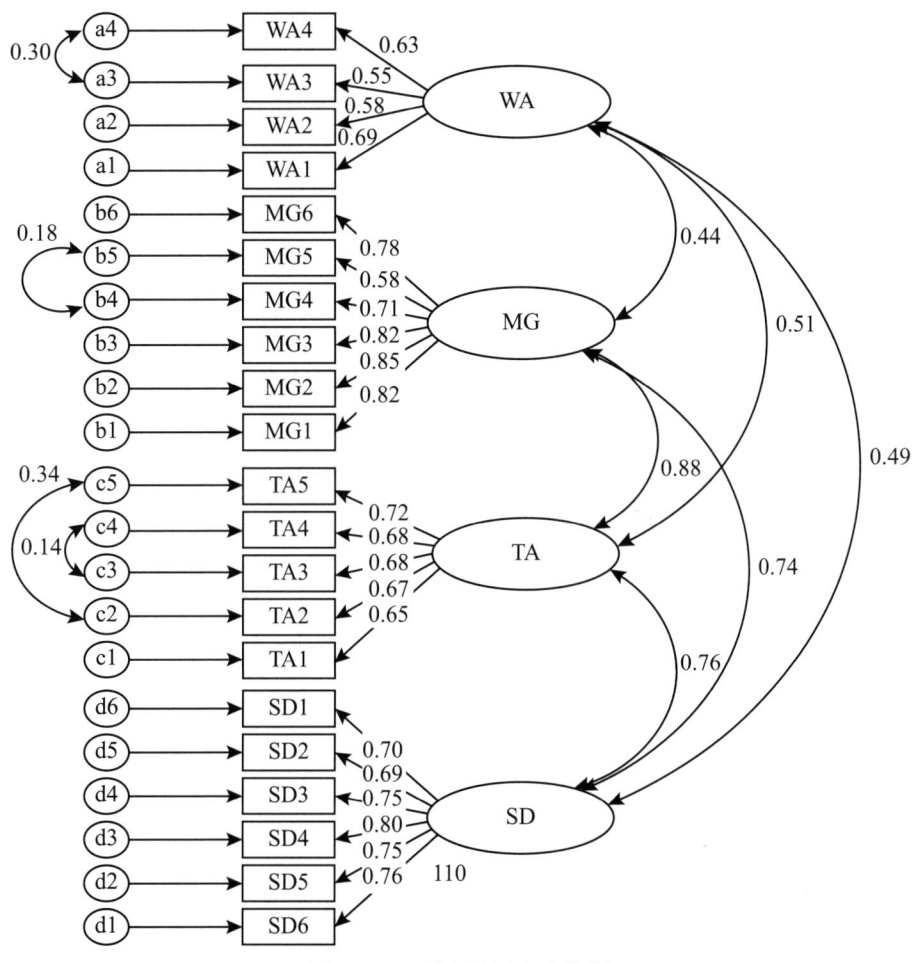

图 4-1 验证性因子分析

由图 4-1 可见，现代学徒制实施效应及影响因素因子载荷的范围为：工作氛围（0.55~0.69）、师傅指导（0.58~0.85）、培训安排（0.65~0.72）、技能提升（0.69~0.80）。分析显示，上述量表中各题项相应浅变量在因子载荷上的表现均高于 0.5，说明所设计量表的整体测量结构处于理想状态，变量结构效度较好。现代学徒制实施效应的相关量表主要包括四个维度，即 WA（WA1~WA4）、MG（MG1~MG6）、TA（TA1~TA5）、SD（SD1~SD6）。

四、数据结果分析

在一系列的验证和测试之后，可以对正式调研回收的数据进行分析。但在具体分析安排上，首先有必要从学徒的角度对试点中现代学徒制的实施状况，即现代学徒制运行的情况做大致了解。

(一) 多样性是当前现代学徒制运行的主要特征

现代学徒制在实践中如何运行,不仅是对现代学徒制度安排的实际检验,也是对未来可能进行制度完善的重要着力点。那么,真实场景中,我国现代学徒制运行又会有什么样的表现?在跨国比较的文献中,不同国家往往在学徒津贴或补助、师傅指导方式和内容以及培训质量控制方面存在区域差异。与此相关,本书将逐一进行分析。

1. 特征分析结果

(1) 学徒工资差异明显。

为了吸引职业院校学生参与现代学徒制,试点院校和合作企业为进入企业的学徒提供一定数量的津贴,有的地方也称之为补助。除此之外,有些单位还会和正式员工一样,为学徒发放绩效奖励。这些内容在本书中,都被归为学徒工资。学徒所处单位不同,在收入上有所差异,具体结果如图4-2所示。

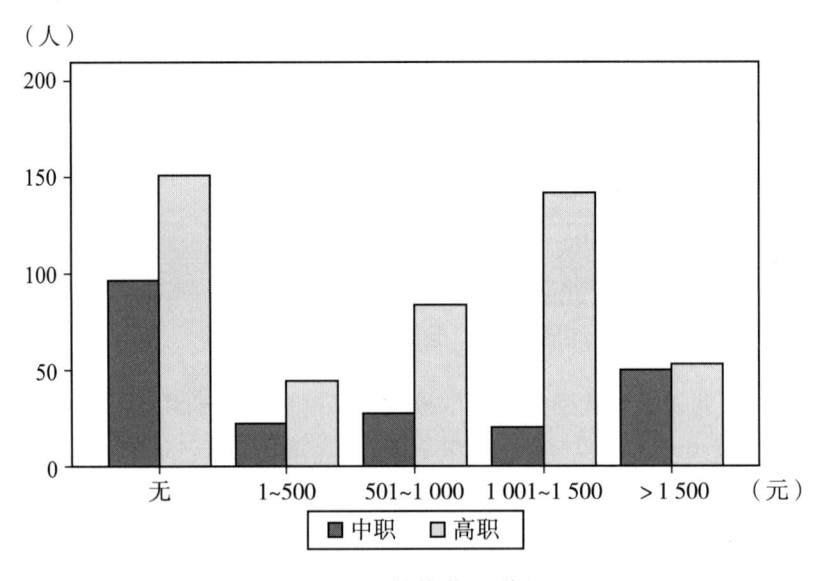

图4-2 学徒收入差异

从图4-2不难看出,有部分参与现代学徒制的学徒没有工资,还有部分学徒每月工资在1 500元以上,大部分学徒工资在1~1 500元之间;但同为试点单位,不同高职院校之间学徒工资存在明显差异,中职学校之间也是如此。显然,当前管理框架下,学徒工资还没有统一协定,不同试点单位性质之间以及内部差距明显,甚至有些学徒得不到法定最低工资。

(2) 师傅指导的方式和内容各有侧重。

现代学徒制强调企业培训和学校教育协同育人，而企业是否真正提供培训往往在培训指导人员的安排上有所体现。真正的企业培训应该为学徒安排专门的指导人员，通常由经过遴选的企业师傅担任，但企业师傅在具体指导过程中采用的方法（具体结果见表4-19）、指导的内容（具体结果见表4-20）并不完全一致。

表4-19　　　　　　　　　师傅指导方式次数分布

		反应值		观察值百分比（%）
		N	百分比（%）	
师傅指导方式*	观摩法	497	24.1	76.0
	试误法	371	18.0	56.7
	讲解法	537	26.0	82.1
	研讨法	312	15.1	47.7
	合作法	345	16.7	52.8
总数		2 062	100.0	315.3

注：二分法群组表在值1处。

表4-20　　　　　　　　　师傅指导内容次数分布

		反应值		观察值百分比（%）
		N	百分比（%）	
师傅指导内容*	企业基本情况	444	10.7	67.6
	产品规格、服务对象	448	10.8	68.2
	生产或服务岗位间的关系	398	9.6	60.6
	工作中的经验与诀窍	513	12.3	78.1
	根据需要设计和选择最佳方案	371	8.9	56.5
	快速决策和处理问题	441	10.6	67.1
	工作品质和精神	395	9.5	60.1
	生涯发展指导	312	7.5	47.5
	工作中设备的使用方法	466	11.2	70.9
	工作中涉及的原理性知识	378	9.1	57.5
总数		4 166	100.0	634.1

注：二分法群组表在值1处。

从表 4-19 来看,"讲解法"(师傅专门讲解与工作任务相关的理论知识)被勾选 537 次,占总勾选次数的 26.0%;"观摩法"(师傅完成工作任务,学徒观察)被勾选 497 次,占总勾选次数的 24.1%;"试误法"(学徒自主完成任务,师傅点评、修正)被勾选 371 次,占总勾选次数的 18.0%;"合作法"(师傅和学徒合作完成工作任务)被勾选 345 次,占总勾选次数的 16.7%;"研讨法"(师傅和学徒对工作中遇到的问题或项目集中研讨)被勾选 312 次,占总勾选次数的 15.1%。从"观察值百分比"来看,在回收样本中,超过八成的师傅在指导学徒的过程中会对与工作任务相关的理论知识进行讲解,而对工作中遇到的问题或项目进行集中研讨的不足一半。

从表 4-20 中对师傅指导内容的反应情况来看,学徒认为有近八成的师傅在指导过程中会传授"工作中的经验和诀窍",有近七成的师傅就"工作中设备的使用方法""产品规格、服务对象""企业基本情况"及"快速决策和处理问题"等内容进行了指导。

(3)并不是所有提供学徒培训的企业都有明确的培训计划。

现代学徒制自试点开始之初,就一直强调质量的控制,并要求各试点单位联合合作伙伴共同制定明确的培训计划,实际运行中的具体结果如表 4-21 所示。从表 4-21 来看,现行制度框架下,现代学徒制实施过程中,企业"没有培训计划"被勾选 106 次,占总勾选次数的 15.3%;中职学校合作企业没有明确培训计划的数量占同质样本内总数的 19.3%;高职院校合作企业没有明确培训计划的数量占同质样本内总数的 13.5%。可见,中职学校合作企业没有明确培训计划的现象要比高职合作企业普遍。

表 4-21　试点单位性质 × 是否有明确的培训计划交叉列表

试点单位性质	项目	是否有明确的培训计划 否	是否有明确的培训计划 有	总计
中职	计数	42	176	218
中职	试点单位性质内的百分比	19.3%	80.7%	100.0%
中职	是否有明确的培训计划内的百分比	39.6%	30.0%	31.5%
中职	占总计的百分比	6.1%	25.4%	31.5%
高职	计数	64	410	474
高职	试点单位性质内的百分比	13.5%	86.5%	100.0%
高职	是否有明确的培训计划内的百分比	60.4%	70.0%	68.5%
高职	占总计的百分比	9.2%	59.2%	68.5%

续表

试点单位性质	项目	是否有明确的培训计划 否	是否有明确的培训计划 有	总计
总计	计数	106	586	692
	试点单位性质内的百分比	15.3%	84.7%	100.0%
	是否有明确的培训计划内的百分比	100.0%	100.0%	100.0%
	占总计的百分比	15.3%	84.7%	100.0%

(4) 并不是所有提供学徒培训的企业都严格执行培训计划。

现代学徒制的有效实施不仅需要明确的培训计划，还需要严格执行培训计划，但实践中，并不是每一个提供学徒培训的企业都严格执行培训计划，具体如表 4-22 所示。从表 4-22 不难看出，现行制度框架下，现代学徒制实施过程中，企业"没有严格执行培训计划"被勾选 156 次，占总勾选次数的 22.5%；中职学校合作企业没有严格执行培训计划的数量占同质样本内总数的 28.9%；高职院校合作企业没有严格执行培训计划的数量占同质样本内总数的 19.6%。可见，中职学校合作企业没有严格执行培训计划的现象要比高职合作企业普遍。

表 4-22　试点单位性质×是否严格执行培训计划交叉列表

试点单位性质	项目	是否严格执行培训计划 否	是否严格执行培训计划 有	总计
中职	计数	63	155	218
	试点单位性质内的百分比	28.9%	71.1%	100.0%
	是否严格执行培训计划内的百分比	40.4%	28.9%	31.5%
	占总计的百分比	9.1%	22.4%	31.5%
高职	计数	93	381	474
	试点单位性质内的百分比	19.6%	80.4%	100.0%
	是否严格执行培训计划内的百分比	59.6%	71.1%	68.5%
	占总计的百分比	13.4%	55.1%	68.5%
总计	计数	156	536	692
	试点单位性质内的百分比	22.5%	77.5%	100.0%
	是否严格执行培训计划内的百分比	100.0%	100.0%	100.0%
	占总计的百分比	22.5%	77.5%	100.0%

(5) 并不是所有提供学徒培训的企业都有明确的考核标准。

设定明确的考核标准是试点方案中明确要求的,而且对于学徒培训的质量控制至关重要,但实际运行中,并不是每家提供学徒培训的企业都有明确的考核标准,具体结果如表4-23所示。从表中数据来看,现代学徒制实施过程中,企业"没有明确考核标准"被勾选88次,占总勾选次数的12.7%。也就是说,在选定区域的现代学徒制实施过程中,有超过一成的企业和职业院校未按标准考核学徒。而其中高职院校合作企业没有明确考核标准的现象比中职合作企业普遍。

表4-23　试点单位性质×是否有明确的考核标准交叉列表

试点单位性质	项目	是否有明确的考核标准 否	是否有明确的考核标准 有	总计
中职	计数	19	199	218
	试点单位性质内的百分比	8.7%	91.3%	100.0%
	是否有明确的考核标准内的百分比	21.6%	32.9%	31.5%
	占总计的百分比	2.7%	28.8%	31.5%
高职	计数	69	405	474
	试点单位性质内的百分比	14.6%	85.4%	100.0%
	是否有明确的考核标准内的百分比	78.4%	67.1%	68.5%
	占总计的百分比	10.0%	58.5%	68.5%
总计	计数	88	604	692
	试点单位性质内的百分比	12.7%	87.3%	100.0%
	是否有明确的考核标准内的百分比	100.0%	100.0%	100.0%
	占总计的百分比	12.7%	87.3%	100.0%

2. 讨论

显然,现行制度框架下,现代学徒制运行呈现出多样性的特征。第一,在国家层面制度文本中强调职业院校和企业协同育人,要求确定参与现代学徒制学生的准员工身份,而且试点单位和合作企业在试点中制定并签订三方协议或四方协议,但对于学徒工资(区域不同,称呼有差异)具体数额目前并无统一定论,造成学徒工资数量上存在明显差异性。需要进一步强调的是,即便数量有差异,但为什么还会有超三成的学徒无工资?第二,试点中,绝大部分单位承诺对企业师傅人员进行遴选,并制定了相应的选拔标准,如从业年限、技术职称以及学历等对师傅的选拔条件进行了硬性的规定,但对于师傅是否有指导学徒的能力并没有明确要求。引发这一现象的原因有两个方面：一方面，师傅是否有指导能力不像职称和学历那样有显性标识，带徒能力的考量需要一个过程；另一方面，毕竟指导学徒并不是企业师傅的本职工作，即便在设有培训中心的企业，师傅也多是兼职的，因而企业师傅不可能像学校导师那样需要掌握相应的心理学和教育学方面的知识。也因如此，来自生产一线的师傅在培训过程中，并不会刻意设计和精心选择指导方式以及培训内容，而这一点对学徒培训效果影响明显。因此，对于现有的制度设计而言，不仅需要对进入现代学徒制的企业师傅有硬性条件要求，还应该存在对师傅进行培训的制度安排。第三，现代学徒制试点方案中对质量控制不仅强调制定各类考核标准，还强调动态管理，但从目前学徒反应的情况看，即便是静态的培训计划和考核标准也不是每个试点单位都能具备。显然，无论是涉及学徒切身利益的补贴，还是明确培训计划的制定和执行，以及对学徒培训质量控制至关重要的考核标准的制定，不同试点单位表现不一。现代学徒制运行的多样性特征明显，这与现代学徒制运行管理制度的缺失或者说不到位不无关系。

（二）"保障就业"是吸引学徒参与现代学徒制的主要因素

一般而言，"动机是对思想和行为的决定因素的研究——它解释了为什么行为会开始、持续和停止，以及做出了什么样的选择"①。因此，动机被认为是一个人行为的强度、方向和持久性。在国际比较中，学徒参与现代学徒制有着不同的原因，那么，中国情境下，对于学徒而言，其参与现代学徒制的动机和目的会有怎样的表现？

1. 参与动机分析结果

（1）个人兴趣是学徒参与行为的内在原因。

参与原因是对学徒参与动机的最直接反映，其中包括内在的动机（如个人兴趣）和外在条件的影响（如企业、学校、同学及家庭的影响）。具体结果如表 4-24 所示。

表 4-24　　　　　参与现代学徒制原因选择的次数分布

参与原因	反应值 个数（N）	反应值 百分比（%）	观察值百分比（%）
个人兴趣	423	37.0	63.2
企业的影响力	255	22.3	38.1

---

① Weiner, B. *Human Motivation: Metaphors, Theories, and Research*. Thousand Oaks: SAGE Publications, 1992: 17.

续表

参与原因	反应值 个数（N）	反应值 百分比（%）	观察值百分比（%）
学校宣传	221	19.3	33.0
同学影响	123	10.8	18.4
家庭和朋友建议	121	10.6	18.1
总数	1 143	100.0	170.9

表4-24为题集"为什么选择参加'现代学徒制'"5个选项被勾选的次数百分比，选项"个人兴趣"被勾选423次，占总勾选次数的37.0%；"企业的影响力"被勾选255次，占总勾选次数的22.3%；"学校宣传"被勾选221次，占总勾选次数的19.3%；"同学影响"被勾选123次，占总勾选次数的10.8%；"家庭和朋友建议"被勾选121次，占总勾选次数的10.6%。从"观察值百分比"来看，在回收样本中，有63.2%的学生选择了个人兴趣，也就是说，超过六成的学生会以"个人兴趣"作为选择参加现代学徒制的考虑因素。

（2）就业有保障是学徒参与行为的主要目的。

表4-25为学徒对参与现代学徒制好处重要性认识的描述性统计量，等级平均数最小者为"保障就业"（RM=3.714），其次是"学会应用知识"（RM=3.802），等级平均数最大者为"积累人脉"（RM=4.184），从等级平均数的高低可以看出，学徒在参与现代学徒制的好处中最重视的是未来就业，较不重视的是"积累人脉"。再从标准差的数值来看，变量选项中以"学习更有效"的标准差1.6957最小，表示在7个选项中，此选项是受试者看法差异最小的一个好处。但根据等级排序，学习是否更有效并不是学徒最重视的参与现代学徒制的好处。

表4-25　所有样本对参与现代学徒制好处的重要性次序等级摘要表

项目	N	范围	最小值	最大值	等级平均数	标准差	排序
保障就业	692	7.0	1.0	8.0	3.714	2.2368	1
熟悉工作环境	692	7.0	1.0	8.0	4.132	1.9953	5
积累人脉	692	9.0	0.0	9.0	4.184	1.9671	7
获得培训津贴	692	7.0	0.0	7.0	4.058	1.9941	4

续表

项目	N	范围	最小值	最大值	等级平均数	标准差	排序
学到实用经验	692	7.0	0.0	7.0	3.864	1.9684	3
学会应用知识	692	8.0	0.0	8.0	3.802	2.1853	2
学习更有效	692	9.0	0.0	9.0	4.147	1.6957	6
有效的 N（listwise）	692						

（3）培训面太窄被视为学徒培训过程中最大的不足。

表4-26为学徒对现代学徒制不足之处重要性认识的描述性统计量，等级平均数最小者为"企业培训面太窄"（RM=4.020），其次是"师傅教学方法不当"（RM=4.069），等级平均数最大者为"强制大量加班"（RM=4.643）。从等级平均数的高低可以看出，学徒在现代学徒制的不足中最重视的是"企业培训面太窄"，较不重视的是"强制大量加班"。再从标准差的数值来看，变量选项中以"学习机会不足"的标准差2.7023最小，表示在9个选项中，此选项是受试者看法差异最小的不足之处。

表4-26 所有样本对现代学徒制不足的重要性次序等级摘要表

项目	N	范围	最小值	最大值	等级平均数	标准差	排序
留任和赔偿等强制规定	692	9.0	0.0	9.0	4.572	2.8487	6
学习机会不足	692	9.0	0.0	9.0	4.600	2.7023	8
强制大量加班	692	9.0	0.0	9.0	4.643	2.9390	9
师傅、设备等资源不足	692	9.0	0.0	9.0	4.555	2.7461	5
师傅教学方法不当	692	9.0	0.0	9.0	4.069	2.7402	2
师傅有不良习惯	692	9.0	0.0	9.0	4.137	2.8391	3
师傅教学内容不系统	692	9.0	0.0	9.0	4.155	2.8586	4
任务安排缺少学习价值	692	9.0	0.0	9.0	4.590	3.3093	7
企业培训面太窄	692	9.0	0.0	9.0	4.020	2.9735	1
有效的 N（listwise）	692						

2. 讨论

通常认为，如果对职业的具体情况没有动机，留下来的意愿就会很低。因此，贝克（Beck）指出，学习动机是学徒积极参与和检验未来职业内容和程序的重要条件。① 而德西（Deci）和瑞安（Ryan）的自决理论以及克拉普（Krapp）的兴趣理论成为教育学语境下研究学习动机的两种主要方法。② 一方面，德西（Deci）和瑞安（Ryan）区分了外在动机和内在动机。③ 这两种动机被认为是自决理论的逐步发展。另一方面，兴趣被认为是内在动机的另一个重要方面。④ 兴趣被理解为学习和人类发展的激励成分，它总是与知识和能力获取的特定内容或对象相关。⑤ 在这种背景下，兴趣并不是一种个性特征，而是一种关系概念。因而，兴趣会影响教育和专业目标的发展，以及一个人是否留在选定领域的决策。⑥ 依此理路，学徒参与学徒制的动机不仅关系到学徒学习的结果（技能是否提升），也关乎到学徒的留任意愿问题。

通过分析可以发现，在试点中，超过六成的学生会以"个人兴趣"作为选择参加现代学徒制的考虑因素，而学徒在参与现代学徒制的好处中最重视的是未来就业，"企业培训面太窄"被视为最大不足。也就是说大部分学徒参与现代学徒制的动机出于"个人兴趣"，再进一步，学徒技能提升不够或留任意愿不强，不是自己不愿意，而是另有原因。

（三）师傅指导为影响学徒培训中技能提升的关键因素

以上主要以频次和百分比的形式对受访者的"概况"、现代学徒制运行特征，以及学徒参与动机进行了统计分析。不过，对于现代学徒制运行过程中，什么样的企业培训任务安排是适合的，师傅指导过程中什么样的方法是可行的，以及培训过程中还有哪些因素对学徒学习结果产生影响以及如何影响，上述分析并没有涉及。为了更好的澄清问题，本书在研究中借助 SPSS22.0 软件，运用多元回归分析方法，对培训过程中不同影响因素对现代学徒制实施效应的作用机制进行分析。

---

① Beck, K. *Lehr–Lern–Prozesse in der kaufmännischen Erstausbildung*. Mainz：Mainz Universität，2000：24.

② Schumann, S. Motivationsförderung durch problemorientierten Unterricht? Überlegungen zur motivationstheoretischen Passung und Befunde aus dem Projekt APU. *Zeitschriftfür Pädagogik*，2010，56（1）：90–111.

③ Deci E. L. and Ryan, R. M. Die Selbstbestimmungstheorie der Motivation und ihre Bedeutung fürdie Pädagogik. Z Für Pädagogik，1993，2（93）：223–239.

④ Krapp, A. Basic Needs and the Development of Interest and Intrinsic Motivational Orientations. *Learning and Instruction*，2005，15（5）：381–395.

⑤ Krapp, A. and Lewalter, D. Develompent of interests and interest-based motivational orientations：a longitudinal study in vocational school and work settings. In S. Volet and S. Järvelä（eds）.*Motivation in Learning Contexts：Theoretical Advances and Methodological Implications*. New York：Elsevier Science Ltd.，2001：209.

⑥ Bergmann, C. Schulisch-berufliche Interessen als Determinanten der Studien-bzw：Berufswahl und-bewaltigung：Eine Uberprufung des Modells von Holland. In A. Krapp & M. Prenzel（eds）.*Interesse，Lernen，Leistung Neuere Ansatze der pädagogisch-psychologischen Interessenforschung*. Munster：Aschendorff Verlag，1992：195–220.

1. 培养过程对技能提升的影响效应分析

（1）整体：师傅指导对学徒技能提升影响最大。

依据前文的文献研究和量表开发，现代学徒制企业培训过程至少包含三个要素，即"培训任务安排"（内含五个层面：工作任务多样性、任务挑战性、任务与能力相匹配、工作自主性、角色明晰）、"师傅指导"（内含六个层面：思路引导、直接示范、理由说明、明确重点、允许参与及过程支持和反馈）、"工作氛围"（内含四个层面：同伴支持、同事的态度、企业激励、企业监督和控制程度），而绩效变量包含两个层面要素，即"技能提升"和"留任意愿"。那么，这些不同层面的因素在中国情境下对学徒技能的提升和留任意愿会有什么样的影响？其中关键性的因素有哪些？首先从整体上对影响学徒培训中技能提升的关键因素进行探集。

为了对数据分析有更好的了解，研究中借助 SPSS22.0 进行基本的描述性分析，结果如表 4-27 所示。研究发现，学徒技能提升的均值不足 4，距离满分 5 尚有距离，说明学徒技能仍有提升空间；相比而言，培训任务安排较弱，均值为 3.663，说明企业在培训安排方面尚待改进。

表 4-27　　　　　　　　　　描述性统计量

项目	均值	标准偏差	N
技能提升平均值	3.896435448	0.7450000421	692
培训任务安排平均值	3.663	0.7135	692
师傅指导平均值	3.834778419	0.7997313228	692
工作氛围平均值	3.7319	0.67252	692

上述描述性统计虽为我们展示了不同因素各自的整体状态，但对于彼此之间是否存在一定的关系并未有所表示。一般认为"皮尔逊"（Pearson）相关分析通常适用于两个"连续性"变量的检验。[1] 经由相关性分析检验，培训任务安排、师傅指导以及工作氛围与技能提升显著正相关，因为统计显著性"通常以 $P<0.05$ 表示"[2]。具体来看，培训任务安排与技能提升显著正相关（相关系数 = 0.614，$P<0.05$），师傅指导与技能提升显著相关（相关系数 = 0.669，$P<0.05$），工作氛围与技能提升显著相关（相关系数 = 0.556，$P<0.05$），如表 4-28 所示。进而说明，培训任务安排越合理、师傅指导越充分、工作氛围越和谐，学徒技能提升越好。

---

[1]　赵磊磊、张蓉菲：《教师信息化教学领导力：内涵、影响因素与提升路径》，载于《重庆高教研究》2019 年版，第 1~17 页。

[2]　[美] 尼尔·J. 萨尔金德：《爱上统计学》，史玲玲译，重庆大学出版社 2011 年版，第 108 页。

表 4-28　　　　　　　　　　　相关性

		技能提升平均值	培训任务安排平均值	师傅指导平均值	工作氛围平均值
Pearson 相关性	技能提升平均值	1.000	0.614	0.669	0.556
	培训任务安排平均值	0.614	1.000	0.740	0.539
	师傅指导平均值	0.669	0.740	1.000	0.565
	工作氛围平均值	0.556	0.539	0.565	1.000
Sig.（单侧）	技能提升平均值	—	0.000	0.000	0.000
	培训任务安排平均值	0.000	—	0.000	0.000
	师傅指导平均值	0.000	0.000	—	0.000
	工作氛围平均值	0.000	0.000	0.000	—
N	技能提升平均值	692	692	692	692
	培训任务安排平均值	692	692	692	692
	师傅指导平均值	692	692	692	692
	工作氛围平均值	692	692	692	692

为了进一步探索各影响因素对学徒技能提升的预测力，构建最佳分析模型，本书采用回归分析（向前选取）的方法，对自变量依次选取并筛选出最佳分析模型。预测力的探索和最佳分析模型的构建为现代学徒制实施效应的解释、问题解决路径的优化，以及政策制度的设计与安排提供关键性参考。具体以培训任务安排、师傅指导及工作氛围等为预测变量，而技能提升为因变量，带入 SPSS22.0 进行分析，输出结果如表 4-29 所示。

表 4-29　　　　　　　　　模型汇总[d]

模型	R	R^2	调整 R^2	标准估计的误差	R^2 更改	F 更改	df1	df2	Sig. F 更改	Durbin-Watson
1	0.669[a]	0.448	0.447	0.5538416597	0.448	560.315	1	690	0.000	
2	0.703[b]	0.495	0.493	0.5303014973	0.047	63.618	1	689	0.000	
3	0.716[c]	0.512	0.510	0.5214718063	0.017	24.530	1	688	0.000	1.644

注：a. 预测变量：（常量），师傅指导平均值。
b. 预测变量：（常量），师傅指导平均值，工作氛围平均值。
c. 预测变量：（常量），师傅指导平均值，工作氛围平均值，培训任务安排平均值。
d. 因变量：技能提升平均值。

表 4-29 为模型汇总表，回归模型依据"培训任务安排""师傅指导"及"工作氛围"等为自变量对"技能提升"（因变量）预测力的高低建构模型，回归系数不显著的被排除在外。在第一个模型中，进入模型的自变量为"师傅指导"（R=0.669），解释量为 44.8%。在第二个模型中，进入模型的解释变量为"师傅指导""工作氛围"，两者对技能提升的联合解释范围（R^2）为 49.5%，其中"工作氛围"的解释量，即 R^2 更改量为 4.7%，F 增加值为 63.618，Sig 值（p=0.000）<0.05。在第三个模型中，进入模型的解释变量为"师傅指导""工作氛围"和"培训任务安排"，三者对技能提升的联合解释范围（R^2）为 51.2%，其中"培训任务安排"对技能提升的解释范围（R^2 更改量）为 1.7%，F 增加值为 24.530，Sig 值（p=0.000）<0.05。显然，在三个模型之中，第三个模型调整 R^2 较大，因而本论将第三个模型用作预测模型。而且通过显著性检验，模型 3 的 Sig 值为 0.000<0.05，达到显著（见表 4-30）。研究发现，"师傅指导""工作氛围"和"培训任务安排"三个自变量对学徒技能提升的预测力依次为 44.8%、4.7% 及 1.7%，解释变异量为 51.2%。

表 4-30　　　　　　　　　　　Anova^b

模型	项目	平方和	df	均方	F	Sig.
3	回归	196.433	3	65.478	240.786	0.000^a
	残差	187.090	688	0.272		
	总计	383.522	691			

注：a. 预测变量：（常量），师傅指导平均值，工作氛围平均值，培训任务安排平均值。
b. 因变量：技能提升平均值。

通过以上分析，检验了企业培训中"师傅指导""工作氛围"和"培训任务安排"三个自变量对学徒技能提升的预测力。为了进一步确定各变量之间的定量关系，需要深入考量其关系系数。通常认为，容差越趋近 0，共线性问题"愈严重"，VIF 大于 10，变量间存在共线问题。[①] 经由系数分析，模型 3 的容差在 0.414 到 0.649 之间，而 VIF 值在 10 以下，表明模型合理，没有共线性问题（见表 4-31）。同时，从非标准系数来看，回归模型中三个预测变量"师傅指导""工作氛围"和"培训任务安排"的系数依序为 0.366，0.250，0.210，均为正值，说明对"技能提升"的影响都为正向。由此，回归方程式为：

$$Y_{技能提升} = 0.790 + X_{师傅指导} \times 0.366 + X_{工作氛围} \times 0.250 + X_{培训任务安排} \times 0.210$$

可见，师傅指导对学徒技能提升影响最大。

[①] 吴明隆：《问卷统计分析实务——SPSS 操作与应用》，重庆大学出版社 2010 年版，第 397 页。

表 4-31　　　　　　　　　　系数*（摘要）

模型	项目	非标准化系数 β	非标准化系数 标准误差	标准系数 试用版	t	Sig.	β 的 95.0% 置信区间 下限	β 的 95.0% 置信区间 上限	相关性 零阶	相关性 偏	相关性 部分	共线性统计量 容差	共线性统计量 VIF
3	（常量）	0.790	0.123		6.411	0.000	0.548	1.031					
	师傅指导均值	0.366	0.039	0.393	9.499	0.000	0.291	0.442	0.669	0.341	0.253	0.414	2.417
	工作氛围均值	0.250	0.037	0.226	6.830	0.000	0.178	0.322	0.556	0.252	0.182	0.649	1.542
	培训任务安排均值	0.210	0.042	0.201	4.953	0.000	0.127	0.293	0.614	0.186	0.132	0.431	2.321

注：*因变量：技能提升平均值。

（2）分解：过程支持和反馈是师傅指导方法中对技能提升影响最大因素。

依据前文，企业培训中的任务安排包含五个层面要素，即"工作任务多样性""任务挑战性""任务与能力相匹配""工作自主性""角色明晰"；师傅指导过程中涉及六个层面要素，即"思路引导""直接示范""理由说明""明确重点""允许参与"及"过程支持和反馈"；而工作氛围内含四个层面要素，即"同伴支持""同事的态度""企业激励"及"企业监督和控制程度"。为了更进一层挖掘学徒技能提升的影响因素，本书对自变量"师傅指导""培训任务安排"和"工作氛围"进行具化，具体观测不同指标因素对学徒技能提升的影响情况。借助 SPSS22.0 进行基本的描述性分析，结果如表 4-32 所示。研究发现，"同伴支持"的均值超过 4，但不足 5，说明"同伴支持"影响较大，不过有改善的可能；相比之下，"任务挑战性"略高于 3，对于技能提升的影响相对较小，说明学徒培训中，具有挑战性的任务安排方面改进空间较大。

表 4-32　　　　　　　　　　描述性统计量

	均值	标准偏差	N
技能提升平均值	3.896435448	0.7450000421	692
同伴支持	4.15	0.960	692
同伴竞争	3.39	1.064	692
企业激励	3.82	1.001	692
企业监督和控制程度	3.57	1.038	692
思路引导	3.84	1.042	692
直接示范	3.89	0.986	692

续表

	均值	标准偏差	N
理由说明	3.87	1.005	692
明确重点	3.86	0.897	692
允许参与	3.71	1.027	692
过程支持和反馈	3.85	0.998	692
任务多样性	3.61	1.050	692
任务挑战性	3.13	0.994	692
任务与能力匹配	3.82	0.941	692
工作自主性	3.81	0.940	692
角色明晰	3.94	0.962	692

通过相关性分析检验,"同伴支持"与技能提升显著正相关(相关系数 = 0.569,$P<0.05$),"同伴竞争"与技能提升显著正相关(相关系数 = 0.211,$P<0.05$),"企业激励"与技能提升显著正相关(相关系数 = 0.233,$P<0.05$),"企业监督和控制程度"与技能提升显著正相关(相关系数 = 0.484,$P<0.05$),"思路引导"与技能提升显著正相关(相关系数 = 0.566,$P<0.05$),"直接示范"与技能提升显著正相关(相关系数 = 0.565,$P<0.05$),"理由说明"与技能提升显著正相关(相关系数 = 0.560,$P<0.05$),"明确重点"与技能提升显著正相关(相关系数 = 0.557,$P<0.05$),"允许参与"与技能提升显著正相关(相关系数 = 0.388,$P<0.05$),"过程支持和反馈"与技能提升显著正相关(相关系数 = 0.606,$P<0.05$),"任务多样性"与技能提升显著正相关(相关系数 = 0.485,$P<0.05$),"任务挑战性"与技能提升显著正相关(相关系数 = 0.262,$P<0.05$),"任务与能力匹配"与技能提升显著正相关(相关系数 = 0.468,$P<0.05$),"工作自主性"与技能提升显著正相关(相关系数 = 0.477,$P<0.05$),"角色明晰"与技能提升显著正相关(相关系数 = 0.551,$P<0.05$),具体如附录二所示。这说明,同伴越支持、企业越鼓励、培训任务安排的越多样、越有挑战性、与能力越匹配、工作越自主、角色越明晰,学徒技能提升越好。

为了进一步探索各具体观测指标对学徒技能提升的预测力,构建最佳分析模型,采用回归分析(向前选取)的方法,以"同伴支持""同伴竞争""企业激励""企业监督和控制程度""思路引导""直接示范""理由说明""明确重点""允许参与""过程支持和反馈""任务多样性""任务挑战性""任务与能力匹配""工作自主性""角色明晰"为预测变量,以"技能提升"为因变量,依次将上述 16 个变量带入 SPSS22.0 进行分析,输出结果如表 4-33 所示。

表 4-33　　　　　　　　　模型汇总[i]

模型	R	R^2	调整 R^2	标准估计的误差	R^2 更改	F 更改	df1	df2	Sig. F 更改	Durbin-Watson
1	0.606[a]	0.368	0.367	0.5928391353	0.368	401.232	1	690	0.000	
2	0.679[b]	0.461	0.459	0.5479182843	0.093	118.777	1	689	0.000	
3	0.709[c]	0.503	0.500	0.5265370807	0.042	58.093	1	688	0.000	
4	0.725[d]	0.526	0.523	0.5146670851	0.023	33.101	1	687	0.000	
5	0.733[e]	0.537	0.533	0.5089272102	0.011	16.584	1	686	0.000	
6	0.736[f]	0.541	0.537	0.5068399118	0.004	6.662	1	685	0.010	
7	0.738[g]	0.545	0.541	0.5049770023	0.004	6.063	1	684	0.014	
8	0.741[h]	0.549	0.543	0.5034511550	0.003	5.152	1	683	0.024	1.688

注：a. 预测变量：(常量)，过程支持和反馈。

b. 预测变量：(常量)，过程支持和反馈，同伴支持。

c. 预测变量：(常量)，过程支持和反馈，同伴支持，角色明晰。

d. 预测变量：(常量)，过程支持和反馈，同伴支持，角色明晰，明确重点。

e. 预测变量：(常量)，过程支持和反馈，同伴支持，角色明晰，明确重点，任务多样性。

f. 预测变量：(常量)，过程支持和反馈，同伴支持，角色明晰，明确重点，任务多样性，企业监督和控制程度。

g. 预测变量：(常量)，过程支持和反馈，同伴支持，角色明晰，明确重点，任务多样性，企业监督和控制程度，企业激励。

h. 预测变量：(常量)，过程支持和反馈，同伴支持，角色明晰，明确重点，任务多样性，企业监督和控制程度，企业激励，理由说明。

i. 因变量：技能提升平均值。

依据表 4-33 不难判断，在 8 个模型之中，模型 8 "调整 R^2" 较大 (0.543)，因而将其用做预测模型。经由显著性检验，模型 8 的 Sig 值为 0.000 < 0.05，达到显著 (具体见表 4-34)。从表 4-33 可以发现，在 16 个预测变量中有 8 个对 "技能提升" 有显著预测力，依次为 "过程支持和反馈" "同伴支持" "角色明晰" "明确重点" "任务多样性" "企业监督和控制程度" "企业激励" "理由说明"，8 个变量对技能提升的预测力大小依次为 36.8%、9.3%、4.2%、2.3%、1.1%、0.4%、0.4%、0.3%，共同对技能提升的联合解释范围 (R^2) 为 54.9%。

表 4-34　　　　　　　　　　Anova^b

模型	项目	平方和	df	均方	F	Sig.
8	回归	210.407	8	26.301	103.766	0.000^a
	残差	173.115	683	0.253		
	总计	383.522	691			

注：a. 预测变量：(常量)，过程支持和反馈，同伴支持，角色明晰，明确重点，任务多样性，企业监督和控制程度，企业激励，理由说明。

b. 因变量：技能提升平均值。

为进一步确定各变量之间的定量关系，经由系数分析，模型 8 的容差在 0.467 到 0.925 之间，而 VIF 值在 10 以下，模型合理，没有共线性问题（见表 4-35）。同时从非标准系数来看，回归模型中 8 个预测变量的系数依序为 0.167，0.150，0.125，0.105，0.069，0.052，0.050，0.063，均为正值，说明对"技能提升"的影响都为正向。由此，回归方程为：

$$Y_{技能提升} = 0.858 + X_{过程支持和反馈} \times 0.167 + X_{同伴支持} \times 0.150 + X_{角色明晰} \times 0.125 + X_{明确重点} \times 0.105 + X_{任务多样性} \times 0.069 + X_{企业监督和控制程度} \times 0.052 + X_{企业激励} \times 0.050 + X_{理由说明} \times 0.063$$

可见，"过程支持和反馈"在观测指标中对学徒技能提升影响最大。也就是说，学徒在完成工作任务的过程中，能得到企业师傅的及时"反馈和支持"对学徒技能提升帮助最大。

表 4-35　　　　　　　　　　系数*（摘要）

模型		非标准化系数 β	非标准化系数 标准误差	标准系数 试用版	t	Sig.	β 的 95.0% 置信区间 下限	β 的 95.0% 置信区间 上限	相关性 零阶	相关性 偏	相关性 部分	共线性统计量 容差	共线性统计量 VIF
8	(常量)	0.858	0.114		7.532	0.000	0.634	1.081					
	过程支持和反馈	0.167	0.026	0.216	6.529	0.000	0.117	0.218	0.569	0.242	0.168	0.606	1.651
	同伴支持	0.150	0.028	0.201	5.440	0.000	0.096	0.204	0.606	0.204	0.140	0.486	2.059
	角色明晰	0.125	0.026	0.162	4.786	0.000	0.074	0.176	0.551	0.180	0.123	0.580	1.723
	明确重点	0.105	0.029	0.126	3.588	0.000	0.047	0.162	0.557	0.136	0.092	0.537	1.862
	任务多样性	0.069	0.023	0.097	3.046	0.002	0.025	0.113	0.485	0.116	0.078	0.648	1.542
	企业监督和控制程度	0.052	0.024	0.070	2.156	0.031	0.005	0.100	0.484	0.082	0.055	0.626	1.598

续表

模型		非标准化系数		标准系数	t	Sig.	β 的 95.0% 置信区间		相关性			共线性统计量	
		β	标准误差	试用版			下限	上限	零阶	偏	部分	容差	VIF
8	企业激励	0.050	0.019	0.069	2.598	0.010	0.012	0.088	0.233	0.099	0.067	0.925	1.081
	理由说明	0.063	0.028	0.085	2.270	0.024	0.009	0.118	0.560	0.087	0.058	0.467	2.142
	（常量）	0.858	0.114		7.532	0.000	0.634	1.081					

注：*因变量：技能提升平均值。

2. 讨论

学徒技能的提升是现代学徒制实施是否有效的重要考量指标，而工作场所学习通常被认为是学徒技能提升的最有效手段，这也是现代学徒制试点中强调企业参与的重要原因。不过，经由前文的文献梳理，工作场所中学习的有效性受工作环境、工作任务安排以及工作场所培训人员指导的影响。而且，工作场所学习通常又被视为一种非正式学习，不可能像学校那样正规，因而合法的边缘性参与一直以来被作为解释学徒制学习价值的重要线索。不可否认，这一分析理路对于工作场所中现代学徒的学习过程具有一定解释力，即学徒的技能提升受工作环境，尤其是同伴支持的影响，莱夫更愿意称之为"实践共同体"。这一点可以从上述数据分析的结果中得到佐证。通过回归分析，企业培训过程中"工作氛围"对学徒"技能提升"影响显著，且为正向。不过从变量预测力角度看，"师傅指导"对学徒"技能提升"的预测力最强，其次为"工作氛围"，再次为"培训任务安排"。

再进一步，在具体观测指标层面，师傅指导过程中对学徒学习过程的积极支持和及时反馈，在所有测量维度中对学徒技能提升影响最大。但这也并不是说同伴支持以及其他因素不重要，毕竟"$Y_{技能提升} = 0.858 + X_{过程支持和反馈} \times 0.167 + X_{同伴支持} \times 0.150 + X_{角色明晰} \times 0.125 + X_{明确重点} \times 0.105 + X_{任务多样性} \times 0.069 + X_{企业监督和控制程度} \times 0.052 + X_{企业激励} \times 0.050 + X_{理由说明} \times 0.063$"。也就是说，现代学徒制背景下，学徒技能的提升是师傅过程支持、同伴支持以及恰当的工作任务安排共同作用的结果，在这一过程中，师傅的作用更大。这样一来，现代学徒制对企业师傅提出了新的要求，不仅要求师傅技术出众，还要求师傅能根据培训过程中的实际情况做出具体的"支持和反馈"（过程支持和反馈），而且还要能明确需要"特别关注"和"留心"的地方（明确重点），甚至还要能够说明"这样做而不那样做的理由"（理由说明）。这些内容对于学徒学习影响颇大：

"……如果真的学到了，应该是这边学到的更多，然后怎么运用比在学校里更深入了一步……然后在这边的话,直接让你动手做,然后在做的过程当中,基本上已经完成了,师傅再去教你,然后你哪里做得不对,会进行修改……"(AP – FF21)

此外,对于企业而言,现代学徒制并不只是提供学徒培训岗位那么简单,如果想要培养出称心如意的未来员工,还需企业在具体工作任务安排方面考虑任务安排的多样性、系统性,尽可能地让学徒有机会了解整个生产过程,明确其工作的意义和价值(角色明晰)。这其中就包括,企业培训过程中学徒定时轮换岗位、精心设计具体任务内容,而不是从事简单的重复性体力劳动。除此之外,进入企业的学徒虽只是准员工身份,而且在更多的时候仍被视为"实习生",但企业不能放任不管,应按照员工标准对其进行要求和管理,并应积极支持其参与厂内外的各种技能比赛,如有可能,这样的比赛也可以在学徒与师傅之间展开。企业的这些举措(监督和管理、激励)与师傅指导共同影响学徒的技能提升。因而,这对企业具体培训内容和学徒管理提出了新的要求。否则,现代学徒制实施过程中,真的可能像设计专业学徒所说的那样:

"可能在大公司没有存在感,就是说你在与不在可能只有你师傅,或者同学知道,其他可能就不像在学校,同学没来老师要点名,点名其实有一种关注感,但可能大公司人这么多,他对每个人的这种存在感不是很强,我可能对这种状态还不是很适应。"(AP – FM20)

(四)企业培训任务安排为影响学徒留任意愿的关键因素

以上分析了企业培训过程中影响学徒技能提升的关键因素,但对于学徒而言,存在一种可能,即通过企业的培养,虽然技能获得了提升,但并不一定愿意留在提供培训的企业,而从企业访谈的抱怨声中也印证了这一点。对于学徒离任的问题一直是西方现代学徒制发展过程中存在的普遍现象,这一问题通常被归因于外部"挖人"行为的存在以及企业内部培训安排相关因素的影响,这些内容在本节初始已做讨论。那么,在我国,在中国情境下,影响学徒留任的关键因素又是什么?

1. 培养过程对学徒留任意愿的影响效应分析

(1)整体:企业培训任务安排对学徒留任意愿影响最大。

借助 SPSS22.0 进行基本的描述性分析,如表 4 – 36 所示。研究发现,学徒留任意愿的均值仅为 3.34,说明学徒留任意愿较弱,存在较大提升空间;相比而言,师傅指导均值相对较高,约为 3.83,但不足 4,说明师傅指导方面尚待改进。

表 4-36　　　　　　　　　　描述性统计量

项目	均值	标准偏差	N
留任意愿	3.34	0.891	692
师傅指导平均值	3.663	0.7135	692
培训任务安排平均值	3.834778419	0.7997313228	692
工作氛围平均值	3.7319	0.67252	692

经由相关性分析检验，培训任务安排、师傅指导以及工作氛围与学徒留任意愿显著正相关。具体来看，培训任务安排与学徒留任意愿显著正相关（相关系数 = 0.462，$P<0.05$），师傅指导与学徒留任意愿显著相关（相关系数 = 0.458，$P<0.05$），工作氛围与技能提升显著相关（相关系数 = 0.387，$P<0.05$），如表 4-37 所示。进而说明，培训任务安排越合理、师傅指导越充分、工作氛围越和谐，学徒留任意愿越强。

表 4-37　　　　　　　　　　相关性

		留任意愿	师傅指导平均值	培训任务安排平均值	工作氛围平均值
Pearson 相关性	留任意愿	1.000	0.458	0.462	0.387
	师傅指导平均值	0.458	1.000	0.740	0.539
	培训任务安排平均值	0.462	0.740	1.000	0.565
	工作氛围平均值	0.387	0.539	0.565	1.000
Sig.（单侧）	留任意愿	—	0.000	0.000	0.000
	师傅指导平均值	0.000	—	0.000	0.000
	培训任务安排平均值	0.000	0.000	—	0.000
	工作氛围平均值	0.000	0.000	0.000	—
N	留任意愿	692	692	692	692
	师傅指导平均值	692	692	692	692
	培训任务安排平均值	692	692	692	692
	工作氛围平均值	692	692	692	692

为了进一步探索各影响因素对学徒留任意愿的预测力，构建最佳分析模型。以培训任务安排、师傅指导及工作氛围为自变量，留任意愿为因变量，带入 SPSS22.0，采用回归分析（向前）方法进行分析，输出结果如表 4-38 所示。

表 4-38　　　　　　　　　　　模型汇总^d

模型	R	R^2	调整 R^2	标准估计的误差	R^2 更改	F 更改	df1	df2	Sig. F 更改	Durbin-Watson
1	0.462^a	0.214	0.212	0.790	0.214	187.449	1	690	0.000	
2	0.493^b	0.243	0.241	0.776	0.030	27.022	1	689	0.000	
3	0.507^c	0.257	0.254	0.769	0.014	12.942	1	688	0.000	1.598

注：a. 预测变量：（常量），培训任务安排平均值。
　　b. 预测变量：（常量），培训任务安排平均值，师傅指导平均值。
　　c. 预测变量：（常量），培训任务安排平均值，师傅指导平均值，工作氛围平均值。
　　d. 因变量：留任意愿。

从表 4-38"模型汇总"中可以发现，模型 3 的"调整 R^2"较大，选择用作预测模型。通过显著性检验，模型 3 的 Sig 值为 0.000＜0.05，达到显著水平（具体见表 4-39）。进一步研究发现，"培训任务安排""师傅指导"和"工作氛围"三个自变量对学徒留任意愿的预测力依次为 21.4%、3.0% 及 1.4%，解释变异量为 25.7%。

表 4-39　　　　　　　　　　　Anova^b

模型	项目	平方和	df	均方	F	Sig.
3	回归	141.026	3	47.009	79.441	0.000^a
	残差	407.119	688	0.592		
	总计	548.145	691			

注：a. 预测变量：（常量），培训任务安排平均值，师傅指导平均值，工作氛围平均值。
　　b. 因变量：留任意愿。

通过以上分析，检验了企业培训中"培训任务安排""师傅指导"和"工作氛围"三个自变量对学徒留任意愿的预测力。为了进一步确定各变量之间的定量关系，需要深入考量其关系系数。经由系数分析，模型 3 的容差在 0.414 到 0.649 之间，而 VIF 值在 10 以下，表明模型合理，没有共线性问题（见表 4-40）。同时从标准系数来看，回归模型中三个预测变量"培训任务安排""师傅指导"和"工作氛围"的 β 值依序为 0.270、0.244、0.194，均为正值，说明对"留任意愿"的影响都为正向。由此，回归方程式为：

$$Y_{留任意愿} = 0.693 + X_{培训任务安排} \times 0.270 + X_{师傅指导} \times 0.244 + X_{工作氛围} \times 0.194$$

可见，企业培训任务安排对学徒留任意愿影响最大。

表4-40　　　　　　　　　　　系数*（摘要）

模型		非标准化系数		标准系数	t	Sig.	β 的 95.0% 置信区间		相关性			共线性统计量	
		β	标准误差	试用版			下限	上限	零阶	偏	部分	容差	VIF
3	（常量）	0.693	0.182		3.812	0.000	0.336	1.049					
	培训任务安排平均值	0.270	0.062	0.217	4.329	0.000	0.148	0.393	0.458	0.163	0.142	0.431	2.321
	师傅指导平均值	0.244	0.057	0.219	4.287	0.000	0.132	0.356	0.462	0.161	0.141	0.414	2.417
	工作氛围平均值	0.194	0.054	0.147	3.598	0.000	0.088	0.300	0.387	0.136	0.118	0.649	1.542

注：*因变量：留任意愿。

（2）分解：角色明晰是任务安排中对留任意愿影响最大因素。

为了更好地挖掘学徒留任意愿的影响因素，本书尝试从具体指标出发观测不同指标因素对学徒留任意愿的影响情况。借助 SPSS22.0 进行基本的描述性分析，如表4-41所示。研究发现，同伴支持的均值超过4，但不足5，说明同伴支持影响较大，不过也有改善的可能；相比之下，任务挑战性略高于3，影响相对较小，说明任务挑战性改进空间较大。

表4-41　　　　　　　　　　描述性统计量

因素	均值	标准偏差	N
留任意愿	3.34	0.891	692
同伴支持	4.15	0.960	692
同伴竞争	3.39	1.064	692
企业激励	3.82	1.001	692
企业监督和控制程度	3.57	1.038	692
思路引导	3.84	1.042	692
直接示范	3.89	0.986	692
理由说明	3.87	1.005	692
明确重点	3.86	0.897	692
允许参与	3.71	1.027	692
过程支持和反馈	3.85	0.998	692
任务多样性	3.61	1.050	692

续表

因素	均值	标准偏差	N
任务挑战性	3.13	0.994	692
任务与能力匹配	3.82	0.941	692
工作自主性	3.81	0.940	692
角色明晰	3.94	0.962	692

通过相关性分析检验,"同伴支持"与学徒留任意愿显著正相关(相关系数=0.341,$P<0.05$),"同伴竞争"与学徒留任意愿显著正相关(相关系数=0.192,$P<0.05$),"企业激励"与学徒留任意愿显著正相关(相关系数=0.404,$P<0.05$),"企业监督和控制程度"与学徒留任意愿显著正相关(相关系数=0.102,$P<0.05$),"思路引导"与学徒留任意愿显著正相关(相关系数=0.414,$P<0.05$),"直接示范"与学徒留任意愿显著正相关(相关系数=0.402,$P<0.05$),"理由说明"与学徒留任意愿显著正相关(相关系数=0.368,$P<0.05$),"明确重点"与学徒留任意愿显著正相关(相关系数=0.352,$P<0.05$),"允许参与"与学徒留任意愿显著正相关(相关系数=0.304,$P<0.05$),"过程支持和反馈"与学徒留任意愿显著正相关(相关系数=0.392,$P<0.05$),任务多样性与学徒留任意愿显著正相关(相关系数=0.278,$P<0.05$),任务挑战性与学徒留任意愿显著正相关(相关系数=0.248,$P<0.05$),任务与能力匹配与学徒留任意愿显著正相关(相关系数=0.336,$P<0.05$),工作自主性与学徒留任意愿显著正相关(相关系数=0.390,$P<0.05$),角色明晰与学徒留任意愿显著正相关(相关系数=0.428,$P<0.05$),具体如附录三所示。这说明,角色越明晰、工作越自主、师傅允许参与其中、培训任务安排的越多样、越有挑战性、与能力越匹配,学徒留任意愿越强。

为了进一步探索各具体观测指标对学徒留任意愿的预测力,构建最佳分析模型,借助计算机软件(SPSS22.0),采用回归分析(向前选取)的方法,以"同伴支持""同伴竞争""企业激励""企业监督和控制程度""思路引导""直接示范""理由说明""明确重点""允许参与""过程支持和反馈""任务多样性""任务挑战性""任务与能力匹配""工作自主性""角色明晰"为预测变量,以"留任意愿"为因变量,依次将16个变量带入SPSS22.0进行分析,输出结果如表4-42所示。

表 4-42　　　　　　　　　　　模型汇总 ^{g}

模型	R	R^2	调整 R^2	标准估计的误差	R^2 更改	F 更改	df1	df2	Sig. F 更改	Durbin-Watson
1	0.428^a	0.183	0.182	0.805	0.183	154.821	1	690	0.000	
2	0.489^b	0.239	0.237	0.778	0.056	50.344	1	689	0.000	
3	0.514^c	0.264	0.261	0.766	0.025	23.640	1	688	0.000	
4	0.527^d	0.277	0.273	0.759	0.013	12.566	1	687	0.000	
5	0.533^e	0.284	0.279	0.756	0.007	6.706	1	686	0.010	
6	0.538^f	0.290	0.284	0.754	0.005	5.192	1	685	0.023	1.669

注：a. 预测变量：（常量），角色明晰。
　　b. 预测变量：（常量），角色明晰，企业激励。
　　c. 预测变量：（常量），角色明晰，企业激励，工作自主性。
　　d. 预测变量：（常量），角色明晰，企业激励，工作自主性，思路引导。
　　e. 预测变量：（常量），角色明晰，企业激励，工作自主性，思路引导，任务挑战性。
　　f. 预测变量：（常量），角色明晰，企业激励，工作自主性，思路引导，任务挑战性，同伴支持。
　　g. 因变量：留任意愿。

依据表 4-42 不难判断，在六个模型之中，模型 6 "调整 R^2" 较大（=0.284），因而将其用作预测模型。经由显著性检验，模型 6 的 Sig 值为 0.000<0.05，达到显著（具体见表 4-43）。从表 4-43 可以发现，在 16 个预测变量中有 6 个对"留任意愿"有显著预测力，依次为"角色明晰""企业激励""工作自主性""思路引导""任务挑战性"及"同伴支持"。6 个变量对留任意愿的预测力大小依次为 18.3%、5.6%、2.5%、1.3%、0.7%、0.5%，共同对留任意愿的联合解释范围（R^2）为 29.0%。

表 4-43　　　　　　　　　　　Anova^b（摘要）

模型		平方和	df	均方	F	Sig.
6	回归	158.827	6	26.471	46.576	0.000a
	残差	389.318	685	0.568		
	总计	548.145	691			

注：a. 预测变量：（常量），角色明晰，企业激励，工作自主性，思路引导，任务挑战性，同伴支持。
　　b. 因变量：留任意愿。

进一步确定各变量之间的定量关系，经由系数分析，模型 6 的容差在 0.592 到 0.940 之间，而 VIF 值在 10 以下，模型合理，没有共线性问题（见表 4 - 44）。从非标准系数来看，回归模型中 6 个预测变量的系数依序为 0.170、0.158、0.119、0.116、0.071、0.063，均为正值，说明对学徒"留任意愿"的影响都为正向。由此得出回归方程式：

$$Y_{留任意愿} = 0.735 + X_{角色明晰} \times 0.170 + X_{企业激励} \times 0.158 + X_{工作自主性} \times 0.119 + X_{思路引导} \times 0.116 + X_{任务挑战性} \times 0.071 + X_{同伴支持} \times 0.063$$

可以发现，角色明晰在观测指标中对学徒留任意愿影响最大。

表 4 - 44　　　　　　　　系数*（摘要）

模型		非标准化系数		标准系数	t	Sig.	β 的 95.0% 置信区间		相关性			共线性统计量	
		β	标准误差	试用版			下限	上限	零阶	偏	部分	容差	VIF
6	（常量）	0.735	0.165		4.450	0.000	0.411	1.059					
	角色明晰	0.170	0.038	0.184	4.480	0.000	0.096	0.245	0.428	0.169	0.144	0.614	1.629
	企业激励	0.158	0.035	0.178	4.555	0.000	0.090	0.226	0.404	0.171	0.147	0.681	1.468
	工作自主性	0.119	0.038	0.125	3.095	0.002	0.043	0.194	0.390	0.117	0.100	0.632	1.581
	思路引导	0.116	0.036	0.135	3.229	0.001	0.045	0.186	0.414	0.122	0.104	0.592	1.690
	任务挑战性	0.071	0.031	0.080	2.296	0.022	0.010	0.132	0.248	0.087	0.074	0.864	1.158
	同伴支持	0.063	0.028	0.076	2.279	0.023	0.009	0.118	0.192	0.087	0.073	0.940	1.063

注：* 因变量：留任意愿。

2. 讨论

现代学徒制运行呈现多样性特征，学徒工资、指导过程以及各类标准性文件的制定和执行，在不同试点单位间存在较大差异；在试点中，超过六成的学生会以"个人兴趣"作为选择参加现代学徒制的考虑因素，而学徒在参与现代学徒制的好处中最重视的是未来就业，"企业培训面太窄"被视为最大不足。动机的满足影响个人参与的兴趣，具体到现代学徒制，能够在学徒期满后找到一份合适的工作会增加学徒对现代学徒制的兴趣，从而提高其参与积极性。但从调查数据来看，并不是每个学徒都愿意留下来，而影响学徒留下来的因素也并不仅限于访谈中所提到的个人原因（如家里住得远）。将企业培训过程三层面纳入回归分析，发现"角色明晰""企业激励""工作自主性""思路引导""任务挑战性"及"同伴支持"6 个变量对留任意愿的预测力分别为 18.3%、5.6%、2.5%、1.3%、0.7%、0.5%，共同对留任意愿的联合解释范围（R^2）为 29.0%。因此可以看出，学徒在培训中工作意义越明确、企业对学徒激励愈多，学徒留在企业意愿越强。依上述研究结果，可以认为，企业要想让学徒在学徒期结束后继续留在企业，不仅需要从企业激励角度，通过明确的标准对学徒进行考核、举办学徒技能比赛以及定期记录培训情况，还需要在培训过程中让学徒有机会了解生产的全过程，"明白自己工作的价值和意义"。同时，在工作自主性上，允许学徒在完成工作任务过程中可以有自己的想法，甚至是决定工作任务进程。此外，学徒在独立完成任务过程中，企业师傅能够给予适时反馈和支持，以及融洽的同事关系都会对学徒的留任意愿产生重要影响。

由此可见，企业培训过程中的具体安排与学徒留任意愿密切相关，如果将其视为影响学徒留任意愿的内在因素的话，那么下面几点则应该归为外在因素。第一，外在升学对学徒留任的影响。学徒制不仅仅是学习如何做一项特定工作的手段，它通常还涉及工作世界的更广泛方面，例如，体现在企业雇主和学徒之间预期的相互义务感，体现在雇主和学徒与他们所在地区之间的义务感。[1] 这种相互义务的传统在这里虽有所体现，但并不十分明显。学徒培训过程中，企业、师傅、学徒以及职业院校之间存在不同的目的和追求，培训并没有培养参与者对获得实质性技能、职业知识和工作习惯的所有承诺。事实上，父母、年轻人自己及他们的老师更倾向于以学位教育为目标的黄金标准。与此同时，一些矛盾的信号向年轻人发出，不同的进入劳动力市场的路径相对来说是可取的，而学徒则努力寻找第二好的选择。这就是为什么有学徒转向升学而不是留在企业。

"……回学校专升本，想在学历上再提高一点。他们几个男生都有想过要升上去。就是复习一下，考个试而已，又不会有什么损失。家里也鼓励升本。升本后可做的事很多，我们设计是一个大方向，可以做工业设计。"（AP - FF21）

第二，学徒离任问题也从另一侧面说明，学徒在完成培训前放弃学徒制的成本较低。企业为学徒提供工作和培训，使他们在培训结束后成为熟练工人。这种关系的一个特点是，培训是由公司和工人共同资助的，因为学徒的工资比其他员工低，作为交换，他们接受来自雇主的一般和具体的培训。学徒们通过获得晋升到熟练工人，以及在学徒期结束时获得认证资格或文凭来弥补他们的工资损失，在市场上的资格价值越高，放弃的成本就越高，这些都是阻止学徒在完成培训前放弃的成本。[2] 但从目前调查反馈信息来看，学徒在市场上的资格价值远没有想

---

[1] Snell, K. D. M. The Apprenticeship System in British History: The Fragmentation of A Cultural Institution. *History of Education*, 1996, 25 (4): 303 - 321.

[2] Brunello, G. and Maria, D. P. *Market Failures and the Under - Provision of Training*. Munich: CESifo, 2004: 29.

象中的高。这或是我国现代学徒制成功构建过程中，需着力解决的关键点。

第三节 本章小结

本章中有关现代学徒制实施现状的调查主要区分两个层面：中观层面的合作行动者（学校和企业）和微观层面的学徒。对于前者主要通过访谈方式对现代学徒制实施过程中不同行动者的参与动机、目的和过程等信息内容进行搜集；对于后者主要采用问卷调查的方式对学徒参与动机、目的和接受培训的过程等内容进行考察，并借助相关软件对回收数据进行回归分析，挖掘出影响现代学徒制实施效应的关键因素。以下将围绕这两个层面的调查结果进行呈现。

第一，在合作执行机构及其行动者层面。企业和试点院校构成了现代学徒制试点中具体运行层面制度设计的主要参与者，但既存制度只为行动者之间的合作提供了一个大致合作情境和方向，而彼此间的合作必须在日常实践中面对偶发的、意想不到的事件重新定义和语境化。也就是说，在宏观层面和外部层面，制度安排所设定的框架并没有直接决定行为，而是在企业（企业师傅）和职业院校（学校导师）之间创造了一种共享的手段和重叠的任务。在这一背景下，试点中，中观层面学校和企业直接合作取得了一些进展，并形成了一些实践经验。通过调查发现：相互依存的共同目标是校企联合育人的前提；缓解人才短缺是企业参与现代学徒制的主要动力；追求短期内技能形成是企业参与现代学徒制的主要目的；学徒流失是企业参与过程中面临的主要挑战；现代学徒制的实施带来双方经费支出的增加；现代学徒制实施过程协调乏力。当然，对中观层面的讨论虽为我们揭示了校企直接合作中的一些状况，但并不能反映学徒培训过程中的细微问题，而这些问题还是应让学徒自己来回答。

第二，学徒层面。从学徒反馈信息来看：（1）现行制度框架下，现代学徒制运行呈现出多样性特征，例如，学徒工资具体数额目前并无统一定论，造成学徒工资数量上存在明显差异性；试点中，绝大部分单位承诺对企业师傅人员进行遴选，并制定了相应的选拔标准，如从业年限、技术职称以及学历等对师傅的选拔条件进行了硬性的规定，但对于师傅是否有指导学徒的能力并没有明确要求；对学徒培训质量控制至关重要的考核标准的制定，不同试点单位表现不一。（2）在试点中，超过六成的学生会以"个人兴趣"作为选择参加现代学徒制的考虑因素，而学徒在参与现代学徒制的好处中最重视的是未来就业，"企业培训面太窄"被视为最大不足。（3）回归分析发现，"师傅指导"对学徒"技能提升"的预测力最强，其次为"工作氛围"，再次为"培训任务安排"；再进一步，师傅指导过程中，对学徒学习过程的积极支持和及时反馈，在所有测量维度中对学徒技能提升最大（"$Y_{技能提升} = 0.858 + X_{过程支持和反馈} \times 0.167 + X_{同伴支持} \times 0.150 + X_{角色明晰} \times 0.125 + X_{明确重点} \times 0.105 + X_{任务多样性} \times 0.069 + X_{企业监督和控制程度} \times 0.052 + X_{企业激励} \times 0.050 + X_{理由说明} \times 0.063$"）；（4）从调查数据来看，并不是每个学徒都愿意留下来，而影响学徒留下来的因素也并不仅限于访谈中所提到的个人原因（如家里住得远），学徒在培训中工作意义越明确、企业对学徒激励愈多，学徒留在企业意愿越强（$Y_{留任意愿} = 0.735 + X_{角色明晰} \times 0.170 + X_{企业激励} \times 0.158 + X_{工作自主性} \times 0.119 + X_{思路引导} \times 0.116 + X_{任务挑战性} \times 0.071 + X_{同伴支持} \times 0.063$）。其中，角色明晰，在"培训过程中有机会了解企业生产整个过程，明白自己工作的价值和意义"在观测指标中对学徒留任意愿影响最大。

  本章中，我们没有讨论在当前中国情境下具体行业在多大程度上适合或不适合在工作生活开始时进行较长时间的学徒式的技能培训。相反，我们试图解决另一个不同的问题，即技能获取和青年过渡的学徒模式是否提供了一种独特的成长方式。在这里，我们可以有益地思考，学徒制的未来潜力是否在于学徒制模式所包含的制度支持。在这种模式下，年轻人、家长、监护人、企业、政府和社会大众都认识到学徒制的好处，它不仅是学习如何做某项工作的一种手段，也是一种向年轻人投资的手段，并提供一种相对受保护和管理的从学校到工作单位和成年的过渡。上述对现代学徒制试点实践的审视似乎表明，在今天发展现代学徒制需要的不仅仅是对技能培训所带来的经济效益的期望，我们需要重新考虑学徒制度的社会化方面，以及政府、企业和职业院校在帮助年轻人有效过渡到工作方面更广泛的社会义务。

第五章

现代学徒制的制度构建：现实困境、国际经验及实现路径

在理性主义传统中，一项制度之所以存在或被选择，往往是因为它被预期能符合设计者的利益，同时，个体能够以可预测的方式对激励和约束做出反应。但从理性选择的一般模型来看，制度设计的行动者对他人利益的关注程度往往令人怀疑，因而有理由认为在制度的预期效应和实际效应之间存在分歧。从当前实践来看，现代学徒制本体制度设计所预期的特定特征并未完全带来特定的后果，目标（设计）与结果（运作）之间的距离使当前现代学徒制的制度构建面临着一种既要"意识"参与又要避免"意图"对抗"结果"的困难。不过，即便如此，从国际发展经验来看，这样的困难又是可以通过相应制度的完善进行化解的，问题的关键就在于制度优化的路径该如何选择。由是，本章的主要任务有三个：一是在现状调查的基础上，厘清我国现代学徒制本体制度构建的现实困境；二是国际现代学徒制的制度构建能带来什么样的启示；三是根据数据分析的结果，结合国际发展经验，确定现代学徒制制度构建的路径。

第一节 现代学徒制制度构建的现实困境

制度是影响个人行为的结构性制约因素，只要存在制度，个体行为与个体之

间的互动就不会是随机的,而会体现出特定的模式和预测可能性。[①] 现代学徒制将传统学徒培训与现代学校教育相结合,是一种"合作教育制度",在促进就业过渡、反映劳动力市场技能需求,以及稳定参与主体间相互关系和互动方面理应发挥积极调节作用。[②] 然而,从目前实践来看,要做到这一点确实存在一定的难度。

一、对现代学徒制的制度性特征认知不明

试点中,现代学徒制"作为职业教育人才培养的一种模式选择",被认为是将传统学徒制与现代职业教育相结合的一种"新型人才培养模式"。[③] 该模式以校企合作为基础,以学生(学徒)的培养为核心,以课程为纽带,以学校、企业的深度参与和教师、师傅的深入指导为支撑。[④] 该模式的实施不仅有利于学生隐性能力的培养,而且对于高职院校学生综合素质的增强与技术水平的提升有着至关重要的作用。[⑤] 因此,有人提出从培养目标、课程建构、教学环节及评价机制等方面,对中国特色"现代学徒制人才培养模式"进行构建。[⑥] 可见,当前试点中的现代学徒制正作为一种"人才培养模式"被广泛试用,"模式观"为越来越多的人所接受,而且在实践中这种认识似乎已到了约定俗成的地步。那么,我国试点中的现代学徒制是否是一种"模式"?而所谓"模式"是指"事物、现象或过程的特殊规范形式(样式或图式)",是对同类事物某些共同特征的抽象和概括,任何形式的模式都是在既存的约束条件下,通过程式化的手段而产生的"一种格式或格局",而在这个格局中,各因素之间的联系要遵循一定的程式和步骤,从而对于同类事物而言,模式就是其内在的规范和标准。[⑦] 因此,"模式"一方面是对个别事物众多具体特征的舍弃,另一方面又是对同类事物共同特征的某种

---

① [韩]河连燮:《制度分析:理论与争议》,李秀峰、柴宝勇译,中国人民大学出版社2014年版,第9、47页。

② Fuller, A. and Unwin, L. Creating a "Modern Apprenticeship": A Critique of the UK's Multi-sector, Social Inclusion Approach. *Journal of Education and Work*, 2003, 16 (1): 5–25.

③ 祝士明、郭妍妍:《现代学徒制背景下的人才培养优势与途径》,载于《中国高校科技》2016年第10期,第60~62页。

④ 施学良:《高职院校"大规模定制"人才培养模式的设计与实施》,载于《现代教育管理》2015年第9期,第12~17页。

⑤ 陈冬梅:《高职院校现代学徒制人才培养模式研究》,载于《教育理论与实践》2015年第30期,第31~32页。

⑥ 王洪斌、鲁婉玉:《"现代学徒制"——我国高职人才培养的新出路》,载于《现代教育管理》2010年第11期,第83~85页。

⑦ 萧斌:《制度论》,中国政法大学出版社1989年版,第115~117页。

抽象和概括，在功能上具有典范意义。鉴于此，在现代学徒制实验性的试点活动中，人们通过对所积累的经验的分析、综合及归纳之后，建立起一种模式作为其实际行动的指南不仅无可厚非，而且还可以在实践中通过与其他模式的比较更为深刻地认识现代学徒制发展的规律。从这一点来说，把现代学徒制视为一种人才培养模式的观点有其存在的价值。

但在现实中，也有观点认为，现代学徒制是"现代职业教育制度的重要组成部分"，是一种"将传统学徒培训与现代学校教育相结合的合作教育制度"，当前现代学徒制的建设应强调其自身制度性特征的明确。[①] 在社会学辞典里，制度被视为社会规范的一种形式，是一种由一系列相互关系的社会角色所组成的社会结构，其生发的目的在于通过适当的规范、价值、地位等的建构追求某种社会或个人的目的、目标。[②] 由此，"制度观"视角下的现代学徒制反映的是人与人之间关系的社会规范，规范性是其重要特征之一。所以，单就规范性特征而言，"制度观"与"模式观"之间存在着相似之处，因为两者都强调某种规范性的存在。但这绝不是说两者之间可以完全等同，毕竟制度与模式之间还是有差别的。制度强调的是社会层面的规范形式，突出规范的整体性、一般性；而模式是"特殊的规范形式"，既不是事物的个别形式，也不是事物的一般形式，而是同类事物共同特征的抽象和概括，处于个别与一般之间的中间形式，在一定范围内既反映集体事物的共性，但又在相对更大的整体范围内，表现出相对的特殊性、中间性。因此，现代学徒制"模式观"强调的是对现代学徒制局部共性特征的概括和变现，是一种中观层面的经验总结和内在的规范；而现代学徒制"制度观"侧重于社会层面的整体性、一般性的规范，强调的是对校企联合育人活动中人们之间的社会关系及行为进行的规范及调节。由此，如果单就规范性维度来判断，现代学徒制既可以是中观层面的人才培养模式，也可以是宏观层面的教育制度。但正如前文所述，现代学徒制对提升劳动力就业、实现社会公平等具有重要的战略意义，如果仅从人才培养"模式"角度过多地强调现代学徒制的功能，而不从更大的社会制度视角进行整体把握，那么现代学徒制建设的现实意义必然大受影响，中国特色现代学徒制度的形成也可能变得遥遥无期。

二、重视规则设计但系统性不足

不可否认，制度具有强制社会成员为增进整体利益而进行交换与协作的作

[①] 赵志群、陈俊兰：《现代学徒制建设——现代职业教育制度的重要补充》，载于《北京社会科学》2014年第1期，第28~32页。

[②] 蔡文辉、李绍嵘：《简明英汉社会学辞典》，中国人民大学出版社2002年版，第100页。

用，进而法律、规定、契约等规则的制定在制度构建过程中成为关注的焦点。对于试点中的现代学徒制而言，正式制约因素，即正式规则的存在与否，直接影响其对校企合作育人互动行为的制约效果。试点实践中，参与试点的职业院校和企业组织积累了诸多经验，而其中有很多经验对推进现代学徒制的发展大有裨益。这些经验被逐步编纂成文本，并不同程度地上升为组织内部的规章制度，在其内部实施运行。就目前政府部门所公布的各地试点成果来看，这些带有地方特色的制度规则并不在少数。例如，很多试点院校与相应的企业之间为了促进彼此合作，经由双方共同协商制订并签署了满足双方需要的《校企合作协议》。同时，为了更好地衔接两者之间的合作，职业院校以及企业内部大多设有专门的管理部门并不同程度地出台了相应的管理规则。更为重要的是，很多试点运行现代学徒制的企业，在其内部专门制定了师傅带徒弟的相应规则，并通过诸如《师徒协议书》的签订对师徒双方的行为进行约定。当然，这些规则是伴随着试点经验而出现的，在群体内部以正式的方式发挥作用，并依靠组织自身的力量实施运行。理想状态下，这种通过组织内在力量对违规行为进行裁定和惩罚的方式，即便不通过公立法庭来执行，也应该能以一种正式化的方式维护内在规则的运行，进而在组织内部对学徒培养行为形成一种内在的规约。这样的规约往往被乐观地认为比外加的、依靠政府执行的法律更为有效，其基本假设就在于，组织内部的正式执行是由熟知特定时间、特定地点和该组织内部情况的人来承担的，而外部裁判者往往可能一知半解，进而极有可能在其裁决过程中引发不必要的意外结果。[①] 然而，实然状态下，在校企联合育人行为的互动领域中，上述制度规则对政府、企业以及学徒（职业院校学生）等不同组织和个体的参与行为并不能进行有效调节。

实践中，作为复合行动者，机构目标和价值观或意识形态之间的相似性是企业和职业院校协调的必要条件。但不同的参与主体，其参与动机不尽相同，如企业和政府对现代学徒制的期许就不完全一致。事实上，即使在复合行动者之间具有相同目标的情况下，不同机构对于目标选择的先后次序也可能存在很大差别。试点中典型的例子就是在专业教学标准和课程体系开发中如何衔接和协调企业与学校之间的不同需要，是优先发展适合企业内部劳动力市场需要的技能，还是优先培养满足劳动力市场自由流动需要的通用技能？显然，尽管内在制度规则在很多情况下可能有效，能够引导成员的行为，但现代学徒制横跨产业、教育、人力资源管理等多个领域，其参与主体极其复杂，不仅涉及单个组织内部个体之间的

[①] [德]柯武刚、史漫飞：《制度经济学：社会秩序与公共政策》，韩朝华译，商务印书馆2000年版，第126页。

彼此关系，还关乎不同组织之间的相互关联性。在这样一个复杂的背景之下，单一层面内在规则设计所依赖的正式与非正式惩罚对机会主义行为的防止是有限的，对不同组织之间的有序互动无法形成有效的规约。在现实中，内在规则要想有效就必须得到"协调"，只有当各式各样的制度规则之间形成一个恰当的、和谐的整体时，它们才能抑制"侵损可预见性和信心的任意性机会主义行为"①。所以，我国现代学徒制的制度构建，除了强调不同层面内在规则的设计之外，还应突出支持内在规则运行的外在制度设计。

当然，依据内容和目标的不同，外在制度可以是旨在通过普适的禁令性规则对参与者的行为进行约束的外在行为规则；也可以是具有特殊目的的指令，主要针对具体目的或后果指示相关主体以造成预定的后果；还可以是程序性规则或元规则，这类制度倾向于以保持规则体系的内在协调为目标，其中程序性规则在使外在规则有效上具有极其重要的作用。② 在试点实践中，职校生往往通过学徒协议的签订来强化自身的学徒身份，但学徒协议的签订并不是盲目的，对缔约当事人所能做的事必须有具体的条例或细则进行明确的约定。否则，雇主与学徒之间由此而建立的关系就失去了应有的边界，甚至发生转向，学徒制发展史中，学徒沦为廉价劳动力的案例不胜枚举。因而，现代学徒制度的系统设计首先需要区域政府部门针对现代学徒制发展过程中特定的目的和目标设计出符合需要的行政规章，以期能够为诸如学徒协议的缔约提供适合的界域，如对学徒培训时长、工作时间及享受待遇等做出规定。其次，现代学徒制外在制度体系中还应强调国家层面制度的设置。因为，在现代学徒制的实践中，个体与组织以及组织与组织之间合作关系的确立往往超出区域政府条例限制的范畴，甚至还可能与政府行政规章之间出现矛盾，此时更高层次规定性制度的存在就显得尤为必要。此外，还应认识到，任何外在规则的形成都不是孤立的，其具体内容的形成一方面受其他制度的影响，另一方面又要对既存内在规则进行适当的关照。因而，现代学徒制的外在制度设计中还需要解决什么样的规则能够被采纳以及如何被采纳的问题。综上可见，现代学徒制的制度构建并不只是一味地"有意"设计就能解决的，在重视规则设计的同时还需要系统考虑制度规则之间的关联性，而这也正是当前制度构建中所欠缺的。

---

① ［德］柯武刚、史漫飞：《制度经济学：社会秩序与公共政策》，韩朝华译，商务印书馆2000年版，第164页。
② ［德］柯武刚、史漫飞：《制度经济学：社会秩序与公共政策》，韩朝华译，商务印书馆2000年版，第130~131页。

三、需要多方参与但缺乏共同行动的逻辑

正如前文所一直强调的那样,现代学徒制度的有效运行涉及多个主体,需要多方积极参与,因而不同主体间共同行动的协调备受关注。从当前制度运行的实践来看,这一问题的解决似乎突出强调三方协议的签订。通过该协议,学徒和企业主共同承诺培训期间的责任与义务:对于学徒而言,必须按要求完成培训并承诺到培训企业就业;对于企业而言,需按协议要求为学徒提供培训并承诺提供一定金额的费用。当然,如果协议有效,每一方都应该并必须遵守契约的条款。然而,相比较而言,在现有的制度安排下,试点中契约完成的压力要小很多。第一,协议内容缺失,影响双方承诺关系达成。协议中双方并未承诺固定的就业期限,在学徒工资方面也没有明确,通常只是以"补贴""助学金"及"奖学金"字样出现在协议中。而就业期限以及工资水平等相关约定的缺失,让企业主看不到收回成本的希望,企业不可能长期参与到学徒的教育中。从调查反馈来看,目前企业之所以还能够参与,一方面是与学校长期合作中形成的情感积淀,另一方面是地方财政和学校提供的经费支持,尤其是后者的影响更大。一旦失去经费支持,企业对学徒的培训承诺便不可能兑现,这也是目前现代学徒制以项目式运行的最大隐患。第二,更为重要的是,试点中没有相应的法律,以及专门的组织和机构来执行这些制度,根本无法阻止企业和学徒的违约行为,这一点可以从访谈和问卷调查的反馈中得到佐证。事实上,在没有外力支撑下,双方共同承诺达成的唯一解释就是出于双方的自愿,而企业自愿与学校合作通常被视为是利他主义的行为,即回馈当地区域。尽管这种精神推动了许多活动,但它也掩盖了一个更深层次、更有力的商业理由,即与相关的学校进行系统性接触的底线目标:招聘、员工发展及企业声誉等。前文中的文本信息已告诉我们,抛开企业追逐学徒补贴的不当行为,企业的"自愿"主要来自人才短缺的压力。而这样的压力对于维护进入熟练职业的认证要求存在隐患。因为,熟练工人的长期短缺会导致企业主们采取一种常见的做法,即通过升级技术欠熟练的工人来填补熟练的工作岗位。而企业主一旦在年轻人中采取这样的策略,往往会破坏契约承诺的执行,不可能真正投入到学徒的教育中。再从学徒角度看,学徒的"自愿"来自学徒教育的社会认可度。也就是说,学徒未来的社会地位越高,学徒制的吸引力越大。但试点中升学考试的吸引力似乎已言明,高学历带来的潜在社会声誉明显要高于现代学徒制,再加之企业培训过程中各种不利因素的影响,不愿按协议履行留任承诺的学徒不在少数。

在正式学徒制度中,学徒和企业之间需要存在一个长期的合同保证,一方

面，企业给学徒提供高质量的培训；另一方面，作为交换，学徒工必须能够在一段时期内始终就职于该企业，即从企业最初投资培训的"高成本阶段"一直到"学徒工的劳动贡献和生产能力超过其工资所得的阶段"，否则，企业将会想方设法在培训上走捷径，将学徒作为廉价劳动力来使用。[1] 在国际经验中，各种各样的机制有助于确保学徒们完成他们的契约。例如，德国的雇主协会和工会在企业和学徒进入熟练工作岗位培训之前，会要求他们签订正式的合同，合同内容不仅具有法律约束力，而且受到组织监督。事实上，即使是在无明显成文规定约束的情况下，长期惯例的存在也可以提供一种类似于法律效应的准合法性，推动契约的履行，如英国。相比较而言，当前我国现代学徒制制度构建所面临的关键挑战除了内在规则规制性乏力之外，学徒和企业之间维系共同行动愿景的可信承诺关系并不显著。这也从另一侧面说明，试点制度创立后，它们也并非就能得到普遍的支持或者直接的"认可接受"，否则，企业和学徒应该严格按照协议内容履行承诺。因而，制度发展是"一场行动者之间的斗争，目的在于使所设立的规则能够促成那些对自己最为有利的均衡"[2]。就目前而言，企业和政府之间、企业和个人之间，以及企业和职业院校之间的利害关系及目标，非但没有因为三方协议的签订以及现有制度的安排而得到充分协调，更有可能的是它们依然是冲突斗争的焦点，行动者对现代学徒制度应采取的形式及其应发挥的功能等问题仍然有自己的判断，对现代学徒制的参与行为保留了自己的行为偏好。当然，这些问题的协调和解决已不单是任何中观和微观层面的努力所能及，应上升或成为国家层面的重要政策课题。

综上所述，虽然内在规则对人们的行为具有支配与调节功能，但内在规则只是制度的一个组成部分而已，遵守这种制度可能只是人们做出的很多可能的反应之一，而且仅靠内在规则能够达到的预期效果可能是有限的。只有把外在支持性规则纳入制度范畴，才能有效地减少机会主义的行为，从而降低监督与强制所需的成本。[3] 所以，现代学徒制发展过程中，其制度要素不应完全是内在规则，还应存在外在约束的维度。但是，与强调内在规则的约束机制不同，外在支持性制度的设计还强调"一种内化了的社会压力"，是一种对个体或组织具有约束力的

---

[1] Thelen, K. *How Institutions Evolve*：*The Political Economy of Skills in Germany*，*Britain*，*the United States*，*and Japan*. New York：Cambridge University，2004：18.

[2] Thelen, K. *How Institutions Evolve*：*The Political Economy of Skills in Germany*，*Britain*，*the United States*，*and Japan*. New York：Cambridge University，2004：32.

[3] Vandenberg, Paul. North's Institution and the Prospect of Combining Theoretical Approaches. *Cambridge Journal of Economics*，2002（2）：217-235.

"社会期望"。[①] 在认识论观点看来,一项制度只有在由于一个规范性体系而使某种事物被理解为带有"应当是这样"的印记时才能生效。[②] 由此,我国现代学徒制度的成功构建首先需要厘清前进的路向问题。当然,共处同一时代背景下的国际经验或许能为我们提供一些有益的参考。

第二节 现代学徒制制度构建的国际比较

在西方社会,中世纪行会学徒制在资本和竞争的影响下逐步走向衰败,但工业化以及后工业社会的来临,使学徒制重新引起人们的重视,现代学徒制已被越来越多的事实证明为一种对个人、企业和社会发展大有裨益的制度安排。然而,尽管现代学徒制对年轻人和雇主有明显的好处,但许多国家在扩大这些机会方面仍面临许多障碍,进而政策和规章制度的制定以及立法成为各国选择的主要策略。那么,面对经济社会不断变化和发展给学徒和学徒制带来的挑战,西方国家有什么样的举措,并在制度层面进行了怎样的安排?为此,本节选取了四个典型案例国家,通过对制度选择的概要性梳理,尝试性地归纳出有益于现代学徒制度构建的应对手段,以期为我国现代学徒制的制度构建提供参考。

一、案例国家选择的说明

现代学徒制在西方国家的制度演进经历了漫长的阶段,并最终以多样的形式存在于不同国家的教育和劳动力市场系统中,也因如此,往往会在观察人士试图进行国际比较时造成不清晰,有时甚至是混乱。[③] 以类型学理论为参照,对现代学徒制体系进行结构化分类,并借鉴比较职业教育的研究方法,或是解决这一问题的一种途径。关于现代学徒制类型比较的国际文献为此方法的应用提供了广泛的视角。2010 年经济合作与发展组织(OECD)用学徒制与普通教育相比较,根据学徒制完成人数的占比率(take-up rates),将成员国区分为"学徒制国家"

[①] 柯政:《规范性制度对新课程政策实施的影响及其政策意义》,载于《北京大学教育评论》2010 年第 1 期,第 101~113 页。

[②] [英]尼尔·麦考密克、奥塔·魏因贝格尔:《制度法论》,周叶谦译,中国政法大学出版社 1994 年版,第 48 页。

[③] Greinert, W. D. European vocational training systems: the theoretical context of historical development. In W. D. Greinert and G. Hanf (eds.). *Towards A History of Vocational Education and Training (vet) in Europe in A Comparative Perspective*. Luxembourg: Office for Official Publications of the European Communities, 2002: 17-27.

（超过50%的年轻人完成学徒制）、"混合途径国家"（在20%~50%之间完成学徒制）、"校本职业国家"（超过50%的学生接受职业培训，但只有20%或更少的学生完成学徒制）和"普通教育国家"（超过50%的学生通过普通教育接受职业教育和培训）。① 该方法将有关参与率的资料列入有关数量的数据中，突出了集中职业教育方案的相对重要性，但这种方法只着重于过渡手段的考量，并没有对现代学徒制的国别比较作正面说明。斯蒂德曼（Steedman，2012）为国际劳工组织设计了进一步的方法，并使用了9个标准来区分传统学徒制、学徒制、实习制、非正式学徒制和工作场所学习，这些标准包括：工资、立法框架、正式评估、认证和培训时间等。② 这种方法非常有助于描述和分类世界各地现代学徒制实践方法，但目前尚不清楚为什么选择了某些标准，也没有对这些标准中明显存在的不同维度或不同抽象层次做出解释。③

事实上，现代学徒制作为规范培训的一种制度安排，涉及雇主和受训人员之间的一系列相互权利和义务：雇主同意教授（或被要求教授）一系列技能；作为回报，学徒同意以较低的培训工资工作较长一段时间，但培训工资通常按年增加，直至学徒期结束。在雇主和学徒之间通常有一份合同，可以是法律契约、正式协议或非正式谅解。但这样的组织培训可能存在不同的方法。第一，培训可以通过市场机制来协调，换句话说，市场供求关系可能决定培训决策，例如决定成为培训生或接纳培训生。在一个由市场机制协调的制度中，工人（包括受训人员和训练有素的人员）将在外部劳动力市场内流动。第二，培训可以通过行政机制在公司或组织内进行协调。换句话说，培训的数量和种类是根据公司内部劳动力市场的行政标准和需要决定的。此种模式下，外部价格信号并不那么重要，外部流动性也将逐渐减弱。第三，培训可以协调，主要由国家资助，并在学校和教育机构内部提供。在这种情况下，培训可能具有更一般的性质，通常需要以工作经验作为补充。这一简单的三重类型学可以得到进一步的阐述和发展。首先，可能包括其他较不常见的培训方法，例如家庭内部的世袭培训，许多小型企业都用这种方法；以及公司间的安排，即一组公司联合起来提供培训。其次，在三个主要类别中，每一个类别还可以做进一步的区分。在传统的自由市场意义上，一些技能培养市场可能在很大程度上是非组织性和竞争性的，其他的可能更有组织性和规范性，传统学徒制显然属于后一种。而现代意义上的企业内部劳动力市场也有

---

① OECD. *From Initial Education to Working Life - Making Transitions Work*. Paris：OECD Publishing，2000：31-32.
② Steedman, H. *Overview of Apprenticeship Systems and Issues*. Geneva：ILO，2012：3.
③ Pilz, M. Typologies in Comparative Vocational Education：Existing Models and a New Approach. *Vocations and Learning*，2016，9（3）：295-314.

所不同，一些企业可能拥有"行业"（industrial）内部劳动力市场，有高度明确的工作岗位，并通过正式规则对员工地位和获得培训机会的资历等进行规定；还有一些企业可能拥有"带薪"（salaried）内部劳动力市场，有更灵活的工作模式和更少的规则约束。[1] 最后，国家参与培训的程度也可能不同，一方面，它可能基本上是辅助和支持以市场或公司为基础的培训安排；另一方面，它可能是高度干涉主义者，并提供大部分资金。

当然，以上每一种形式都是一种理想的类型，在现实世界中，面对资本主义的多样性，完全一致的形式安排很难被观察到。即便如此，霍尔（Peter Hall）与索斯凯斯（David Soskice）将资本主义国家广义地概括为"自由性市场经济"和"协调性市场经济"的区分方法，还是为案例国家的选择提供了重要思路。自由市场经济中的企业一般依靠层级制和竞争性市场配置来解决它们的协调问题；相对而言，协调性市场经济中的企业通常依靠协作关系、关系性契约或不完全契约等非市场的协调模式。[2] 两者之间被提及最多的一点是后者更有利于支持企业采取场内培训的技能形成方式，德国属于这类国家，而英国和美国则属于自由市场经济国家。因此，现代学徒制国别比较首先涉及英国、德国、美国。此外，澳大利亚现代意义上的学徒制和培训制度的发展深受英国传统契约培训制度的影响，与联合王国渊源较深，但两者在现代学徒制发展路径的选择上并不完全一致，因此澳大利亚也在比较之列。还需要强调的是，德国之所以被包括进来，还因为它与被称为"双元制"的学徒制模式密切相关，之所以这样命名，是因为学习既发生在工作场所，也发生在职业学校。德国的双元制也许比其他任何制度都更受关注，部分原因是它涵盖了非常广泛的职业，并在20世纪工业化进程中为德国提供了熟练工人。因此，为了更好地澄清问题，有必要首先从德国开始，依次对德国、英国、美国、澳大利亚现代学徒制的制度构建现状做大致梳理。

二、德国现代学徒制的制度构建

德国现代学徒制与"双元制"密切相关，或可以称为"双元"学徒制。这种"双元制"源于中世纪的行会学徒制，但在过去一个多世纪里至少经历了两次

---

[1] Baldwin, S. E. and Osterman, P. Employment Futures: Reorganization, Dislocation, and Public Policy. *Administrative Science Quarterly*, 1989, 19 (9): 271-272.

[2] Hall, P. A. and Gingerich, D. W. An Introduction to Varieties of Capitalism. In P. A. Hall and D. W. Gingerich (eds.). *Varieties of Capitalism: The Institutional Foundations of Comparative Advantage*. New York: Oxford University, 2001: 8.

转型，以适应不断变化的经济和政治条件。① "二战"之后，德国保留了双元学徒制体系，直至今天。但"二战"后，统一的德意志国家一分为二，使德国学徒制的制度构建越发复杂。在德意志联邦共和国，也就是通常所说的西德，现代学徒制的方式主要是双元制模式。而且，令人惊讶的是，导致全日制职业学校扩展的教育政策的实际动机，以及20世纪60年代和70年代的批评教育运动，都没有成功地破坏双元制，也没有破坏雇主对以职业为基础的培训计划负责的原则。与1953年《手工业条例》一样，1969年的《职业教育法》——作为德国公司内部初始培训的主要立法工具，只管理工作场所的培训，并不干涉联邦各州对学校职业教育的责任。该法案保留了双元学徒制在历史上不断发展的特点，并使之现代化，将国家认可的职业与各自的培训法规、职业概况和培训期限结合起来。此外，法案还规定了管理学徒制的方式，即经常引用的、以社团主义思想为基础的三方社会伙伴计划。这意味着德国现代学徒制的规管框架由制度规则、委员会和工作小组组成，而且对每个利益相关者集团（尤其是各州、联邦政府、工会和雇主协会）的角色和代表人数有明确的规定。②

然而，正是由于双元制的中心作用，关于学徒制度是否需要改革的辩论相当有争议：一方面，一些人担心对名额的需求会下降，并批评双元制对优秀毕业生的吸引力不够，导致他们中太多的人流失到高等教育；另一方面，有人认为（尤其是在东德）有可能成为学徒的人过剩，而且双元制将越来越不能容纳所有申请者。③ 但自1990年东德（德意志民主共和国）和西德（德意志联邦共和国）重新统一之后，双元学徒制逐步转移到原属东德地区，并进行了一系列的改革，其中就包括进行大量的进一步培训工作（提升东德职业资格的质量）、建立监督学徒制培训的商会制度，以及改善工作环境（缩短工作时间和增加学徒工资）等。受其影响，学徒市场的压力也从需求方面（1990~1992年填补学徒空缺的年轻人不足）转移到供应方面（自1993年起学徒机会不足）。④ 早些年，有人担心，学徒制度可能不够有吸引力，无法在将来吸引足够数量的合格毕业生。但随着培训成本的上升和经济衰退，这种情况发生了戏剧性的变化。在年轻人对学徒制高

---

① Hamilton, S. F. and Lempert, W. The Impact of Apprenticeship on Youth: A Prospective Analysis. *Journal of Research on Adolescence*, 1996 (4): 427-455.

② Kuhlee, D. Federalism and corporatism: On the approaches of policy-making and governance in the dual apprenticeship system in Germany and their functioning today. *Research in Comparative and International Education*, 2015 (4): 476-492.

③ Franz, W. and Zimmermann, V. Das duale System der Berufsausbildung: Noch ein deutscher Standortvorteil? *Wirtschaftsdienst, Zeitschrift für Wirtschaftspolitik*, 1996 (8): 398-401.

④ Wagner, K. The German Apprenticeship System After Unification, https://www.econstor.eu/bitstream/10419/44085/1/246405449.pdf. 1998-01-03/2018-12-24.

需求的背景下，政策制定者更加关注如何保持学徒制对企业的吸引力。在进入 21 世纪以后，德国经常讨论征收培训税的问题，以此作为迫使私营企业提供更多培训场所的一种战略。2004 年 2 月，由社会民主党和绿党组成的执政联盟决定征收这种培训税。[1] 但雇主协会与基督教民主党，以及自由民主党，强烈反对征收培训税，他们担心国家会侵犯公司在学徒培训中享有的自主权；同时，就连长期以来，一直要求引入培训税的工会也没有全力支持这个项目。[2] 一些州政府和地方当局也不支持征税，因为他们的训练率落后于预期。[3] 面对政府联盟、工会和雇主协会的强烈反对，政府于 2004 年春季决定放弃《培训征款条例草案》，取而代之的是政府在工会不在场的情况下与雇主签订了一项"培训协议"。在这项于 2007 年续签的协议中，雇主同意每年新增 3 万个学徒名额，并在区域和地方各级采取类似措施加以补充。[4]

为调整职业教育与培训制度并试图解决其中存在的一些问题，2005 年德国修订了《职业教育法》。修订后的法案将赋予各州更大的权力，承认全日制校本培训项目是双元学徒制的替代方案，并确保这两条途径的平等。同时，它允许校本方案的毕业生能够参加商会举行的考试。这就为接受全日制校本培训和公司外培训的学生提供了机会，使他们能获得与双元学徒制学生相同的资格，或至少为他们在校本项目中取得的成就获得学分。[5] 但这种意图遭到雇主和工会的批评，利益相关者一致表示反对政府进一步参与双元学徒制度，并实施了"届满条款"（sunset clause）[6]，希望以此来平衡学徒市场名额，避免对该系统进行广泛改革。[7] 不过，伴随着德国职业教育的发展，在学徒制企业内部培训的设计和结构上也出现了一些新变化，其中就包括在职业概况和培训规章方面采取更灵活的做

---

[1] Feuchthofen, J. E. Mit der Planwirtschaft zum Ablasshandel. *Berufsbildung in Wissenschaft und Praxis*, 2004（4）：3-4.

[2] Busemeyer, M. R. Business As a Pivotal Actor in the Politics of Training Reform：Insights from the Case of Germany. *British Journal of Industrial Relations*, 2012（4）：690-713.

[3] Busemeyer, M. R. Die Sozialpartner und der Wandel in der Politik der beruflichen Bildung seit 1970. *Industrielle Beziehungen*, 2009（3）：273-294.

[4] Brüderle, R., Driftmann, H. H., Hundt, D., et al. *Nationaler Pakt für Ausbildung und Fachkräftenachwuchs in Deutschland 2010-2014*, https：//www.bmbf.de/files/ausbildungspakt_2010.pdf. 2010-10-26/2018-12-25.

[5] Bundestag, D. *Entwurf eines Gesetzes zur Reform der beruflichen Bildung*, http：//dip21.bundestag.de/dip21/btd/15/039/1503980.pdf. 2004-10-20/2018-12-25.

[6] Busemeyer, M. R. Business as a Pivotal Actor in the Politics of Training Reform：Insights from the Case of Germany. *British Journal of Industrial Relations*, 2012（4）：690-713.

[7] Greinert, W. D. *Erwerbsqualifizierung jenseits des Industrialismus：Zur Geschichte und Reform des deutschen Systems der Berufsbildung*. Frankfurt：Gesellschaft zur Förderung arbeitsorientierter Forschung und Bildung, 2012：288.

法，以便更好地满足个别企业的具体需要。德国的例子表明，利益攸关方的利益和利益联盟在现代学徒制构建过程中发挥重要作用，而且在不同的政策下，利益和利益联盟会随着时间的推移而发生变化。此外，双元制在东德的发展经验提醒我们，尽管德国双元学徒制被称为"黄金标准"（gold standard）①，但无论是涉及整个制度，还是涉及某些要素，或仅仅涉及某些关键方面，都远不是一个简单的复制过程。每个国家的"社会、文化和经济条件"决定了在这一过程中要使用的"方法和战略"。②而且许多年来，双元学徒制也在不断发展，甚至变得更加复杂，至于这些变化，德国以外的人往往知之甚少。因此，对于德国双元学徒制的借鉴还是应该强调一个允许更多变化和自我决定的适应过程。

三、英国现代学徒制的制度构建

与德国相比，英国学徒制的制度构建也可以追溯至中世纪的手工业行会，其第一个国家性的学徒制度是1563年的《工匠法》（Statute of Artificers），这一制度一直持续到1814年，在学徒制普及后被废除。然而，20世纪初，学徒制在那些实践技能很重要的行业和职业中仍然很受欢迎，并扩展到工程、造船、管道和电气等较新的行业；到了20世纪60年代中期，大约1/3的15~17岁的男孩离开学校，进入学徒制。哈里斯（Harris）将20世纪60年代中期视为英国学徒制的"高潮"。③但从这十年的最后几年开始，学徒人数开始缓慢下降，据英国劳动力调查的数据显示，就业的学徒人数从1979年的37万左右，下降至1992年的32万左右。④1993年政府宣布了一项称为"现代学徒制"的新学徒计划，并在随后的两年里陆续推出。在雇主和学徒之间达成书面协议的情况下，现代学徒可以算作雇员，并获得工资。现代学徒需要努力获得NVQ三级资格，相当于今天的A级水平。不久之后的1996年，开始实行"国家培训生制"（national traineeships），国家培训课程从二级开始，相当于普通中等教育证书（GCSEs）。这些课程的目的是"为那些还没有准备好进入三级课程的年轻人开辟一条通往学徒制

---

① Joachim, W. An Imperative to Adjust? Skills Formation in England and Germany. Germany：VS Verlag für Sozialwissenschaften，2011：83.

② Euler, D. Germany's Dual Vocational Training System. A Model for Other Countries? Germany：Bertelsmann Stiftung，2013：6.

③ Harris, M. Modern Apprenticeships：an assessment of the Government's flagship training programme. London：Institute of Directors，2003（8）：18-19.

④ House of Commons Library. Apprentices, https：//publications. parliament. uk/pa/cm199293/cmhansrd/1993-06-14/Writtens-6. html. 1993-06-14/2018-12-23.

的道路"①。到 1998 年底，英格兰和威尔士近 25 万人开始了现代学徒制，最受欢迎的行业是工商管理、工程和零售业，大多数雇主是小公司，很少有雇主的学徒超过 5 人。② 现代学徒制度随着"国家培训生制"的发展而不断发展，前者发展为"高级现代学徒制"，后者发展为"基础现代学徒制"。在 21 世纪初，国家框架被引入，对每个学徒阶段所需的最低标准进行界定。2004 年，高级现代学徒制被称为"高级学徒制"，而基础的现代学徒制被简单地称为"学徒制"[后来又被重新命名为"中级学徒制"（intermediate apprenticeships）]。与此同时，取消了 25 岁的最高年龄限制，并为没有准备进入全面学徒期的人提供学徒前培训，还为 14～16 岁仍在上学的学生提供"青年学徒制"（young apprenticeships）。2009 年《学徒制度、技能、儿童与学习法案》推出，并提出了一项义务，即为所有 16～19 岁、没有参加过且想要参加学徒制的合格年轻人提供学徒机会。该法案原定于 2013 年开始实施，但 2011 年的《教育法》（Education Act）取消了这一义务，并赋予了政府一项新的职责："做出合理的努力，确保雇主参与学徒训练。"③

随后几年中，英国学徒制的发展经历了一系列的改革，主要围绕两方面展开：一是提高质量；二是提升参与度。为了进一步提高学徒培训质量，2012 年 5 月发布了《学徒制质量声明》，对学徒制应该遵守的最低标准进行明确规定：①学徒期最少为 12 个月，一些年龄在 19 岁以上的学徒，如果能证明事先取得了某些相关资格，最短期限是 6 个月；②学徒第一年必须在"有指导的学习"中至少花费 280 小时，其中有 100 小时或 30% 的时间是在岗时间（以较大的比例为准），同时，必须为所进行的一切学习提供明确和可核查的证据；③学徒必须每周至少工作 30 小时，包括在工作场所以外的时间接受培训，如果学徒的个人情况或某一特定部门的就业性质使其无法在这些时间工作，则每周必须至少工作 16 小时，在这些例外情况下，学徒期的总期限也相应延长；④如果学徒没有这些或同等的资格，学徒制必须提供 2 级功能技能或英语和数学的培训；⑤政府引入了保障措施，旨在加强对学徒培训提供者和雇主的监督和报告程序，国家学徒服务处成立"咨询小组"，负责管理质量，直接向有关部长报告，并有权对不合格的培训提供者实施制裁；⑥学徒必须在学徒期开始前与雇主签订学徒协议，以

---

① House of Commons Library. *Higher Education Students*, https：//publications. parliament. uk/pa/cm199596/cmhansrd/vo960327/debtext/60327－21. htm#60327－21head0. 1996－03－29/2018－12－23.
② Office for National Statistics. *Labour Market Trends*：February 1999. UK：Palgrave Macmillan, 1999：80.
③ The National Archives. Education Act 2011, http：//www. legislation. gov. uk/ukpga/2011/21/notes. 2011－11－15/2018－12－24.

具体规定所遵循的框架以及学徒所从事的技能、行业或职业。① 学徒协议虽不是具有法律约束力的雇佣合同，但没有它，就不能颁发学徒结业证书。而为了确保学徒制的高质量，并提供英国经济所需要的技能，2015 年 12 月发布的《英国学徒制：2020 愿景》中提出，学徒制框架将被雇主设计的标准所取代。在提升学徒制参与度方面，除了 2011 年颁布的《教育法》中引入了"学徒制通道"（access to apprenticeships）外，后来又引入了"培训生制"（traineeships），以帮助目标群体（年轻人）成为学徒，并于 2015 年 2 月起，对接受 16～24 岁新生学徒的雇主进行补贴，拨款 1 500 英镑，鼓励小型企业雇用该年龄段的学徒。同年，《撤销管制法》颁布，简化了现有的学徒制度。法案规定：培训费用现在可以直接支付给雇主；技能基金首席执行官的法定职位被废除，相关权力移交给国务卿。② 在"2015 年女王演讲"（2015 Queen's Speech）中，政府更是设定了"到 2020 年新增 300 万学徒"的目标，并在 2016 年《福利改革与工作法案》中规定，政府有义务每年报告实现这一目标的进展情况。

2016 年以来，英国政府为推动学徒制的发展又有了新的举措。2016 年《企业法》对"学徒制"进行了进一步保护，赋予学徒制与学位同等的法律待遇。"学徒制"一词将受到法律保护，如果培训提供者滥用"学徒制"之名，《企业法》赋予了政府采取行动的权力。为此，2016 年 5 月，根据法案要求，成立了学徒制研究所。这是一个由教育部赞助、非部门级的行政公共机构，其成立的目的在于确保高质量的学徒制标准，并就每个标准的资金问题向政府提供咨询。根据 2017 年《技术及进修条例草案》（Technical and Further Education Bill）要求，研究所的研究范围于 2018 年 4 月起涵盖所有技术教育，并更名为"学徒和技术教育研究所"。而在 2017 年间，"学徒税"（apprenticeship levy）实施并于 4 月生效，所有英国年收入超过 300 万英镑的雇主需缴纳税费，征款金额是雇主工资单金额的 0.5% 减去每个财政年度 1.5 万英镑的学徒税津贴。征款会存入学徒服务账户，而该账户的款项须用于学徒训练及考核评价。自 2017 年 5 月起，支付学徒税的雇主可从新注册的"学徒培训提供者名册"（Register of Apprentice Training Providers）中选择一名提供者，符合提供学徒训练资格的机构必须列于名册内。此外，"学徒制框架"正逐步被淘汰，取而代之的是更新的"学徒制标准"，从

---

① National Apprenticeship Service. Statement on Apprenticeship Quality, https://webarchive.national archives.gov.uk/20141006185130/http://www.apprenticeships.org.uk/Partners/Policy/~/media/Documents/NAS-Apprenticeships-Quality-Statement-branded-May-29-2012.ashx.2012-05-31/2018-12-24.

② House of Commons Library. Bill Documents - Deregulation Act 2015, https://services.parliament.uk/bills/2014-15/deregulation/documents.html.2015-03-30/2018-12-24.

2020 年 8 月 1 日开始，学徒培训工作都将全面采用雇主设计的新标准。[①] 显然，英国现代学徒制随着国家经济的发展和社会趋势的变化，不断进行政策调整和积极的制度设计，其中不乏对英国现代学徒制发展影响较大的重要举措，具体如表 5-1 所示。

表 5-1　英国现代学徒制发展中的政策供给与制度安排

年份	重要举措	内容安排
1993	《现代学徒制》	雇主和学徒之间达成书面协议； 现代学徒可以算作雇员，并获得工资； 现代学徒需要努力获得 NVQ 三级资格
1996	《国家培训生制》	为那些还没有准备进入第三级方案的年轻人提供了一个进入学徒阶段的途径
2009	《学徒制度、技能、儿童与学习法案》	向所有 16~19 岁想参加但还没有学徒岗位的合格学生提供学徒机会
2010	《政府技能战略》	致力于提高学徒制标准
2011	《学徒制通道》	帮助 16~24 岁的年轻人，为成为学徒做好准备
2011	《教育法》	取代《学徒制、技能、儿童与学习法案 2009》，确保雇主参与学徒培训
2012	《16~24 岁新生学徒雇主补贴》	向没有雇佣过年轻学徒的小企业支付 1 500 英镑的补贴
2012	《学徒制质量声明》	规定学徒制的最低标准： 学徒期最少为 12 个月； 学徒必须至少经历 280 个小时的"有指导学习"

---

① Education and Skills Funding Agency. Information about the withdrawal of apprenticeship frameworks，https：//www.gov.uk/government/publications/removal-of-apprenticeship-frameworks#history. 2018-10-30/2018-12-24.

续表

年份	重要举措	内容安排
2012	《学徒制质量声明》	每周工作30小时； 提供2级水平英语和数学的培训； 在安全保护和质量问题方面成立"咨询小组"负责管理培训质量，直接向有关部长报告，并有权对不合格的培训提供者实施制裁； 签订学徒协议，明确规定所遵循的框架以及学徒所从事的技能、行业或职业； 无此协议，不得颁发学徒结业证书
	《英国学徒制理查德评论》	报告考察了学徒制如何满足经济需求、提供高质量的培训，以及如何最大限度地发挥政府对学徒制投资的影响
2013	《为学徒提供高阶学习贷款》	24岁以上、学习水平在3级及以上的学徒需支付培训费用，雇主承担了一半的培训成本，学徒可通过高级学习贷款负担其余成本
	《培训生制》	培训机构为年轻人提供教育、培训和工作经验，帮助他们获得学徒或其他工作； 2013年8月开始为24岁以下的人提供培训； "培训生制"适用于没有工作经验但可在6个月内准备就业或参加学徒制的人士； 培训为期6周至6个月
2015	《撤销管制法2015》	对现有学徒制度进行简化： 培训费用可直接支付给雇主（在此之前，资金主要支付给培训机构）； 技能基金首席执行官的法定职位被废除，相关权力移交给国务卿
	《英国学徒制：2020愿景》	雇主设计的标准取代原学徒制框架
2016	《企业法》	赋予学徒制与学位同等的法律待遇，"学徒制"一词将受到法律保护，禁止滥用
2017	《学徒税》	英国年收入超过300万英镑的雇主需缴纳税费
	《学徒训练提供者名册》	符合提供学徒训练资格的机构必须列于名册内

四、美国现代学徒制的制度构建

学徒制早在美国国家形成之前就已经存在，来自英国、德国和其他欧洲国家的工匠冒险来到新大陆，把师徒关系的哲学带到美国，而在1911年之前，美国的学徒制是在殖民地时期发展起来的。1911年，美国第一部学徒法在威斯康星州通过，为学徒和雇主提供了保障，并为1937年全国性的学徒法——《菲茨杰拉德法案》（Fitzgerald Act）铺平了道路。《菲茨杰拉德法案》的创立形塑了今天美国学徒制的主要形态，法案不仅规定了学徒的劳动标准和应享有的福利，还建立了学徒训练局，监督美国注册学徒制度。[1] 但与欧洲不同，《菲茨杰拉德法案》并没有为组织和资助学徒制建立起基本的政策框架，工会和私人雇主的角色也未得到充分的体现。[2] 但是，即使没有这种青年学徒制的历史基础，也有人试图让它发挥作用，从20世纪70年代开始，由于对不平等加剧的担忧以及日本和德国出口商对经济构成的威胁，人们对扩大青年学徒制的重大努力产生了浓厚兴趣。在1994年，克林顿签署了《从学校到工作的机会法》（School-to-Work Opportunities Act），试图扩大年轻人参与学徒制的规模，并预计投入近20亿美元的联邦资金。但当法律通过时，"学校到工作"计划最终选择给各州予以灵活性，以支持更广泛的活动，如职业意识、咨询和基于工作的学习。只有少数几个州通过"从学校到工作"的方式获得了资助，并将重点放在了青年学徒制模式上。[3] 但该计划最终引起了保守派活动人士的不满，他们认为联邦政府对高中生教育的干预力度过大，"从学校到工作"限制了学生的视野，并通过"对孩子的生活毫无根据地行使权力"，削弱了家长的自主权。[4]

如果说"从学校到工作"是一项引人注目的政府主导的实验，那么下一阶段的青年学徒制发展路径则与之相反。20世纪90年代末，在欧洲制造企业大量直接投资涌入美国之后，青年学徒制的努力不再由政府主导，而是源于德国、奥地利和瑞士公司满足其劳动力需求的愿望。公司没有支持广泛的职业准备活动，而是制定了严格的、为期3~4年的学徒计划，这些计划在很大程度上受到了双元

---

[1] Cantor, J. A. *Cooperative Apprenticeships: A School-to-Work Handbook*. Lancaster: Technomic Publishing Company Inc. 1997: 23.

[2] Parton, B. *Youth Apprenticeship in America Today: Connecting High School Students to Apprenticeship*. Washington, D. C.: New America, 2017: 16.

[3] Alan M. H., Silverberg, M. K., Haimson, J., et al. *Expanding Options for Students: Report to Congress on the National Evaluation of School-to-Work Implementation*. Princeton: Mathematica Policy Research, 1999: 18.

[4] Cheney, L. *Limited Horizons*. New York Times, 1998-02-03 (002).

制度的影响。在这种模式下，同一地区的多个雇主共同设计和实施青年学徒计划，参与培训的雇主投入了数万美元支持学徒培训。这些项目招收高中刚毕业的学生，学徒们不仅能挣得工资、免费获得副学士学位，还有一份兼职工作。今天，美国各州正积极发挥领导作用，通过重点战略来扩大中间力量，进一步启动青年学徒制项目和协调雇主与学校之间伙伴关系的建立。有的州直接资助这些中间机构，如威斯康星州劳动发展部每年给予雇主和学区合作的区域联盟一定的经费支持，以开发和管理青年学徒制；也有的州为启动这些中间机构提供支持和技术援助，如北卡罗来纳；还有的州正帮助建立一个在全州范围内发挥作用的中间机构，如科罗拉多州正在建立一个全州广泛参与的公私合作伙伴关系。[1] 这些战略支持的项目多种多样，每一个项目的地方经验都为未来青年学徒的培养和青年学徒制的发展提供了重要的见解。美国的经验表明，在没有社会伙伴支持的情况下，改革既有制度以提供一个可持续和可信的学徒制度是一项挑战。此外，企业参与愿望是制约学徒制能否成功的重要关键因素。

五、澳大利亚现代学徒制的制度构建

在澳大利亚，正式学徒制度是在第二次世界大战后建立的，且仅限于一定数量的职业，主要由男性体力劳动者从事。直到 20 世纪 80 年代中期，学徒制的正式培训才相对稳定。[2] 澳大利亚学徒制通常持续 4 年，通过雇主和学徒之间的书面培训合同生效。传统上，它们涉及两种形式的培训：一是由雇用公司提供的工作场所培训；二是在政府开办的技术和继续教育学院（TAFE）完成的正式培训。培训完成后，学徒会成为行业认可的合格从业人员，通常会留在培训他们的公司。1992 年，澳大利亚启动"职业资格证书培训制度"（Australian Vocational Certificate Training System），并于 1994 年将学徒制和培训制纳入该制度体系，而在此期间，解决失业问题一直是澳大利亚政府的首要任务。[3] 此后几年间，澳大利亚政府为了增加受训人员和培训人员的数量，鼓励雇主招收更多的学员，不仅成立了"国家就业和培训特别工作组"，还提供了大量的资金资助，并于 1996 年将学徒制和培训制结合起来，统称为"新学徒制"。各州纷纷采用立法手段强化

---

[1] Parton, B. *Youth Apprenticeship in America Today：Connecting High School Students to Apprenticeship*. Washington, D.C.：New America, 2017：13.

[2] Knight, B. *Evolution of Apprenticeships and Traineeships in Australia：An Unfinished History*. National Centre for Vocational Education Research, 2012：35.

[3] Keating, P. J. *A National Employment and Training Plan for Young Australians*. Canberra：Australian Government, 1992.

学徒制和培训生制的管理，在这一系列的努力之下，澳大利亚培训学员的人数从1994～1995年的1.5万余人增加到1996～1997年的近5万人，职业范围也变得非常广泛。[①] 但与欧洲不同，学徒制并不是澳大利亚职业教育的重要组成部分。2010年的研究显示，只有超过1/5的申请人通过职业教育获得职业资格认证，只有不到10%的15～19岁青少年参加学徒制。[②] 而通过引入"集团培训组织"（Group Training Organisations，GTOs）和"注册私人培训机构"（Registered Private Training Organisations，RTOs），"有效地放松了职业培训部门的管制"，被认为是造成学徒高流失率的一个重要原因，因为私营部门提供者不像国家提供的设施那样对学生友好。[③] 除了学徒培训结构的变化之外，低培训工资问题也在很大程度上影响了澳大利亚学徒制的发展，关于政府是否可以为此目的提供资金，一直存在一些争议。[④]

自2012年以来，对培训生资助的削减导致培训人数迅速下降，仅2013年一年，学徒和受训人员的数量就下降了10.3%，从34.7万人减少至31.1万人。[⑤] 近年来，随着矿业投资热潮的下降，加上汽车制造业工作岗位的流失或重新设计，以及澳大利亚传统制造业的低迷，澳大利亚经济正面临转型。[⑥] 截至2017年3月31日，仅有27.5万名左右的学徒和培训生在接受培训，较2016年3月31日下降3.7%。[⑦] 面对这一状况，澳大利亚政府较近的一项重大政策举措是在2017年5月宣布成立"澳大利亚职业技能基金"（Skilling Australians Fund），该基金将取代《技能改革国家合作协议》（National Partnership Agreement on Skills Reform），旨在支持州与地区之间的新伙伴关系，确保职业教育机构和培训部门

---

① Ray, J. *Apprenticeship in Australia：An Historical Snapshot*. Adelaide：National Centre for Vocational Education Research，2001：29.

② Steedman, H. *The State of Apprenticeship in 2010：International Comparisons – Australia，Austria，England，France，Germany，Ireland，Sweden，Switzerland*. London：The London School of Economics and Political Science，2010：5.

③ Mangan, J. and Trendle, B. Surviving apprenticeship training：A duration analysis of apprenticeship contracts in Australia. *Journal of Interdisciplinary Economics*，2008，19（4）：379–398.

④ Schofield, K. *Delivering Quality：Report of the Independent Review of the Quality of Training in Victoria's Apprenticeship and Traineeship System*. Melbourne：Victorian Department of Employment，Education and Training，2000：74.

⑤ NCVER. *Australian Vocational Education and Training Statistics：Government Funded Students and Courses 2014*. Adelaide：National Centre for Vocational Education Research，2015：8.

⑥ Stanwick, J., Circelli, M. and Lu, T. *The End of Car Manufacturing in Australia：What is the Role of Training?* Adelaide：National Centre for Vocational Education Research，2015：1.

⑦ NCVER. *Australian Vocational Education and Training Statistics：Apprentices and Trainees 2016*. Adelaide：National Centre for Vocational Education Research，2017：9.

对雇主所需要的技能做出有效反应。① 这是一项旨在为职业教育提供持续资助的政策，2017~2021 年，将资助 30 余万名学徒和培训生，包括前学徒培训和高级学徒培训，以及为高需求地区和澳大利亚农村地区提供职业培训。政策指引下，各州纷纷开始采取行动，如新南威尔士州政府推出了一些项目和举措，旨在提高学徒和培训生的完成率，为年轻人提供机会，并于 2017 年 8 月修订了《学徒制与培训生制法案》（Apprenticeship and Traineeship Act）；维多利亚州政府已将重点放在诸如"重大项目技能保证"（Major Projects Skills Guarantee）等项目上，以确保学徒和受训人员在维多利亚州的重大项目中至少承担 10% 的工作；与维多利亚州类似，昆士兰州政府也明确规定，在考虑主要的政府基础设施合同时，这些项目的总工时的 10% 应分配给学徒和受训人员；原住民社区的项目增加总工时的 10%，致力于为原住民和托雷斯海峡岛民的就业和当地经济的发展提供机会。②

从澳大利亚现代学徒制的发展进程中同样可以发现，经济结构的变化是现代发达经济体的一个主要特征，对现代学徒制的构建产生重要影响。现代学徒制能否成功取决于雇主和学徒的参与积极性，而这样的积极性又可以通过政策和制度的设计进行有效干预。"工业 4.0"对澳大利亚的工人和那些进入新工作岗位的员工提出了新的技能要求，而学徒制是澳大利亚技能发展领域经久不衰、广受尊重的特征，现代学徒制的发展为"工业 4.0"目标的实现提供重要支撑。但令人关切的是，学徒开始和完成的总数都在下降，澳大利亚政府为此也面临着学徒制度重新构建的挑战。

经由上文对来自两种不同资本主义类型国家现代学徒制发展过程的概述，不难发现，市场是选择学徒制和提供学徒制方法的重要组成部分，如何在市场化背景下，保持需求与供给之间的平衡是各国现代学徒制发展过程中务须解决的基本问题。在高度重视技术知识和技能的德国和澳大利亚，它们拥有良好的职业培训传统，并试图通过国家教育资格框架提供明确的途径。但即便如此，也不足以防止选择学徒教育而非普通学术教育的潜在职业申请者人数下降现象的发生。而在英国和美国，随着国家对制造业重视程度的不断提升，对学徒制进行了一系列的调整和改革，但由于缺乏必要的社会伙伴关系，学徒制改革的成本极其昂贵。事实证明：没有行业的支持，学徒制不可能以任何有意义的方式存在；在教育系统和劳动力市场之间建立体制联系时，不仅应包括公司或雇主，还应包括社会伙

---

① Department of Education and Training, *Skilling Australians Fund*, https：//docs. education. gov. au/node/4 3741. 2017－05－10/2018－12－25.

② Loveder, P. *Australian Apprenticeships*：*Trends, Challenges and Future Opportunities for Dealing with Industry 4.0*. Adelaide：National Centre for Vocational Education Research，2017：13.

伴，如行业协会、中间培训组织等；以制度化为特色的现代学徒制（如德国）可以被视为可替代的成功模式，但如何在成本控制的基础上，保持企业和学徒的参与积极性仍是全球范围内现代学徒制制度构建中面临的现实问题，案例国家应对经验的比较或许可以为我们提供一些启发。

六、多案例比较分析

以上探讨了德国、英国、美国及澳大利亚现代学徒制的发展近况，以及四个国家在支持学徒和现代学徒制发展过程中所采取的一系列制度安排。这些制度安排不仅塑造了不同国家现代学徒制的制度特征，也为其他国家现代学徒制的精进提供了前车之鉴。

（一）通过合法化手段将现代学徒制上升为国家的制度

不可否认，无论是"自由性市场经济"国家还是"协调性市场经济"国家，以案例国为代表的世界大国普遍重视现代学徒制度的建立和发展，并在职业教育人才培养、青年就业提升、社会公平的实现等方面展示出一定的制度选择偏好。而这样的偏好突出表现为，通过合法化手段将现代学徒制上升为国家的制度。学徒制度起源于中世纪，是手工业行会组织的一个重要组成部分，受工业革命和工厂制迅速扩展的影响，行会组织逐步解体，学徒制度也随之没落。但即便如此，学徒制依然存在于一些传统的手工业行业，只不过此时对师徒关系具有约束性的法律文书已不复存在，政府退出了对学徒制的法制管控。[①] 也就是说，此时的学徒制虽已失去了法律等外在制度的强制性规范，但传统学徒的训练方式依然存在，并作为一种内部技能传承的惯常行为长期驻存于工厂内部。第二次世界大战结束以后，传统学徒培训的优良传统在德国被重新发掘，并与学校本位教育紧密结合形成一种新的学徒制度。这也就是前面章节中提及的"制度再制"。

不过，从案例国家"再制"之后的发展经验来看，重返后的学徒制并非只是形态上的简单变化，其关键在于通过合法地位的取得重新回到国家制度层面。以英国为例，20世纪90年代，英国保守党正式引进现代学徒制，但由于缺乏具体的法律保障，学徒制的发展并不顺利，于是英国议会于2009年通过了旨在促进现代学徒制有效实施的《学徒制、技能、儿童与学习法案》，该法案不仅把接受学徒培训作为员工的一项权利，而且还对"学徒制框架构成、学徒级别标准、学徒协议内容、各类机构和学习者的职责、质量和考试规范"，以及学徒制证书体

[①] 石伟平、匡瑛：《比较职业教育》，高等教育出版社2012年版，第174页。

系等，都进行了较为详尽的规定。① 而在德国，为了规范和保障学徒制的发展，德国联邦政府不仅在宏观层面设有《职业教育法》，还在中观层面颁布了《学徒制条例》，该条例明确规定了企业培训的目标、内容、技能要求及考核手段等，为全国范围内企业标准化职业训练提供了基础。② 显然，无论是英国还是德国都建有详细的旨在促进学徒培养的诸多规则，而这些规则内容通过合法的途径被不同程度地制度化，并由诸如政府那样的权威机构来正式执行。当然，在西方世界，现代学徒制作为一种正式制度而存在的国家远非只有英国和德国，在澳大利亚，以及丹麦、瑞典、加拿大等非案例国家都设有正式的现代学徒制度，各类学徒培养规则清晰可辨。

那么，在西方世界，现代学徒制为什么要通过合法化的手段上升为国家的意志，并借助国家权力机构逐步制度化？这恐怕与现代学徒制自身的特殊性以及制度化本身所具备的功能不无关系。首先，现代学徒制的制度化能够通过一系列规则的确立为人们的活动划定界限。现代学徒制建立和发展的最终目的还是在于促进人的进步，但将学徒训练的优良传统和学校教育相结合的过程中，参与主体的活动范围纵横交错，迫切需要通过相应的规则安排对参与主体、培养过程、培养内容、具体的考核评价手段等进行严格的界定。其次，现代学徒制的制度化能够通过正式化的方式强化制度的规范功能。现代学徒制以校企合作为典型特征，但这里的合作远非传统意义上校企之间基于某种人情关系的松散式的合作，而是突出强调学校和企业之间基于某种正式约定基础上的深度合作。这样的合作模式下，利益相关者的组成上远超以往任何一种学徒制形态，不仅包括"政府、企业、产业指导委员会、工会、学校、企业师傅、学校教师、学徒"等，还包括"第三方培训或中介机构"，因此其利益相关者机制"比以往任何学徒制都更为复杂"。③ 面对如此复杂的局面，如果没有一套国家层面的制度规则体系去规范利益相关者的行为和彼此之间的关系，那么其结局是可想而知的。但遗憾的是，在我国当前现代学徒制的试点实践中，这些内容并未形成，而这或成为当前及今后我国现代学徒制制度建设的重要内容。

（二） 激励与调节并举吸引多方共同行动

企业雇主的积极参与对于现代学徒制的成功运行至关重要，但其他行动主体

---

① 何杨勇：《英国学徒制的新进展及问题分析》，载于《外国教育研究》2016年第8期，第3~13页。

② 黄蘋：《德国现代学徒制的制度分析及启示》，载于《湖南师范大学教育科学学报》2016年第3期，第121~125页。

③ 关晶、石伟平：《现代学徒制之"现代性"辨析》，载于《教育研究》2014年第10期，第97~105页。

（如学徒）的参与积极性也不容小觑，在西方现代学徒制度构建过程中广受关注。从所选案例国家的实践来看，主要从激励和调节两个方面进行相应的制度安排，提升相关主体的参与度。

1. 借助学徒工资安排激励学徒参与行为

学徒工资对未来学徒是一种非常强烈的激励，调查显示，在英国申请学徒的人群中，有99%的人被同时接受带薪工作和培训的想法所吸引。[①] 一般而言，对发展职业技能感兴趣的人存在三种替代选择的方案：一是做学徒；二是单纯的学校职业教育；三是在没有相关资格的情况下进入劳动力市场。相比较而言，学徒制的机会成本低于单纯的全日制学校职业教育，因为学徒可以获得工资。不过，个人还有一种可能的选择，即通过直接进入劳动力市场而不是通过现代学徒制的方式获得更多的收入。在这种情况下，对非熟练工人支付较高的工资可能会抑制个人接受学徒培训的积极性，即使参与现代学徒制，也可能会以低于直接进入劳动力市场的工资形式承担部分培训成本。面对这三种选择，如果个人选择学徒路线，他们的工资可能会因国家背景、地区和职业不同而有所不同。在现代学徒制国家，几乎每个国家的学徒都领取工资（也有地方称之为补贴或津贴），然而，学徒工资数额和具体发放安排在国家内部和国家之间有相当大的差异。在工资数额方面，一些国家通过学徒制提供了相对较高的报酬，而在其他国家报酬极低。[②]

此外，在工资具体安排方面也有所不同。首先，在工资发放方式上存在差异。有些国家，如德国，学徒在整个学徒生涯中领取工资，在职培训和校本培训之间没有区别[③]；而在另一些国家，会向学徒提供额外的津贴和工资，如在澳大利亚，搬离父母家的学徒可以获得离家生活津贴。其次，工资数额的确定方式上也有所不同。在德国，使用工资集体协定制度来确定学徒工资，这通常使学徒的工资相对有吸引力。而在英国，私营部门的员工很少受到任何形式的集体议价工资协议的保护，雇主可以根据自己的选择自由设定学徒工资水平。19岁以下的学徒有一个全国性的最低工资标准，进而要求学徒期工资达到国家最低工资所规定的最低标准。然而，这一要求并不总是得到遵守。根据英国政府的学徒薪酬调查，在英国，近1/5的2级和3级学徒的薪酬低于最低工资，其中47%的发型师

---

① Williams, J., Foley, B. and Newton, B. *Report for unionlearn and the National Apprenticeship Service*: *Research Into Under-representation*, *by Gender and Ethnicity*, *in Apprenticeships*. Brighton: Institute for Employment Studies, 2013：15.
② Álvarez - Galvàn, J. *A Skills beyond School Review of Egypt*. Paris: OECD Publishing, 2015：67.
③ Kuczera, M. *Striking the Right Balance*: *Costs and Benefits of Apprenticeship*. Paris: OECD Publishing, 2017：9.

表示他们的工资低于最低工资。① 可见，在工资不以集体协定为基础的国家，职业之间和职业内部以及区域之间的差异可能更大，甚至有些学徒可能得不到法定最低工资。

当然，造成学徒工资差异的原因是多方面的，除了地域差异之外，职业的不同也可能造成学徒收入上的差异。从德国 2016 年集体工资协议制定的培训津贴来看，工资特别高的主要是建筑行业，如砖瓦匠，总体平均每月为 1 042 欧元；相比之下，油漆工和上光工的平均月薪是 670 欧元，面包师是 618 欧元，花匠为 587 欧元。② 产生差异的原因就在于，现有的培训名额与愿意接受培训的学徒人数不匹配，因此砖瓦匠的工资相对较高。可见，按职业划分的学徒工资差异一方面是各学徒途径相对地位的一种标志；另一方面，在某些情况下，也是特定部门的培训岗位供求格局的一种标识。此外，对徒弟年龄和性别的统计分析表明，性别是薪酬的重要相关因素，女性学徒在英国平均每小时的收入比男性学徒低 0.24 英镑。③ 行业间的薪酬差异可能掩盖了学徒薪酬的性别差异，因为一些男性占主导地位的职业薪酬更高。例如，在英国，美发、儿童关爱与学习等职业的收入最低，而且女性参与者比例相对较高。④ 此外，德国男性学徒最有可能从事以下五种职业，按参与人数排序：机动车机电一体化技师、电工、零售业务员、工业机器装配工、供暖和空调系统技工。机电装配工学徒平均月薪为 1 023 欧元，排名第三，砌砖工的工资最高，为 1 042 欧元。⑤ 后者也是一个传统上由男性主导的职业，在德国 30 个最受欢迎的职业中，女性砌砖工是最稀有的职业。因此，职业性别隔离可能是造成性别薪酬差距的一个因素。

除此之外，在瑞恩（Ryan）等人看来，学徒工资或薪酬的数额和具体安排由某些潜在因素决定，这些潜在决定因素包括：雇主和雇员的有组织利益、国家干预的方式和内容，以及潜在受训人员的供应和需求。以英国和德国为例，金属

---

① BEIS. *Apprenticeship Pay Survey* 2016. London：Department for Business，Energy and Industrial Strategy，2017：35.

② The East is catching up：Development of training allowances based on collective wage agreements in 2016，https：//www.bibb.de/en/pressemitteilung_57414.php.2017-01-05/2018-12-23.

③ Williams，J.，Foley，B. and Newton，B. *Report for Unionlearn and the National Apprenticeship Service：Research Into Under-representation，by Gender and Ethnicity，in Apprenticeships.* Brighton：Institute for Employment Studies，2013：16.

④ Conlon，G.，Halterbeck，M.，Lane，M.，et al. *An International Comparison of Apprentice Pay：Final Report.* London：London Economics，2013：17.

⑤ Müller，N.，Wenzelmann，F. and Jansen，A. *Financing of Vocational Education and Training in Germany.* Bonn：BIBB，2016：34.

加工学徒的薪酬（2005年前后）在同一职业学徒薪酬中分别占40%和29%。[①] 显然，英国比德国支付较高的学徒工资。一种解释是，不同公司提供的培训质量更具变数和不确定性，而双元学徒制国家学徒培训的质量更高、回报更好，而且更普遍地致力于职业培训，因此可以支付更少的费用。[②] 另一种解释是，英国的高工资可以归因于几个因素，如自由市场经济的制度单薄（工会、雇主协会和教育系统薄弱）、愿意在某一特定部门接受学徒培训的合格工人短缺等。[③] 对学徒薪酬问题的简要审查揭示了其复杂性，以及它在更广泛的经济制度和体制安排中的嵌入性。虽然学徒的工资可能并不总是很高，在特定的国家背景下会很有吸引力，但人们在接受培训的同时获得报酬的想法本身就很有说服力，尤其是在学徒毕业生极有可能找到好工作的情况下。不可否认，为学徒提供适当的报酬是学徒制有效供给的基石，也是重要的激励因素之一。

2. 协调学徒培训与高等教育的关系吸引学徒参与

对于个人来说，参与学徒制的动机可以和职业社会化联系起来，也可以同学习的结果联系起来。升学到额外教育和进入劳动力市场的过程在不同的国家背景下采取不同的形式，这取决于学徒制的形成过程，也取决于每个国家职业教育供给和劳动力市场结构。虽然现代学徒制的经历可以被看作是终身学习的一部分，并且纯粹是为了丰富一个人对职业的理解而学习，但是晋升到体面的工作或额外的教育与培训的可能性代表了个人从事现代学徒制的两个潜在动机。在英国申请学徒制的人中，有98%的人表示，他们被这样的想法所吸引，即学徒制在完成后将提供良好的职业前景。[④] 在一些国家（如德国），现代学徒制虽未广泛地触及高等教育，但通常会带来体面和稳定的就业。相比之下，在英国，现代学徒制确实为就业和额外教育提供了发展的可能性，尽管选择接受高等教育完成学徒制的人数可能并不多。不过，对于学徒而言，能否进入劳动力市场，取决于职业教育和劳动力市场之间的互动程度，联系越薄弱，越难进入劳动力市场；而能否获得继续教育，取决于从职业教育到学术教育，特别是高等教育的机会是否有限，以及两者之间关系的协调。

---

① Ryan, P., Gellner, U. B., Teuber, S., et al. Apprentice Pay in Britain, Germany and Switzerland: Institutions, Market Forces and Market Power. *European Journal of Industrial Relations*, 2013, 19 (3): 2.

② Conlon, G., Halterbeck, M., Lane, M., et al. *An International Comparison of Apprentice Pay: Final Report*. London: London Economics, 2013: 32.

③ Ryan, P., Gellner, U. B., Teuber, S., et al. Apprentice Pay in Britain, Germany and Switzerland: Institutions, Market Forces and Market Power. *European Journal of Industrial Relations*, 2013, 19 (3): 12.

④ Williams, J., Foley, B. and Newton, B. *Report for Unionlearn and the National Apprenticeship Service: Research Into Under-representation, by Gender and Ethnicity, in Apprenticeships*. Brighton: Institute for Employment Studies, 2013: 7.

这样一来，现代学徒制的持续发展对一个国家的职业教育体系建设提出了更高的要求。而事实证明，职业教育系统的有效开发极其困难，如果有可能的话，它应该可以确保两种同等程度发展的路径选择，即成功进入劳动力市场和成功地继续接受额外的后续教育。在上述国家样本中，在德国，拥有职业资格证书的25~34岁人群的就业率比拥有一般高中或高中以上学历的人群高出30个百分点（84%对53%）。[1] 从学徒制到高等教育缺乏通透性，这对一些人来说是一种"抑制"，并不是因为学徒制的质量缺陷，而是因为学术路线和职业路线的严格分离。[2] 在德国，传统的职业与学术分离模式近年来逐渐瓦解，获得高等教育的机会已扩大到没有普通中学毕业证书但具有职业资格的人。尽管这种机会有限（根据2013年的数据，3%的一年级学生是非传统型的），但自1993年以来，这一比例增加了5倍多。而所谓的"非传统学生"指的是那些有职业经验，并通过另一种途径进入高等教育的学生，这种途径在德国通常被称为"第三种教育途径"。[3] 不过，这里还需要强调的是，学徒升学路径的打通，需要提防选择就业与进入高等教育学院的人员比例，以免破坏现代学徒制作为一种真正的学徒途径的地位。[4]

由此，对于一国现代学徒制的发展而言，职业教育的地位和社会对大学教育的需求程度，对个人是否选择现代学徒制存在重要影响。如果经历现代学徒制的毕业生成功就业的可能性不大，或者职业教育的地位普遍较低，而社会对大学教育的需求很高，则现代学徒制对个人的吸引力可能相对有限。从国际经验的比较来看，通过职业考试对学徒进行国家认证，并将国家学徒证书纳入国家资格框架和正规教育系统，对于那些寻求获得更高资格途径的潜在进入者来说可能更具吸引力。

3. 极力调节企业行为形成行动合力

企业的参与对现代学徒制的发展至关重要，以持续和可持续的方式从事学徒培训工作，是任何规模、任何行业雇主所应有的一项重要承诺。企业参与对现代学徒制发展的影响至少包含以下几方面内容。首先，企业参与与否影响教育与工作之间的匹配程度。经由前文，现代学徒制在创造共同价值、增加收入和提高生

---

[1] OECD. Germany. *Keeping the Edge: Competitiveness for Inclusive Growth (Better Policies)*. Paris: OECD Publishing, 2014: 19.

[2] Jørgensen, C. H. From Apprenticeships to Higher Vocational Education in Denmark—Building Bridges While the Gap is Widening. *Journal of Vocational Education and Training*, 2017, 69 (1): 64-80.

[3] Wolter, A. and Kerst, C. The "Academization" of the German Qualification System: Recent Developments in the Relationships between Vocational Training and Higher Education in Germany. *Research in Comparative and International Education*, 2015, 10 (4): 510-524.

[4] Adams, A. V. *The Mubarak Kohl Initiative—dual System in Egypt: An Assessment of its Impact on the School to Work Transition*. Eschborn: German Technical Cooperation, 2010: 22.

产率方面发挥着重要作用，但如何弥合教育和工作世界之间的差距，提高青年和全体劳动力的技能水平则是现代学徒制实践中需要解决的现实问题。企业雇主的参与对于技能供求平衡的改善至关重要，特别是雇主可以确保课程设置和能力培养跟上劳动力市场的需要，反之，劳动力市场技能需求的满足又可以改善与现代学徒制相关的价值观念和就业前景。正如克雷默（Kramer）等人所指出的那样，新一轮的企业改革正通过与学校、非营利组织和政府合作，在直接改善教育成果方面发挥着更积极的作用。① 其次，在现代学徒制度由国家一级制定的地方，雇主可以在将这些更广泛的目标转化为地方现实方面发挥重要作用。从案例国现代学徒制发展的经验来看，在地方层面，全球化和技术变革正在创造一个两极分化的劳动力市场（提供高薪和低薪工作），而现代学徒制是否成功取决于它们能否被接受，能否融入当地企业的日常实际。例如，虽然德国的学徒制度是基于一系列在国家层面上确定的职业技能，但雇主在这一过程中的参与有助于确保该制度在地方层面上保持相关性和实用性。② 最后，让雇主参与整个学徒生命周期有助于确保该制度能够满足雇主和学徒的需要。如史密斯（Smith）等所述，学徒生命周期包括学徒的招募、注册和入职，培训的提供和评估，学徒期间的支持，以及学徒期的完结。③

诚然，企业参与对于现代学徒制的发展意义重大，但从案例国家的综合表现来看，企业雇主参与现代学徒制受到许多变量的影响，其中相关制度的设计对雇主参与程度有重大影响。④ 首先，现代学徒制的治理和立法结构对雇主参与行为影响深远。学徒培养和职业教育通常属于国家政府、区域政府或两者的某种结合。在德国，学徒培养的管辖权由 13 个联邦州和国家劳动部共同享有，而澳大利亚学徒培养的立法规制和运行则由 8 个州和地区推动。同样，虽然可能有国家职业能力标准，但这些标准可以在区域或地方区域内以不同方式执行。这给那些在区域边界以外经营的雇主带来了困难，他们无法确保自己是否符合有关立法要求。其次，制度的分裂程度也会阻碍雇主的参与。一些国家通过"强迫"雇主为培训基金捐款的方式，令他们为更广泛的职业教育和培训计划做出贡献。⑤ 英国的情况就是如此。该国在 2016 年宣布对大型企业征税，为扩大学徒制度提供资

---

① Kramer, M., Hills, G. and Tallant, K. *The New Role of Business in Global Education*. Boston：FSG, 2015：3.

② Hoeckel, K. and Schwartz, R. *Reviews of Vocational Education and Training：A Learning for Jobs Review of Germany* 2010. Paris：OECD Publishing, 2010：35.

③ Smith, E., Comyn, P., Kemmis, B. R., et al. *High-quality Traineeships：Identifying What Works*. Adelaide：National Centre for Vocational Education Research, 2009：30.

④ Kuczera, M. *Incentives for Apprenticeship*. Paris：OECD Publishing, 2017：27.

⑤ Hoeckel, K. *Costs and Benefits in Vocational Education and Training*. Paris：OECD Publishing, 2008：8.

金。澳大利亚一些州的地方工业也已经实施了部门培训基金制度。这些征税所筹集的资金通常重新分配给提供培训的场所或部门。然而，较小的公司可能没有能力或资源提供培训场所，因此可能受到不公平的惩罚，除非采取具体措施鼓励小企业参与。这些以税收为基础的强制性制度与其他国家的制度形成了鲜明对比，这些国家的企业没有为培训提供资金的法律义务。大多数国家不使用强制性征税的办法来资助学徒制，而是依靠各种激励措施来鼓励企业参与。在那些制度比较成熟的国家，例如德国，雇主自愿承担培训学徒的费用，这是在长期的职业教育传统和对学徒培训投资回报充分论证基础上形成的共识。最后，国家框架内的职业教育体系安排影响企业参与。职业教育系统是多样化的，可以由地方、区域或国家一级的政府管理。从案例国家的发展经验来看，不同国家以工作为基础的培训方案在期限、资格、要求、雇主和工会参与、级别、职业和性别平衡等方面存在差异。这些差异会影响雇主提供学徒训练名额的财政和非财政奖励的结构。[1]除此之外，培训成本的增加、外部"挖人"行为的存在都或多或少地对企业参与积极性产生影响。尤其对于中小企业而言，他们更担心其他企业"挖走"新培训的学徒，这些企业往往会经历更多的人员流动，而且学徒职业发展机会也可能更少。[2] 然而，对德国参与学徒制企业进行的一项分析发现，在提供学徒培训企业中只有不到3%的企业受到"偷猎"行为的影响，小公司比大公司更倾向于留住学徒，而且它对企业学徒培训的预期回报影响微乎其微。[3] 调查发现，只有2%的企业雇主把学徒被"挖走"或离开公司的风险作为反对提供学徒培训的主要理由。[4] 由此，对"偷猎"行为的担心和应对应视具体情况而定。

当然，西方现代学徒制的制度构建也让我们看到可以通过其他不同的措施促进企业对现代学徒制的参与。第一，财政奖励和培训费用的分摊可以促进企业的参与。成本通常由政府、雇主和学徒分担，但这些成本的分配可能有所不同。许多国家利用补贴、补助券等诱致性手段来增加培训名额，但这些措施未必能有效扩大既有培训企业对学徒的需求量。[5] 一些政府还将补贴和其他财政奖励措施针对关键行业，例如澳大利亚政府为准备从事老年人、残疾人护理的学徒支付培训

---

[1] Quintini, G. and Manfredi, T. *Going Separate Ways? School-to-Work Transitions in the United States and Europe.* Paris: OECD Publishing, 2009: 4.

[2] McIntosh, S., Wenchao, J. and Vignoles, A. *Firms' Engagement with the Apprenticeship Programme.* Sheffield: Centre for Analysis of Youth Transitions, 2011: 28.

[3] Mohrenweiser, J., Zwick, T. and Backes-Gellner, U. *Poaching and Firm Sponsored Training: First Clean Evidence.* Germany: Centre for European Economic Research, 2013: 13-37.

[4] Kitching, J. and Blackburn, R. *The Nature of Training and Motivation to Train in Small Firms.* London: Kingston University, 2002: xiii.

[5] Muehlemann, S., Schweri, J., Winkelmann, R., et al. An Empirical Analysis of the Decision to Train Apprentices. *Economics of Education Working Paper*, 2010 (3): 419-441.

费用。但是，在设计这些制度时应注意确保学徒不会取代现有的从业人员。因此有研究提醒我们，对学徒制的经济激励可能会产生温和的效果，而且通常会带来相当大的负担，还有可能产生意想不到的影响，比如鼓励那些对补贴比对技能发展更感兴趣的雇主参与进来。① 因而，对于财政奖励还是需要有一个仔细监测和评估的过程。第二，中间组织的支持也在很大程度上改善了企业雇主参与现代学徒制的积极性，其中就包括行业组织、雇主团体、商会和技能团体等中间机构。这些类似于"桥梁"的机构组织，一方面可以动员企业参与，帮助学徒找到合适的培训场所，另一方面可以帮助企业与政府谈判。此外，设立专门的"学徒培训中心"，提供量身订造的经纪服务，也是一种不错的尝试。这些服务在某些情况下与更广泛的商业咨询服务捆绑在一起。然而，无论是哪一种形式，中间机构必须对培训系统有深入的了解，才能就这些问题提出建议，而这种了解有时是缺乏的。②

不可否认，为了提升企业对学徒培训的参与度，以案例国为代表的西方国家从不同层面进行了一系列的制度安排。在这些举措中，不仅包括立法、强制性税收、国家培训框架等规制性制度，也包括财政奖励、成本分担、补贴发放等诱致性制度安排，还包括成立专门中间组织支持企业的参与行为。当然，无论是选择规制性制度、中间组织的支持，还是通过诸如财政奖励、培训费用分担等的诱致性制度安排来调节企业的参与行为，其最终目的都在于促进企业参与学徒培训的全过程，能够和学徒、外在支持机构一起完成对学徒的培养。尽管这些制度安排因国别不同而有所差异，但调节企业参与行为，与其他行动主体合力完成学徒培养的旨趣不会改变。成功的现代学徒制度是由企业雇主、培训提供者、工会和政府合作伙伴等利益攸关方之间合力行动的强大传统所支撑的。

（三）协调性劳动力市场更利于现代学徒制的发展

20世纪70年代末到80年代初是世界经济社会动荡、变革的年代。伴随着凯恩斯主义在全球范围内带来的经济滞胀与社会动荡，英国和美国开启了推进私有化、重建自由市场经济的改革运动，并积极推行以政府有限论和以市场解救"政府失灵"为主张的新公共管理运动，试图减少政府对经济活动的干预与监管，引导私有企业参与公共服务的供给。市场自由化给学徒的生产、生活带来了巨大影响，反映到劳动力供需方面：一方面市场自由化为企业带来了外部招聘的便利，

---

① Kuczera, M. *Incentives for Apprenticeship*. Paris：OECD Publishing, 2017：11.
② Schofield, K. *Delivering Quality*：*Report of the Independent Review of the Quality of Training in Victoria's Apprenticeship and Traineeship System*. Melbourne：Employment and Training, 2000：29.

以及更轻松的裁员,进而解放了企业的用工自由;另一方面也带来了一些不利之处,特别是当需要标准化的工作和培训,以及将工作岗位调整到新的生产和组织方法上的时候,难度更大。当然,在个别企业中,可以采取一种零星改革的方式进行调整,但这将削弱技能的可转移性。也正是因为技能可转移性,一些企业主有避免培训的动机,并试图从其他企业那里挖走受过培训的员工,而且不需要承担这些培训费用,这就使"偷猎者"与提供培训的企业相比具有竞争优势。因而,企业主不断减少他们的培训,进而技能短缺日趋严峻,而技能短缺的出现又加剧了这一过程。此外,从另一个角度看,自由化环境下,很难再创造新的职业市场,因为流动的方便性要求对培训规范和工作设计进行相当程度的标准化。也就是说,市场自由化一方面要求对技能标准化培养并尽可能地可识别,进而满足自由化对技能可转移性的需要;另一方面,自由化又会带来外部"挖人"行为的发生,而这样的行为一旦被大多数企业采用,就会形成一种集体行动的困境,即没有企业愿意参与或提供培训。进而,技能形成陷入恶性循环的怪圈,也给来自学校的学徒向工作的顺利过渡造成了巨大伤害,急需通过制度安排对相应的行为进行约束。

基于上述考虑,国际比较样本中支持现代学徒制运行的劳动力市场制度设置着重解决两方面问题:一是确保绝大多数企业主为培训成本做出贡献;二是在于工人可能采取的策略,以维持他们技能的可转移性,并限制潜在的替代。简而言之,制度框架必须解决两股力量:一是"偷猎";二是替代。就控制"偷猎"而言,可以通过建立一个强有力的制度,使分裂的力量处于困境。具体到企业,需要确保企业主之间的培训费用适当分摊,以及减少对其他公司所培训劳动力的"偷猎"行为。与此相关,通常有三种可能的解决方案:第一,引入激励机制,比如向培训企业提供培训资金;第二,可以学习德国,通过企业集体组织的力量,利于同辈群体压力协调企业培训行为;第三,政府直接干预。就控制"替代"而言,劳动力市场上熟练工人的关键利益是保护他们的技能的可转移性,并保持他们工作的标准化,这样他们就能保持在不同的公司同一水平上工作。而这样的保护同样需要相当程度的制度规制。事实上,对于"被替代"的担心不仅来自外部劳动力市场的熟练工人,也来自企业内部接受培训的学徒。以学生身份进入企业接受培训的学徒终究要从"学校"过渡到"工作",作为企业未来员工的学徒极有可能成为企业师傅(熟练工人)的潜在替代者,因而如何保证企业师傅的工作安全往往影响学徒培训的质量。如果从这个角度来看,现代学徒制度的成功构建需要处理好教育系统与劳动力市场之间的关系。在"自由性市场经济"国家样本中(如英国和美国),"教育"和"劳动力市场"似乎遵循着自己的逻辑和模式,在各级教育体系中毕业的学生人数,并不一定与每个相应水平的劳动力市场需求完全吻合，而且也不是每个人都能实现从学校到工作的顺利过渡。事实证明，教育系统和劳动力市场之间如果没有外在干预而任由其发展，彼此间的匹配恐怕很难实现。国际比较中，以德国"双元制"为代表的现代学徒制暗示了一种截然不同的过渡方法，对企业和学校有着不同的作用。德国作为协调性市场经济的代表模式，其成功的经验可以为我国未来市场运行模式的选择提供参考。英美国家的自由化模式确实对我国改革开放初期经济转型提供了借鉴，但时至今日，在高端制造业逐步成为未来产业形态主要发展方向的背景下，有必要在中国特色市场经济的运行框架下再次考虑工人的就业稳定性和在企业的地位问题。这些问题不解决，没有一支稳定的专业性技术、技能型人才队伍，技能传承、技术革新无从谈起，毕竟人们学习技能的积极性，以及工匠精神的形成都需要时间的积淀，当然也需要相应的制度安排。这一点对于产业的长远发展至关重要。

综上所述，现代学徒制的成功构建既能满足高质量、高准入要求的服务业和工业（如澳大利亚"工业4.0"带来的新的工作岗位）对技能人才的需求，也是一种适应和学习新技术及更好的沟通技巧的有效路径。同时，也是减少培训成本，增加学徒灵活性的一种可持续的经济模式。然而，虽然现代学徒制对学生、企业雇主和经济非常有益，但在市场化背景下，如何解决技能培训过程中涉及的市场失灵问题仍是各国现代学徒制构建过程中面临并必须要解决的关键问题。为了鼓励企业提供学徒培训，许多国家通过广泛的激励措施来提升企业对现代学徒制的参与度，其中包括：财政激励措施，如补贴和税收减免；非财政激励措施，如调整劳动力市场制度设置。从国际实践来看，虽然财政激励是普遍的，但由于受财政资助的数额和分配标准影响，其效果并不明显，而以劳动力市场调节为目标并得到社会伙伴支持和制度约束的非财政措施似乎更成功。在此背景下，我国现代学徒制发展过程中，现代学徒制要想充分发挥其过渡劳动力市场的协调功能还有很长的路要走，不仅需要其他的通用治理机制，还需要各种特定的制度配置。但这样的制度配置在路径选择上还是需要有所考虑。

第三节　我国现代学徒制制度优化的路径选择

通过国际比较分析我们能够体察到，一国现代学徒制的制度构建有其自身的实际需要，应有的放矢。我国现代学徒制的成功实施，需对现有制度安排做进一步建设和完善，制度构建在路径选择上应有所侧重。

一、以学徒承诺为起点，规范培训安排

经由前文，现代学徒制试点进行了若干制度安排，无论是内在运行方面的规则还是外在管理规则都有所涉及，但这似乎并不能解决企业关心的问题，即学徒在接受培训之后对企业的承诺问题，学徒可能不愿意留在企业。当然，文本分析并不能完全揭示这些规则对社会成员及相关主体是如何以及为什么会产生影响，但还是让我们看到了从个人交往层面考察这些规则发生作用的微观机制，毕竟制度的存在与否，"取决于它们在指导和评价人类在其社会环境中的活动方面所起的实际作用"[①]。三方协议或四方协议在指导各方参与学徒培养过程中所起的实际作用极其复杂，其中一点就是参与各方受规则约束的行为之间并不完全孤立，而是存在着某种相关性，如学徒留任意愿就与企业培训任务安排呈正向显著相关。因而，现代学徒制的制度构建首先应考虑与学徒有关的规则设计，要做到这一点需要有如下的考虑。

（一）学徒培训的"共同承诺"

在解释"共同承诺"之前，有必要对"个人承诺"的相关内容进行适当的解释。"个人承诺"主要考虑个人的决定情况，当"某人决定做学徒"时，他是这一决定的唯一发起人。如果在这一过程中他想改变决定，"某人"只需要改变他的想法，他不仅有能力这么做，而且也有权这么做。所以，"个人承诺"的存在，当且仅当"个人"是承诺的唯一发起者并有权单方面撤销承诺。在这一意义上，个人决定、计划及目标等都类属于"个人承诺"的范畴。但"共同承诺"与之不同，共同承诺一般在主体数量上至少要求两人或两人以上，而且其典型背景在于，双方或多方接触，在共同认识的条件下，相互表示愿意共同承担责任。正如双方所理解的那样，当且仅当每一个相关的表达作出时，"共同承诺"才会到位。[②] 但必须明确的是，"共同承诺"不是"个人承诺"的总和，共同承诺是不同主体之间共同创造和表达的双方或多方共有意向。在吉尔伯特（Gilbert）看来，"共有"（shared）在心理特征上已具有了"集体的"（collective）属性，不过"共有意向"的成立还是需要充分满足三个标准条件，即"义务"标准、"许

---

① ［英］麦考密克、魏因贝格尔：《制度法论》，周叶谦译，中国政法大学出版社1994年版，第10页。
② Gilbert, M. Sociality and Responsibility: New Essays in Plural Subject Theory. Lanham: Rowman & Littlefield, 2000: 21.

可"标准以及"缺乏相应个人意向"的标准。① 具体来看,"义务"标准强调每个参与者都有义务不违背共同的意向,甚至每个人都有义务促进共同意向的实现并成为可能,与之相对应,其他方在适当表现基础上享有相应的权利或权益,但如果一个参与者做了违背共同意向的事情,其他人有权对其进行斥责;"许可"标准是指,对于共同意向参与者而言,他们不能单方面地通过简单想法的改变来消除限制,必须首先获得其他参与者的同意;"缺乏相应个人意向"的标准要求当一个共同意向存在时,不应有相应的个人意向,其依据的基本逻辑在于,人们通过共同承诺达成共同意向,并作为一个主体,以相关的方式来履行承诺,但他们并没有因此而积累个人意向,因为这些意向在更早的时候就已经体现。② 所以,"共同意向"是一个"多元主体"的意向,当人们共同承诺要作为一个主体来做某件事情时,人们就成了一个意向的多个主体,目的是要做这样的事情。由是,吉尔伯特将其表述为:有人 X、Y,或其他人,有共同意愿去做一个动作 A(例如,把 X 的钢琴放进卡车里),当且仅当 X、Y 等人共同承诺作为一个整体(body)来执行 A。③ 可见,共同承诺对于参与者共同的作为一体的行动至关重要,不仅只是个人承诺做出,其行动的共同意向性对参与者的活动也具有约束力。

依据贝克尔(Becker)培训模型的分析理路,由于技能可以在同一行业企业之间进行转换,学徒们通常会以未来更高工资的形式从培训中获得所有利润,因而学徒对自身所接受的培训需要支付费用。④ 这些费用将花费在教学、材料和空间的使用上,以及可能的额外费用。然而,学徒自身不可能及时支付这些费用,因为贝克尔所说的高回报是学徒出徒以后的事情,目前并未实现。为了解决这个问题,企业被认为提前预付了培训成本。⑤ 他们通过在学徒获得一定水平的技能后,让其以低于市场的工资水平(甚至无工资)工作,从而收回这些投资。基于此,双方承诺签订三方或四方协议,文本内容显示时长通常为半年至三年不等,但这只是学徒的培养期限,而对于能够为企业带来利益回报的就业期限并没有约定。根据前文的分析,即使有约定也不能完全避免企业与学徒双方投机行为的发生,如学徒为获得高工资或个人学历提升,在培训完成后要求离开提供学徒培训

---

① Gilbert, M. *Sociality and Responsibility: New Essays in Plural Subject Theory*. Lanham: Rowman & Littlefield, 2000: 19.
② Gilbert, M. *Sociality and Responsibility: New Essays in Plural Subject Theory*. Lanham: Rowman & Littlefield, 2000: 16-18.
③ Gilbert, M. *Joint Commitment: How We Make the Social World*. Oxford: Oxford University Press, 2013: 69-70.
④ [美]加里·S. 贝克尔:《人力资本:特别是关于教育的理论与经验分析》,梁小民译,北京大学出版社 1987 年版,第 12~13 页。
⑤ Hamilton, G. The Decline of Apprenticeship in North America: Evidence from Montreal. *Working Papers*, 2012, 60 (3): 627-664.

的企业。这种违约的机会常常会导致企业只提供有限的培训，而把学徒当作廉价的劳动力。相应地，这也会阻止其他青少年去做学徒。为了限制学徒的机会主义，有些企业在正式或非正式处罚的支持下，对培训期内的学徒劳动拥有支配权，通过增加学徒期内报酬并承诺出徒支付的形式，提高学徒的违约成本；双方认可企业有权规定入徒条件，要求职业院校对进入现代学徒制学生的质量或者不正当行为提供担保，如要求提供在校成绩等。同样，对于在劳动力市场中并不占优势的学徒而言，无论是提前出徒还是缺乏训练，他们都会遭受严重的损失，因而学徒必须拥有适当的权利，其中就包括至少在一个经济周期内确保学徒技能熟练和"就业安全"。然而，目前为了避免受到企业机会主义影响的共识并未达成，有效的制度安排也未形成，否则也就不会出现试点中企业临时决定退出的尴尬局面。因而，在现代学徒制的制度设计中应需要明确的是，企业与学徒之间建立在共同承诺基础上实施的学徒培训行动是双方共同认可的，并作为一个整体来实施，任何一方都不应随意违背，否则应受到惩罚，至少是受到内心的谴责。

（二）规范培训安排是共同行动信念达成的前提

显然，现代学徒制发展过程中，相关主体做出的有关学徒训练方面的共同承诺及契约是集体意愿的体现，强调意向的集体拥有，不可还原为任何个体的意向。进而，在集体信念的引领下，集体成员间的行为通常是外在的，并不反映个体意向的内容。那么，作为个体是否拥有与集体行动相关的意向？为了解决这一问题，布莱特曼（Bratman）提出集体行动的共同意向存在强弱之分，强的共同意向与承诺或协议有关，常伴随着无条件的义务，而弱的共同意向支持行动与行动计划间的协调，以及集体行动过程中的讨价还价，针对的是联合行动而不涉及双方的承诺或协议问题，通常并不伴随着相关的无条件义务。具体可表述为：我们意图做 J，当且仅当①a. 我意图我们做 J 和 b. 你意图我们做 J。②我意图我们做 J 根据并因为①a、①b，而且协调①a 和①b 的子计划；你意图我们做 J 根据并因为①a、①b，而且协调①a 和①b 的子计划；③上述①和②是我们之间的共识。[①] 在布莱特曼看来，承诺或协议并不是共同意向所必需的，集体行动的共同意向由每个参与者的"适当态度"和他们的相互关系组成，并协调各个体间行动的一致性，而且个体对集体行动意向的拥有是彼此共同决定的结果，依靠彼此间的共同认知达成。对于这一问题，图梅拉（Tuomela）持有类似的观点，认为在没有达成协议的情况下，人们在个人行动的基础上也可能采取一种"联合的行动"，这类行动的发生基于双方的"互为信念"，也就是，"我相信你相信我

[①] Bratman, M. E. Shared Intention. *Ethics*, 1993, 104 (1): 97–113.

相信 p 为我们的共同目标"。① 无疑，布莱特曼和图梅拉力图通过把"我们的意向"归结为"我的意向"外加其他东西（如某种共有的信念）的方式来处理集体意向所描述的事实同个体拥有者之间的关系问题，而这种外加的观念通常表现为每一个人都彼此相信对方意图做同一件事。青木昌彦认为，"共有信念"（shared belief）的产生与参与人行动集合中形成的"制度规则"相互关联，其产生的关键在于，"均衡的概要表征"能否获得参与博弈的各方主体共同认可，而此类信念的坚定与否决定着制度的"形成、稳定和变迁"。② 格雷夫（Greif）进一步提出，当且仅当存在人们遵守规则的激励时，规则与行为之间的对应才会发生，而"信念"提供了这种遵守规则的激励。③ 就本书的研究而言，我们认为布莱特曼和图梅拉最大的贡献在于解放了集体意向的拥有状态，亦即集体意向的拥有并不仅仅局限于共同承诺者之间，当现代学徒制作为一种共识被社会广泛接受，生活在同一社会中的成员，如企业雇主和职业院校学生，即便没有做出承诺，也极有可能在"信念"的激励下接受这一事实并意愿加入共同行事的行列。而问题的关键是这样的"信念"如何形成？

当然，这样的信念达成受若干因素影响，就目前试点实践来看，难以为之的首要问题在于，与企业和学徒息息相关，或者说将彼此相连的中间环节（即企业培训安排）未能在企业和学徒之间产生一种有关学徒培训共有的认知模式。首先而言，有关校企联合育人的既存制度安排并未使行业、企业、学徒以及社会成员能够理解学徒训练中各方应承担的责任和应享有的权利，对学徒违约和企业违反协议内容等不同情形并未进行明确的界定。相应地，在推动学徒制规则发展和传播方面，有可能进一步促进与规则相一致信念产生的日常管理和监督缺乏明显的组织及外在强制。因而，部分企业在大部分时间内并不会遵守规则，如企业在整个培训周期内对于来自机械维修专业学徒的培训安排只是"切菜""抹油"等简单的体力活动，而家具加工专业学徒的培训师傅主要来自进城务工的木匠。如此安排，学徒怎么会对现代学徒制产生好感，更不要说激发广大社会成员对学徒制度的预期了。其次，现有的制度安排并未为学徒提供稳定和安全的未来。调研数据显示，现有的培训对于学徒技能的提升确实有很大的帮助，但这样的技能并不能抵挡得住外部劳动力市场的竞争。因为，并不是参与现代学徒制的每一个学徒都能留下，企业只愿意留住对企业有利的学徒。即便如此，这部分学徒也面临外

---

① 秦洁、陈晓平：《集体意向辨析》，载于《学术研究》2012 年第 6 期，第 10~16 页。
② 彭涛、魏建：《内生制度变迁理论：阿西莫格鲁、青木昌彦和格雷夫的比较》，载于《经济社会体制比较》2011 年第 2 期，第 126~133 页。
③ ［美］阿夫纳·格雷夫：《大裂变：中世纪贸易制度比较和西方的兴起》，郑江淮等译，中信出版社 2008 年版，第 26~27 页。

部劳动力市场的竞争，因为劳动力市场监控不足，难以避免会出现熟练劳动力供需之间的失衡问题。在这样的情况下，企业培训形成的技能性质问题尤为重要，即企业提供的是特定企业所需的专门技能，还是能够在任何企业都能适用的一般技能的问题。如果选择的是特定企业所需的技能或局限在特定产业的技能，在没有雇佣和薪酬保障的情况下，经济状况一旦发生变化，学徒和职业院校就要承担相应的风险。这样看来，现有制度安排对于技能如何教授、成本如何分配，以及为企业和学徒提供什么样的激励等诸如此类的问题似乎都有所涉及，但又似乎都未有效解决，参与各方共同行动的信念暂未形成。正如青木昌彦所提醒的那样，信念本身坚定与否，不仅影响，甚至还决定着制度的稳定性。这一点在工业化转型时期学徒制度的变迁中表现得尤为明显。而就当前中国情境下现代学徒制的制度构建而言，参与各方共同行动信念的形成端赖于企业培训安排的制度化规范。

综上，现代学徒制试点中，相关主体做出的有关学徒训练方面的共同承诺及契约是集体意愿的体现，强调意向的集体拥有，不可还原为任何个体的意向。进而，由此产生的有关学徒训练的共同信念对每一个参与现代学徒制的企业、职业院校及学徒而言都是外生的，而企业、学徒等相关主体对此外生条件的最佳策略选择就是保持各自的身份，并默认可能有的集体惩罚。由此可以肯定地认为，现代学徒制度在结构组成上绝不能缺少规则的设计以及维护规则执行的有效机制。现代学徒制规则的设计和执行应提供共识、协调和信息，通过行为基本要求，为企业和学徒做出有根据的决定，促成和引导学徒训练行为。例如，规则需指明谁有资格提供培训，什么样的行为违背集体的意愿并将受到什么样的处罚，以及由谁来惩罚。

二、以行动者为中心，强调质量控制

一项特定的制度只有当它能够帮助行动者实现目标时，其特征才被认为是有意义的。[①] 行动者选择制度，因为他们相信这样做对他们有利。行动者可能是富有远见的，以致一项制度的运作不能简单地源于设计者的偏好。以行动者为中心为现代学徒制的制度构建和完善提供一个启发式框架，用以评估和研究制度采用后的效应问题。因为，即使制度设计者只有一个目标，并采取有目的的行动，且

---

① ［美］保罗·皮尔逊：《时间中的政治：历史、制度与社会分析》，黎汉基、黄佩璇译，江苏人民出版社2014年版，第131页。

"着眼于长时段",但"意外后果仍可能是广泛存在的"。① 特定的制度安排总是具有多重效应。正如前文研究所表明的那样,在大多数情况下,现代学徒制企业的培训是有效的。学徒培养在一定程度上满足了多数企业雇主、学徒的期望。这意味着大多数参与培养学徒的工作人员都是有能力和敬业精神的教师和师傅,他们具有所需的行业、教学或培训经验,大多数培训都是按照商定的标准进行的。试点实践也显示,大部分企业及工作场所的企业师傅都在履行他们的培训义务,并以适当方式与他们选择的职业院校合作。不可否认,试点中有一些极好的创新和高质量培训的例子,尽管这些很少得到强调,甚至很少受到赞扬。但与此同时,也有许多不足之处破坏了系统的质量和信心,其中就包括企业为了节省经费而降低培训的质量。试点调查显示(见表4-21),15.3%的学徒培训没有明确的培训计划,这表明培训并不总是被有效地计划和记录,在培训过程中,企业也并不总是积极的参与者,许多学徒没有定期地收到反馈和建议来帮助他们进步。在当前的制度安排下,许多人并不确定他们在学徒培训方面的责任,也不确定如何在工作场所提供高质量的培训以及如何有效和可靠地评估工作场所的培训能力。在这种不确定的气氛中,在一个不能证明高质量培训被重视的制度中,一些地方出现了"忽明忽暗的"培训和评估做法。如果不加检查,这些实践将不可避免地导致这样一个系统,在这个系统中,证书而不是技能被视为必需的结果。此外,并不是所有的企业都承诺提供优质培训,尽管他们决定聘用学徒;也并不是所有的企业都能确保其指导学徒培训的企业师傅具备适当的资格和经验,以促进不同培训地点的学员在特定职业领域的学习。更为紧要的是,几乎没有证据表明,有相当数量的提供者严格衡量或监测其培训提供的有效性,以便实现持续改进。在目前的制度安排下,企业这样做的动机很少,倒是很多职业院校有这样做的打算,但苦于权威性和能力有限,这一想法难以奏效。最令人失望的是,一些学徒没有感受到企业培训任务安排带来的挑战,大部分学徒认为"企业培训面太窄"。基于上述现代学徒制企业培训中存在的问题,需要采取一些有目的的干预措施以建立一个更加平衡的制度,在学徒实际接受的培训与质量之间取得更好的平衡。

不可否认,制度设计对企业学徒培训通常是有价值的,但有时制度实施的效应与预期效应之间常常存在分歧。上文提到的工作场所学习中学徒培训质量问题就是很好的例证。目前我国现代学徒制试点中企业培训的质量保障相对薄弱。而其风险在于,如果不重视学徒的培训质量,随着培训的普遍扩大,上述问题的严

---

① [美]保罗·皮尔逊:《时间中的政治:历史、制度与社会分析》,黎汉基、黄佩璇译,江苏人民出版社2014年版,第137页。

重性会不断增加。一般而言，学徒培训质量标准是工作场所高质量学习的必要条件。然而，虽然现有的制度安排中，也关注学徒的培养质量，但从所掌握的文本资料来看，并未形成明确的质量标准，更多是强调相关教学文件、培训内容等的标准化。因而，如果要求企业培训有明确的培训计划和考核标准，那么制度的设计就需要确保：①明确的学习目标，与在校学习目标相辅相成；②那些培训者（师傅和培训师）已经为这项任务做好了充分的准备；③学徒承担有学习成果的任务（而不是无技能的工作）。但很明显，这些措施的有效实施需要得到企业的支持，否则无法维系，而现实中，并非每一个试点企业都有明确的培训计划和考核标准。也即是说，试点中仅仅依靠培训计划和考核标准，并不能形成一套有效的规则或指导方针，无法规定对提供培训的企业的期望。这就为与学徒培训有关的质量控制提供了理由。对于学徒培养而言，应该存在一套定义工作场所培训条款的规则。它需要包括培训的内容和时间、培训结果的评估和培训人员的资格。这些规则应有助于避免将学生分配到非技术性任务中，并防止培训只局限于公司特定的技能。如果没有严格的控制手段，学徒培训的质量不受到监督，现代学徒制将举步维艰。从国际发展经验来看，这样的规则通常与学徒技能资格认证相关联。一方面，获得技能的正式认证可以用来诱导学员为培训投资的成本做出贡献，因为他们可以在劳动力市场上获得更高的回报。另一方面，认证促使他们在技能获取过程中付出更多的努力。

三、以制度互补为落脚点，强调规则系统构建

企业和学徒共同承诺的达成以及学徒技能提升是当前我国现代学徒制构建的重要着力点。但包括学徒技能形成在内的人类活动又是由制度组织起来的，路德维希·拉克曼（Ludwig Lachmann）的研究让我们看到了制度间互动的可能。制度间互动的概念有助于理解制度配置的内在逻辑，它挑战了对单个制度影响的关注，并将我们的注意力转移到配置的功能效果上。在社会科学文献中，"互补性"一词最初被路德维希·拉克曼用来描述制度间的相互关系。拉克曼认为，"社会生活中确实存在着互补性的形式，特别是在制度方面"，因此任何制度理论都必须考虑到分析那些似乎显示出某种程度互补性的现实世界制度的特征。[①] 波伊尔（Boyer）在进一步研究的基础上认为，与所观察到的表现相比，互补性需要两种制度的结合才能实现帕累托改进，而双方制度的表现应在两个实体中，如果由于

---

① Lachmann, L. M. *The Legacy of Max Weber.* California: The Glendessary Press, 1971: 7.

制度结合而产生的绩效优于单独考虑的每个制度的绩效,那么制度之间存在互补性。[①] 也即是说,"互补"强调的是一种层次结构的概念,它意味着两个实体之间的因果关系,从某种意义上说,一个实体绝对需要另一个实体的存在,以使其具有可持续性或可行性。相比较而言,"一致性"是另一个概念,这意味着两个制度可以很容易地共存,因为每个制度的健康状况都因另一个制度的存在而得到改善。从上述概念的讨论中产生的一般观点是,必须对各种形式的制度联系进行不同的分析。就本书的研究而言,制度间互动所产生的自我强制平衡,有助于解释现代学徒制各参与主体之间持续存在的各种制度安排的可能。这意味着,考虑到制度互动的问题,现代学徒制度体系构建应强调相互作用的制度的影响,而不是简单地认识到制度的重要性。而就政策改革而言,主要的信息是,任何旨在推进现代学徒制结构性改革的倡议都应考虑到整个制度结构的一致性和逻辑,因为制度间过去相互依存的网络很可能会阻碍新制度的有效采用。中国情境下现代学徒制度的体系构建亦是如此,这些逻辑决定了规则体系的生发路向。

第一,技能形成与劳动力市场中工资协调机制之间的制度联系。基于人力资本理论关于具体技能和一般技能的划分,影响了企业和学徒在劳动力市场制度和产业关系体系发展中的经济核算。特定技能的优势将为过渡性劳动力市场中的企业和学徒创造不同的经济激励。与一般技能的情况不同,劳动力市场制度的作用对于确保长期相互承诺的技能形成体系至关重要。为了鼓励学徒继续投资特定的技能,企业(和政府)必须为学徒的就业提供保障,最大限度地减少学徒在不可转让技能上投入的风险。对企业来说,有规律的工资协调和合作的劳资关系可以作为其重要手段。然而,虽然企业和学徒必须做出长期的相互承诺来建立特定的技能形成体系,但不断加剧的市场竞争会迫使企业进一步缩小经济交易的时间范围,以追求市场上的即时利润。在这样的背景下,通过一种自我激励机制来实现制度互补尤为重要。不过,在市场力量的压力下,对于制度间互动的自我强化机制的立场却略有不同。在经济衰退和全球化的驱动下,面对巨大的经济压力,即便是对大企业也会有很强的诱惑,精简低效的生产设施,退出学徒培训,这将导致作为过渡性劳动力市场的关键性制度配置——现代学徒制的崩溃。影响企业对劳动力调整的经济计算的主要变量是企业期望投资特定技能获得较高的未来回报的程度。如果企业预计从长远来看,特定技能将带来未来的高收益,他们将会忍受直接的财务损失,并维持学徒的就业保护体系,寻找一种替代的劳动调整策略,以减轻企业的财务负担。然而,如果投资特定技能的预期未来回报低于投资

[①] Boyer, R. Coherence, Diversity, and the Evolution of Capitalisms: The Institutional Complementarity Hypothesis. *Evolutionary and Institutional Economics Review*, 2005, 2 (1): 43 – 80.

的现值，企业就不能为在经济困境中留住多余的工人而承担成本，并考虑偏离他们对就业保护的隐含和明确的承诺。一般技能培训系统与无工资协调机制之间的制度互补将巩固一种制度均衡，而以特定技能培训体系和有规律的工资协调制度之间的联系为中心，对于维持就业保护体系的关键原则至关重要。只要在特定技能培训体系和有规律的工资协调机制之间形成制度互补，就能给双方带来较高的经济回报。

第二，制度构建与社会对话的互动。卡尔佩珀（Culpepper）认为，企业雇主可以通过集体努力和社会利益集团与决策者之间的信息共享，达成共识，从而投资一般技能。[①] 与此同时，学徒们更愿意继续投资"可转移的技能"，寻找机会在企业和工业部门之间更换工作。在技能形成体系中缺乏共同的经济利益，将阻碍企业和学徒在劳动力市场上制定有纪律的工资谈判的政治和经济激励措施。试点中，现代学徒制运行一部分是以牺牲企业部分利益为代价的，如占用企业车间进行培训，另一部分是以牺牲职业学校的教室为代价的。现有系统的显著特点是，企业承担了部分培训费用，并参与了这个系统，尽管其他企业有机会免费"搭车"，并从别人的费用中"挖"走未来的熟练工人。但这种分散的合作是可能的，只要存在强大的组织和保护系统对"搭便车者"进行制裁。其最终结果是高技能均衡，即企业自愿生产具有高度可携性和一般技能的劳动力，而且，也看到了追求生产战略的市场优势。公平地说，这种分散的合作是一种非市场合作的典范，协调市场经济的制度设计使之成为可能。事实上，试点实践中，参与现代学徒制的各方并不是不了解现代学徒制带来的优势，只是他们不知道改革是否会符合他们的利益，而商议的过程会为他们阐明这一点——深思熟虑的协会、企业和地方政府等行使一种对话能力。首先，制度形成和社会保护的对话。学徒制度的构建与社会保护制度有着密切的关系。为了确保对特定技能的投资，必须采取薪酬保护、雇佣保护、失业保护等相应的制度措施。不仅要保证拥有特定技能的劳动者的工作和薪酬能够持续相当长的时间，而且当他们失业时也应提供基本的生活保障。如果薪酬过低或失业可能性高，就会影响学徒对特定技能的投资动机，也会影响企业师傅参与的积极性。如果没有工作"安全网"的保护，一方面学徒将倾向于选择一般技能而不是特定技能，另一方面企业师傅也不会将毕生所学无保留地传授给学徒，因为潜在的"替代"威胁无时不在。换言之，对特定技能的投资需要一定程度的社会保护。其次，制度形成与其他教育类型的互动。在重视特定技能的社会，学校教育自然与职场相联结，而在重视一般技能的社会，

---

① Culpepper, P. D. *Creating Cooperation: How States Develop Human Capital in Europe*. Ithaca and London: Cornell University Press, 2003: 60.

学校教育与职场基本无衔接，职业培训学校的毕业证或认证书在社会中不具有太大的意义。在这种环境下，劳动者只能以其学习成绩证明就业能力，这就是高等教育的接受程度对个人而言更为重要的原因。这种类型的社会由于存在大学学术能力的排序，进入名牌大学的竞争异常激烈。另外因大学讲授的是一般技能而不是特定技能，大学的声誉也取决于其生源质量而不是毕业生的成就。这种对技能偏好的差异也对高等教育的内容产生影响。学徒教育不应是一种"断头教育"，在现代学徒制与高等教育之间应该存在一种通道，否则"技能形成"远不及"专升本"对学徒的吸引力大。这不仅是对学徒成长的一种抑制，更是对学徒参与积极性的一种遏制。如何通过制度的系统构建，将学徒技能形成推向更高层次，在企业和学徒之间达成共识，对于我国现代学徒制的成功构建弥足珍贵。

综上所述，目前我国现代学徒制的发展中面临着诸多亟待解决的问题，而这些问题的形成又受诸多外在因素的影响。就目前而言，我国现代学徒制的构建：一是应该加强现代学徒制本体制度规则的配置；二是应该强化外在支持性制度的构建，以增强内在制度规则的有效运行；三是强调在制度互动的基础上，进行整体系统化的构建。

第四节　本章小结

现有制度条件下，企业、个人、政府及学校的诉求各不相同。对于企业雇主而言，最重要的是拥有胜任企业目标要求的劳动力，从而满足竞争日益激烈的国际市场要求。对于拥有准员工身份的学徒而言，培训是一种提高技能和能力的方式，是获得更多报酬的途径，同时可以提高工作的满意度、安全系数以及劳动市场的流动性。政府作为公共服务机构，通常把现代学徒制的发展视为一种发展战略机制，通过复合型技能和灵活的功能促进技能人才队伍建设。职业院校认为现代学徒制对于学生成才、提升学校社会影响力和知名度，进而促进学校持续高效发展大有裨益。正是这些区别，而不是共识，参与主体间的利害关系亟待协调，而制度安排的目标是确保这些利益是平衡的。欧洲大陆现代学徒制从设计、交付到评估过程中都有关键利益相关者的参与，这意味着不同的需求可以协商，从而在现代学徒制的目标、成本和质量之间取得更好的平衡，并有助于产生来自企业和学徒的集体承诺。但在现有的制度安排下，试点中企业和学徒间的可信承诺关系难以达成，培训目标和质量要求间还未找到较好的平衡点，而且学徒向劳动力市场的过渡缺少必要的制度匹配。

面对如此困难，相关制度的构建应在路径选择上有所侧重：第一，从学徒留任意愿角度考虑，以学徒承诺的达成为起点，规范培训安排内容；第二，以行动者为中心，强调质量控制；第三，以制度互补为落脚点，强调规则系统构建。最终，通过规则体系的系统构建，努力促成企业、职业院校和政府就联合监管、高质量培训体系的合法性达成共识。不过，要实现这一目标需要相关行动者的集体努力，需在多个层次间互动。简而言之，中国情境下的现代学徒制建构是一个多层次的制度化过程。这些制度的生发也形塑了我国现代学徒制构建的制度基础。

第六章

职业教育现代学徒制的制度体系构建

经由前文，我国现代学徒制已在本体制度层面进行了一系列的探索性设计，既有制度规则的形成是试点实践智慧的凝聚，而试点中遇到的现实困境也是中国情境的真实反应。中国情境是我国现代学徒制当前以及未来制度构建的核心背景，任何制度的设计和体系构建都应以此为基础。从试点实践来看，现代学徒制能够存在的关键就在于其如何有效运行，而影响我国现代学徒制有效运行的关键不仅在于学徒的选拔、管理以及课程的灵活设置，还在于企业培训的具体安排（其中就包括培训内容选择的适恰性、师傅指导的可获得性以及同伴支持等要素），以及外在识别标准和强有力的协调机制的支撑。不过，这些问题单靠学校是无法解决的，不同行动者间权利和义务的区隔与均衡需要地方政府和国家通过相关制度的安排进行系统平衡和协调。基于此，中国情境下现代学徒制度的有效构建应从本体制度（现代学徒制本身的制度运行）和支撑性制度（区域协调性制度和国家规定性制度）两个角度，区分三个层面，进行系统设计。

第一节 国家层面规定性制度构建

现代学徒制的成功构建离不开正式规定性制度的约束。尽管当前现代学徒制还未上升至国家法律层面，但国家可以通过相关规则的细化和设置进一步明确相关主体的行动方向，并可以通过相关机构功能赋权的形式强化规则的约束力。这其中就包括劳动力市场的协调、学徒资格认证以及师资队伍建设等规定性制度的设置。

一、协调性劳动力市场：现代学徒制构建的前提

（一）学徒教育与劳动力市场间的过渡需要制度协调

中世纪以前虽然没有学徒制度的记载，但在古代甚至更早的生活中教育和劳动是一体的，并不是独立的社会系统，更未形成市场。但随着历史的发展，教育和劳动力市场逐步发展成为不同的子系统，形成了各自的目标和动力，两者之间结构紧张。教育系统从自愿的"小学"学校发展成为一个拥有不同等级和不同类型学校的大型系统，而且这些系统在它们的运作中已经变得相当独立。而劳动力市场也是高度分化，并且会不断变化，因为技术的发展不断改变着工作的性质和具体要求。不过，教育体系的重要目标之一就是"为工作做准备"[1]，在这一点上，现代学徒制表现得尤为明显。芬德（Fend）注意到，教育（包括学徒教育）不仅仅为人们工作提供资格，它还在很多时候，使人们（按照地位）分配不同价值的工作，以及由此产生不同合法化的收入。[2] 在某种程度上，不同层级教育的安排反映不同工作的差异，如从入门级的车间工作到首席执行官。较高的职位通常会得到更好的回报，因为在责任或技能要求方面，它们被认为要求更高。或者，正如经济学家们所希望的那样，这些工作所需的技能比其他工作更稀缺。不管怎样，这些职位的占有者往往具有更高的学历（比较稀少），这一事实使他们在更好的工作岗位上获得更高的工资。筛选和证书理论实际上强调了教育在资格功能上的选择性功能。[3] 但是，更重要的是，即使是学术教育也会让它们的学生为特定的劳动力市场做好准备。[4] 很难看出大学法学院对于劳动力就业市场的重视程度要比职业院校低多少。在传统学校本位的职业教育中，接受培养的那些年轻人毕业后直接进入劳动力市场，学校教育与劳动力市场之间通过毕业实习相关

---

[1] Hövels, B. Terug naar de inhoud op het snijvlak tussen onderwijs en arbeid. In B. Hövels and L. Römkens (eds.). *Notities Over Kwalificaties*. Hertogenbosch：CIBB, 1993：11.

[2] Fend, H. *Gesellschaftlicher Bedingungen Schulischer Sozialisation*. Weinheim und Bas：Beltz Verlag, 1974：82.

[3] Spence, M. Job Market Signaling. *Quarterly Journal of Economics*, 1973, 87（3）：355–374.

[4] Lieshout, H. V. Controle over verschuivingen in onderwijsstelsels：beheersing of besturing? In B. Boon, J. Demmers, P. van Leeuwen et al（eds.）. *Alles onder controle. Essays van de wetenschappelijke generatie X*. Utrecht：ISOR, 1995：143–157.

制度的安排进行过渡。而现代学徒制没有像普通中等教育和学校本位职业教育所暗示的那样，从教育到就业的顺序发生制度化转变（即从全日制学校的参与到典型的全日制就业的瞬间转变），而是暗示着一种劳动力市场和学校参与的平行制度化（即基于学校的相关教学，校企之间定期交替）。通过这种方式，学徒制本身就构成了一个独立的过渡劳动力市场，与过渡性劳动力市场理论相一致。[①]

从国际发展经验来看，学徒教育到就业的转变一般包含两个既有区别又相互关联的过程：一是从（一般）中等教育过渡到学徒阶段；二是从学徒阶段过渡到"正规"就业。现代学徒制通常作为一种由教育到就业的过渡，能很好地缓解第二次转型，并因此受到称赞。[②] 事实上，虽然顺序和并行模式之间的这些差异很重要，但我们必须注意到，工作本位的学徒学习和完全基于学校的职业教育实际上只是两个极端的点，在这种两极之间，各种不同的工作本位和学校本位职业教育组成部分间的组合是可能的。现代学徒制不仅为学校年轻人带来了不同于以往的角色变化（既是全日制学生，更主要的，也是在典型的学徒制度下的企业员工），而且为内部和职业劳动力市场的重叠奠定了基础。不过，在试点中我们也发现，在学徒教育和劳动力市场之间，以及每个个人之间的制度分化，都要求制度在短期和长期内实现良好的平衡。过渡性市场虽然具有协调功能，但实践中能够感受到一种缺陷，而这种缺陷并不是潜在的。首先，在任何一个好的市场中，都有供应和需求相互适应的空间，关于原始需求和供应的信息交换将导致相互适应的过程。就目前的试点而言，这一过程通常由试点单位与合作企业自主商定，而这些信息通常会以招生目录的方式对外公开。但至于有多少学徒入选，还有多少岗位空缺，以及中途是否有学徒退出，这些信息并不透明，甚至连学校管理者都很难说清楚。这也就是为什么在调研过程中，数据采集颇费周折。其次，我们对于要将学徒培养成什么样的人并不清楚，也不透明，即使制定培训计划和考核标准，也会因为执行不到位而形同虚设，资格识别标准不足。具体又体现在两个方面：一是不同区域对于同一职业技能要求和考核标准要求不一，从现代学徒制专业教学标准的文本内容中可以窥得一斑，这对于学徒跨区域交流制造了障碍；二是同一职业中学校本位和以工作为基础的技能标准相互重叠或冲突。简言之，目前的学徒培训缺乏框架标准。最后，缺少一种管理或协调这种劳动力市场的更一般的制度配置。"私人指导能力"的发展是学徒制历史发展的一个重要方面，

---

① Lieshout, H. V. and Wilthagen, T. Transitional labour markets in action: new developments in the Dutch vocational education and training market. In S. Roualt, H. Oschmiansky and I. Schömann (eds.). *Reacting in Time to Qualification Needs: Towards A Cooperative Implementation?*. Berlin: Wissenschaftszentrum Berlin für Sozialforschung, 2002: 241–269.

② Schmid, G. Flexibele coördinatie: de toekomst van het duale systeem uit oogpunt van arbeidsmarktbeleid. *Cedefop beroepsopleiding*, 1992 (1): 53–58.

但试点中，到底谁来管理学徒培训并无定论。在制度文本分析中可以明显体察到，虽然校企双方联合制定了现代学徒制管理办法，但文本中并未明确学徒培训的质量是什么、如何确保和不断提高培训的质量，以及由谁负责监督等关键问题。总而言之，目前我国现代学徒制的发展过程中，学徒教育与劳动力市场间的过渡缺乏显要的制度配置，其中应该包括相应的组织建设。

（二）协调性劳动力市场的制度安排

事实上，从学校向工作的过渡一直是每个人一生中的关键阶段，现代学徒制作为一种在更大范围内实现工作与教育之间过渡的一个可能办法，是建立在一系列外在制度基础上的。根据试点原则，学徒培养需要在不同学习场所交替进行，学校和企业间建立交替关系是进一步教育和培训的基础。在此过程中，学徒培训经费将由各企业提供，受训人员将在培训期间接受较低的工资来参与筹资。过渡劳动力市场不仅打算创造更多的就业机会，还将改善就业条件，它们还将减轻传统经济增长的压力。然而，重要的问题仍然悬而未决，例如过渡劳动力市场的一个关键原则是不同收入来源的结合。那么，谁（国家、企业、学徒）将共同出资，出资多少？出资的目的是什么？一言以蔽之，就是现代学徒制的资金如何筹措？同样明显的是，过渡劳动力市场在结合有偿工作和非有偿生产活动方面的组织安排比自由市场制度更为复杂，涉及合同安排或在各种就业职位之间做出选择的权利。如何制定、谈判和控制这些权利？

就第一个问题而言，在大多数情况下，过渡劳动力市场涉及某种形式的收入再分配。然而，如果认为现代学徒制只是一种工作分担战略，那么这样的理解还不够全面。因为，在经济方面，可以把现代学徒制设想为一种新的工资政策，这种政策能够平衡工资的各种职能，同时兼顾公平和效率问题。但有充分的理由表明，如果工资政策和收入政策恰当地联系在一起，这一目标可能会奏效。就企业而言，通过现代学徒制可以以较低的投入获得未来想要的人，而对于学徒而言，需要通过低工资换取企业的培训。在这一过程中，现代学徒制需要复杂和明智的共同资助模式，集体行动者必须为这种模式提供适当的制度框架，这种工资和收入政策的合作框架才能得以实现和推广。显然，在过渡劳动力市场制度下，必须重新考虑法律或集体管理的问题。这也就涉及第二个问题，即现代学徒制作为过渡时期劳动力市场的监管问题。过渡就业权利的假定原则必须合法化，反对激进的自由放任哲学，即劳资关系应由私营部门之间不受限制的自愿谈判来处理。规制理论指出了可能发生市场失灵和第三方规制可能产生较好效果的各种情况。这些情况可以分为四类：交易成本、外部性、规模经济和囚徒困境。因此，必须检查过渡劳动力市场在多大程度上改变了以前需要管理制度的环境。就交易费用而言，由于需要更详细、有区别和更灵活的合同安排，转型期劳动力市场可能会增加这种费用。学徒有越来越多的选择（例如升学、中途退出等），可能会增加企业的风险，令企业无法从特定关系资本的投资中收回成本。因此，为了克服企业与学徒之间可能存在的不信任，并避免在过渡过程中可能导致的就业关系破裂的情况，有必要制定一般性的程序规则以及在具体规定合同时进行个人谈判。

此外，如果私人合同的执行成本很高，而集体协议或立法能够以较低的成本执行，规范或内部化的标准可能进一步提高整体效率。通常，集体协议如果成功，可以通过立法作为普遍标准的试点。从经济的角度来看，标准化可以被视为从规模经济中收获果实的一种方式。作为过渡劳动力市场的现代学徒制还意味着就业关系的复杂性和偶然性日益增加。而其中的人为因素带来了成本增加的风险，监测合同遵守情况变得更加困难，合同条款可能含糊不清并引起冲突解释，不遵守合同造成的损害难以衡量，损害或损害的原因难以确定。解决冲突将需要外部仲裁者在漫长的事实调查过程中收集昂贵的资料，在这些调查中，合同的实际条款和双方在雇佣关系期间的可追溯行为必须被建立。因此，新的合同范本应明确规定框架和标准，立法规定最低标准、程序规则和应享权利可能成为公平和效率的手段。再有，作为过渡劳动力市场的现代学徒制，虽然现在还没有普遍出现外部"挖人"现象，但还是要预防可能出现的新形式的"囚徒困境"，即提供轮岗计划的企业可能会面临"搭便车者""挖"走训练有素的员工的问题。这意味着需要提供激励（例如共同资助现代学徒制计划）或建立普遍规范。

可见，一个成功的现代学徒制度包含了比最初想象的更广泛、更复杂的制度结构。作为过渡性劳动力市场的现代学徒制将加强增长的就业强度，但增加就业关系的必要多样性还意味着寻求制度安排，以支持教育、培训与就业之间更大的流动性或过渡，或两者的临时结合。而这些支持制度应该包括明确规定框架和标准的合同、规定最低标准的规制性规则等。同时，为实施这一战略，必须特别注意促进地方（区域）一级关键行动者之间合作关系网络的建立。

二、国家专业教学标准与认证体系：现代学徒制的基础

现代学徒制发展的国际经验提醒我们，对学徒资格的准制度化和社会认可是对学徒的重要积极激励。无论学徒的职业是什么，一个完整的学徒生涯都赋予了学徒一个职业身份，并由此获得了公认的社会地位。在德国现代学徒制的发展经验中，学徒证书是独立实践的必要条件。而对于我国现代学徒制而言，国家层面的专业教学标准和认证是现代学徒制的基础。

（一）专业标准开发及认证是现代学徒制质量保证的基础

质量应是学徒制改革的优先事项，因为质量不仅为经济所需的劳动力技能或学徒制品牌的预期提供实质性贡献，而且鼓励并调整其他形式的技能发展。"质量"作为一个明确的目标，首先出现在管理理论中。近年来，质量的概念在公共政策辩论中变得更加突出，包括在职业教育和培训方面。关于质量的表达并不是固定的，因此质量"管理"、质量"控制"、质量"改进"和质量"保证"在某种程度上都可以互换使用，但也传递不同的细微差别。在职业教育和培训方面，对低质量的关注导致欧洲职业教育和培训质量保证参考框架的建立。[1] 从最广泛的意义上说，好的"质量"意味着任何想要的东西。对于现代学徒制而言，质量可能包括学徒制的所有可取特征，可归因于涵盖整个学徒制度的最高"制度"水平、涵盖个别学徒计划和资历的较中级的"设计"水平，以及涵盖个别学徒的学习经验的"传送"水平。因此，一个强有力的现代学徒制度应支持个别学徒资格的设计——例如，通过一个资格框架，明确学徒资格与更广泛的教育资格之间的关系。良好的设计，应存在正确的资格形式，然后得到巩固并有效地提供给个别学徒。

然而，现有制度框架下，并不是每一个提供学徒培训的企业都具备培训计划和考核标准，学徒培训质量令人担忧。而且，学徒培养过程，尤其是工作场所培训过程是在不公开的状态下进行的，公众对其详细过程知之甚少，就连合作学校的教师及管理者也未必能及时掌握培训过程的具体信息，否则也不会有这么多的企业没有明确的培训计划和考核标准。既然在现有情况下，一时难以对学徒培训过程进行把控，那么可以从"产出"端，对学徒培训质量进行考量。而这样的手段，在学徒制发展史上就一直存在，如行会时期学徒需要提供一件作品才能证明其是否可以出徒。在现代语境下，国际经验则是通过资格认证的方式，对接受培训的学徒进行质量评估。在调查中也发现，试点中也有部分企业为学徒提供行业技能认证，也有企业积极配合学校参加各类考证。但这里需要强调的是，资格认证需要区分是对学徒现有的低水平技能认证，还是在接受足够高质量的培训之后进行的较高水平认证。特别是在零售、护理等行业，这一点尤需关注。对接受培训的学徒进行资格认证是从产出角度对学徒培养的质量进行的事后评估，在学徒培养过程信息不完全为公众所熟识的情况下，不失为一种督促和监督企业关注培

---

[1] *Recommendation of the European Parliament and of the Council of 18 June 2009 on the Establishment of A European Credit System for Vocational Education and Training*，https：//ehron. jrc. ec. europa. eu/sites/ ehron/ files/documents/public/recommendation_of_the_ep_and_the_council_of_18_june_2009. ecvet. pdf. 2009－07－08/ 2019－02－04.

训质量的重要手段，能有效避免企业以"现代学徒制"为名，"滥用"学徒劳动力现象的发生。除此之外，还有一点不能忽视，现代学徒制并不完全是企业的事，合作学校在学徒培养过程中发挥重要作用，与学徒培训质量高低不无关系。而且，在试点中，很多学校缺乏明确的学徒培养依据，往往在具体实施中将学徒培养与传统意义上人才培养完全等同，这一点在收集回来的"人才培养方案"中有明显体现。因而，为了确保学徒培养质量，需要从更高层面对学徒的教学和培养结果进行规制。

（二）国家专业教学标准与认证体系构建

国家专业教学标准旨在为学徒培养提供理论知识和实际应用的准则，以补充学徒的培训经历。标准的设计，有助于业界培训标准所界定的校内学习成果与有关工作表现目标互相参照，也有利于学徒将学校规定的知识与工作环境中所需的实际经验相结合，从而完成与这些目标有关的学习。共同标准的制定可以简化学徒培养制度和对结果的解释，特别是对跨地区学徒培养而言。不过，不可避免的是，新的国家专业教学标准将会有一些初期的问题，一些最初看起来合理的标准特征可能会受到现实多样性的挑战。在实施这些标准时，一些提供者有可能无意中选择了效果不佳的教学方法。因此，随着时间的推移，逐渐了解标准及其实施的潜在缺陷，以及如何在实践中克服这些缺陷，成为质量保证发展的重要内容。而这样的过程需要有一个专门的机构或部门，对其进行跟踪、协调。同时，新的国家专业教学标准的实施，需要引入相关资助机制，主要出发点在于激励学校和企业的参与。目前学徒制专业教学标准主要在学校层面，由学校和企业开发，如果没有积极的资助机制，学校和企业可能不会真正依照国家标准实施。这里需要强调的是，国家层面专业教学标准的开发需切实考虑到国家统一性和地方灵活性间的矛盾问题，将专业大类进行模块化处理不失为一种有益的手段。在具体内容上，必须明确学徒培养周期、学徒培养规格，以及企业培训的核心要求（可将企业课程纳入其中）等关键内容。

有了教学的标准，下一步就是如何对培养结果认证的问题。首先，每个目标职业应有一个资格，而不是由不同的授予机构提供竞争性的资格。其次，一个可靠和健全的学徒资格制度需要与更广泛的职业资格制度相协调，并在数量上易于管理。学徒资格通常与更广泛的教育和培训资格挂钩，这使得学生和企业都能看到学徒制在教育进程中的位置，以及特定的学徒制可能会带来什么样的工作和职业生涯。对于任何给定的目标职业，可以采用不同的方式将学徒资格与其他职业和教育资格联系起来。例如，对于同样的目标职业，可能有其他的替代途径，在允许学徒制提供一种获得技能的途径时，其他途径也是可能的，包括以学校或大学为基础的培训。再次，确定学徒资格标准的数量。即使在拥有强大学徒制度的国家，也通常只管理相对有限的学徒培训职业。对于那些短期内不适合开展现代学徒制的职业应不作硬性规定，转而将国家有限的资源转移到有实施学徒制价值的行业。最后，确保评估的可靠性和一致性。在可靠性问题上，学徒资格认证需由第三方权威机构进行，并要求在评估计划中，列出期末评估报告、笔试、面试和实践测试的内容。学徒资格认证的目的在于确保企业对学徒技能的信心可以得到外部和客观的质量检查的支持，这种检查实际上是在判断学徒个人的技能是否达到行业预期的标准。在一致性方面，资格认证应由某一个具有权威性的评估机构进行，但为了避免特许经营带来负面效应，应对认证机构的资质设定一个有效期限（如五年），并保持某些可竞争性。

学徒培养质量是现代学徒制成功与否的关键，也是试点单位面临的重要挑战。而从国家层面建立系统的教学标准，以及对学徒培养结果进行系统认证是我国现代学徒制成功构建的基础。如果学徒教育没有标准，其他有关现代学徒制的活动根本无法进行。同时，如果对培养结果没有系统的考核与认证，再好的计划安排也难落到实处，旨在改善认证体系的政策，将在鼓励个人支付或分担自身培训成本方面发挥重要作用，完善的认证体系能够有效地向劳动力市场发出学习成果的信号。

三、完善的导师制度：现代学徒制的重要组成

在通识教育方面，我们认识到师资队伍的素质是支持有效学习的关键因素之一。这引致了一系列旨在提高师资素质的政策措施。同样的考虑也适用于现代学徒制方案中的校内教师（通常称为"校内导师"）和企业培训人员（通常称为"企业师傅"）。但在现代学徒制的特定背景下，支持年轻人向工作场所过渡、"边做边学"的现实诉求，对指导和支持学徒职业发展的人选提出了新的要求。有鉴于此，现代学徒制导师（企业师傅和校内指导教师）的确定，需要从角色和职责规范角度进行相应的规则设置。

（一）确保企业师傅准备的最低标准

自从年长的、有经验的技术工人向新员工展示如何做好工作以来，以一种非正式关系形式存在的指导就一直存在。只是与以往不同的是，现代学徒制要求学徒教育发生在学校教师和生产场所师傅之间共享培训任务的过程中。这就导致了被选为学徒导师的企业师傅，在学徒指导过程中相关活动的多样性，而且在很多情况下，这些活动并不是线性的或孤立的，许多活动是同时进行的，或者是根据

企业的工作组织而重组的，进而在学徒教育活动中，企业师傅承担着多个不同的角色。

首先，企业师傅的教育角色。这个角色需要导师作为一个经验丰富的专业人士分享经验，被选为导师的企业师傅不仅需要向学徒展示如何做事，而且需要解释为什么要以某种方式做事。在学徒周期的各个阶段，企业师傅有望知道什么时候提供强烈的支持，什么时候该退让，什么时候让学徒练习他们的技能，什么时候从自己的错误中学习。有效的学徒培训不仅需要企业师傅具备丰富的经验，还要能以适合的方法将已掌握的实践知识传授给学徒并帮助其养成真正理解概念的能力，以便在未来自己解决问题。与此相对应，与学徒教育息息相关的企业师傅被期待具备必要的教学能力，而这样的教学能力有望帮助企业师傅在关注学徒成长的同时，能够围绕着与学习者的关系更好地组织培训过程。具体来看，主要包含以下几方面内容：一是在培训方案和资格标准的基础上，师傅需要制定培训目标，并将其转化为学徒在企业的学习活动或培训工作情况；二是在组织和实施学徒培训过程中，企业师傅需要能够对工作环境进行"解码"，并能根据工作任务性质，展示和解释操作方法和步骤，以及能对学习效果进行监督和评估；三是将理论和实践结合在一起，在给定的职业环境中，引导学徒独立完成岗位工作任务；四是企业师傅需要能够对技能和知识获取以及学习机制进行反思，对与学徒沟通的方式进行反思，以及对他所负责的受众的具体特征进行深入了解。此外，企业师傅还须了解整个培训计划，他们必须回答学徒们关于公司在培训中的地位的问题，以及任何关于继续培训的话题，因为学徒们可能存在继续延续技能学习的潜在需要。可以认为，企业师傅是学徒在整个工作场所培训领域中的首选对话者。

其次，学徒教育中企业师傅的关键作用不仅在于传递实践技能和知识，还在于帮助学徒适应工作场所的社会规范，以及更广泛地负责学徒的管理。在实践中，企业师傅无疑还扮演着帮助学徒社会化的角色，他们鼓励年轻人学习群体行为标准（如语言、服装等），在工作环境中熟悉集体生活的规则，并引导学徒按照新员工的要求行事。就这样，企业师傅结合自身对企业经历的记忆，帮助新学徒适应公司的隐性规则和特定的环境，并要求他们采取精益求精的态度对待工作。当然，在许多情况下，师傅的角色并不仅仅局限于此，当他解决或帮助解决个人而不是专业的问题时（如健康和同伴关系问题），他就成了一名调解员。而在这一过程中，企业师傅更多地充当了管理者角色。一方面，他们有一定的管理任务，需要将工作分配给学徒并领导一个团队，确保合作过程、工作过程和生产互动过程中彼此相互尊重；另一方面，他们还需要管理和协调不同部门或培训学习者之间的内部关系，需要在培训中心、生产部门以及企业其他的不同合作伙伴间发生关联。通常情况下，他们会在培训结束后在培训和招聘之间建立一种互动的联系。此外，作为工作场所价值观、道德规范和专业实践的榜样，企业师傅必须具有高标准的专业精神、扎实的职业道德和积极的态度，因为大多数受训者最终会模仿他们的师傅。简而言之，企业师傅在学徒的眼中体现了一种制度的规范。可见，企业师傅并不是一个简单的培训指导，在培训实践中扮演着多个重要的角色，但这样的角色并不是孤立的，而是嵌套在学徒培训的整个过程中。因而，任何有关规范企业师傅参与行为的制度设计都不能顾此失彼，有关企业师傅任职标准的设计更是如此。为了在现实中有意义，对上述活动的描述必须附有关于其分配的细节，以及负责执行这些活动的人的职能和条件。

这样一来，对于企业师傅的人员问题存在三种局面。第一，企业中存在很多具备上述能力的企业技术人员，愿意做师傅的候选人大有人在，企业要做的就是通过一个平台，允许候选人必须证明其有必要的能力，而这样的平台需获得适当的行业认证或国家层面的认可。第二，现代学徒培养对企业师傅要求太高，企业师傅虽有能力但无心带徒，也就是现代学徒制对师傅的吸引力不够。因为，现代企业生产中，师傅的主要身份还是企业员工，通常以劳动生产力来计酬，如果没有外在的激励和补充措施，即使具备带徒能力的企业师傅也并不情愿指导学徒。第三，企业现有员工中能够符合带徒条件的人员不足，这也就是为什么在调研中学徒反馈"师傅、设备等资源不足"。与此相关，企业师傅人选的确定可以尝试着从三个方面进行突破：一是通过激励性手段增强带徒吸引力；二是对企业师傅候选人进行培训；三是对企业师傅进行资格认证。要做到这三点需要从制度层面进行支持，即从激励、培训以及国家或行业认证层面进行相应规则设计，这些内容是我国现代学徒制构建过程中，确保企业师傅供给的最低标准，为了便于陈述，本书更愿意称其为"企业师傅专业标准"，内含企业师傅的选拔、培训、激励和认证等细则，培训要求中应包括教育学、法律问题、职业教育系统知识，以及如何解决年轻人潜在的问题，如情绪、日常行为规范（包括抽烟、酗酒等问题）。

（二）确保学校导师准备的最低标准

试点以来，与学校导师相关的制度安排，在大多数情况下与校内专业教师的要求无太大差异。在讨论教师教育或其他问题时，一般都会考虑专业课教师的情况。也因如此，在实践中，学校导师和企业师傅面临两个相互关联的挑战。第一个挑战是学校导师的短缺问题。调查中，很多职业院校在选拔校内导师时，有时不得不与其他专任教师竞争，往往无法提供有竞争力的薪酬，尤其是在校内导师需求量最大的试点专业。在此情况下，许多职业院校创造途径，进行长远规划，努力培养具有相关职业技能的人,使他们成为校内导师。第二个挑战是如何确保校内导师熟悉现代工作场所快速变化的要求。虽然关于这一问题的经验证据很少,但对试点中现有证据的审查表明,具有有关的工作经验是有帮助的,特别是对新晋教师,因为相关工作经验为他们提供了一个环境,增加了他们对学徒的指导信心。然而,超过某一阈值水平的工作经验似乎对教学效果没有进一步的积极影响,因此工作经验的性质可能比其长度更重要。① 不管怎么样,校内导师的知识和技能需要与时俱进。在实践中,校内导师往往认为他们太忙,无法更新自己的技能和知识,除非在职培训正式成为他们工作的一部分,并被认可为他们工作量的一部分。也就是说,可以通过奖励,特别是工资奖励以及其他方案,鼓励发展和更新与工作有关的知识。

　　具体来看,首先在校内导师缺乏工作经验的情况下,需要鼓励更多具备实际工作技能的人成为校内导师。与校内专任教师相比,企业更重视与工作相关的技能培养,往往更要求培训人员具备与工作过程相关的知识经验。因此,试点实践中,就有很多职业院校从企业征聘"技术技能型人才"到学校任教,这一方面确保了学徒校内间接经验学习与工作场所直接经验学习之间的关联性,另一方面也拓展了校内导师队伍内部信息交流的多样性。当然,除了直接从企业征聘校内导师之外,也可以通过选拔校内专任教师到工商业界担任兼职教员或兼职工作的方式丰富与工作过程相关的知识经验。这种安排的益处不仅在于确保了校内专任教师同现代工作场所不断变化的需要之间保持密切联系,还可能潜在地吸引那些希望走近职业院校但在企业留有工作的人接受教学技能学习,成为校内兼任教师。如果顺利的话,试点院校与业界之间的合作与交流,既可以用来提高和保持校内导师对工作场所的熟悉程度,还可以培养工作场所培训人员的教学技能,这反过来又有助于在企业中培养一批受过教学技能训练的人,这些人将来可能在工作场所学徒培训中担任企业师傅。事实证明,上述两种方式的交替使用,大大促进了校内导师的专业性和企业师傅职业性之间的灵活互动,有助于解决现代学徒制师资不足和招聘不畅的问题。为了促进上述安排,学校和企业间的密切合作至关重要,两者之间的伙伴关系可能有助于增加其吸引力,从而吸引合格和热情的候选人。这种伙伴关系的质量往往在很大程度上取决于个人关系,虽然这种关系很重要,但它们需要得到系统的支持。而这样的支持,关键是获得行业、企业、学校及学徒的认可,因而采用一种认证标准来吸引高质量的候选人从事学徒培训显得很有必要。作为校内导师任职的资格条件,校内导师标准也应包含选拔、培训、

---

① Lynch, R. L. Occupational experience as the basis for alternative teacher certification in vocational education. In A. Gamoran (ed.). *The Quality of Vocational Education: Background Papers from the* 1994 *National Assessment of Vocation Education.* Washington, DC: U. S. Department of Education, 1998: 43 – 64.

激励和认证等细则，其中在选择条件中应尤其强调业界工作经历和所取得的相关职业认证。而为了保证学徒培养质量，校内导师需完成一定时长的企业培训课程，包括现代工作场所快速变化的新技术、新工艺等内容。

总而言之，对于参与培养学徒的人员来说，企业师傅往往缺乏教学经验，而校内导师往往职业经验不足。为了向企业师傅提供教学技能并帮助他们成功地从企业过渡到学校，在制度设计方面应有所考虑。让技术工人以灵活的方式提高他们的教学能力，有助于鼓励技术工人以企业师傅身份进行实践，如有些企业培训人员可通过参加一定时期的讲习班获得所需的教学资格。当然，如果有专门的组织机构为未来企业师傅提供继续教育和培训课程，帮助其提高技能，并支持学校职业教育和企业发展，那么对于现代学徒制发展中师资问题的解决将大有裨益。除此之外，还可以特别设计一个义务培训方案（直接）来满足校内导师的需要。该直接方案应在工作场所新要求、学徒管理、学徒评价等方面提供实际操作指导。要做到以上几点，需得到以下几方面的支持：第一，应在认证技能和非认证技能之间进行区分，这就类似于市场需求的技能和公司特定技能之间的区别；第二，对于参与企业，应严格聘用经过认证的企业师傅；第三，政府可以与企业组织就不同的认证技能进行协商，并将其作为影响培训规模和分配的一种手段。然后，这些企业将获得经认证培训的资金资助，接受定期检查，并需要在外部评估中获得满意的结果。简言之，完善的导师制度中，除了必要的培训安排和相关标准的制定外，还应强调财政激励措施的使用，以及确保企业具有培训能力和提供专业培训承诺的企业师傅的积极参与。

四、畅通的学徒升学路径：现代学徒制的有力支撑

现代学徒制既要吸引企业，也必须吸引学生，这样合格的年轻人才能竞争成为学徒，而培训企业也能从他们的能力中获益。畅通的升学路径，是吸引学徒参与的重要支撑，至少对于试点中，那些参加升本考试的学徒应是如此。这意味着，公众对与学徒制竞争的学习途径（如不同形式的高等教育）的支持程度很重要。

（一）现代学徒制是一种途径，而不是终点

对于许多研究者来说，教育的价值在于成长的过程。学习是一个不断变化的关系网络，处于一个不断变化的过程中，本质上又是环境、社会和具体内容的一部分，并受其影响。换句话说，学习通过参与和个人转变来进行，是一种终生观念。现代学徒制作为一种职业教育形式，理应允许学徒享有不断学习的权利和获

得相应学习的机会。现代学徒制不同于单纯的学校虚拟现实系统,前者更能提供社会包容和就业机会,相应地,对学习者技能的习得和提升也提出了更高的要求。因为,在工业社会中,技术的不断变化致使工作对技能的要求不断提高,高技能工作的比例上升,而低技能工作的比例下降,同样的工作极可能在技能要求方面发生了升级。因而,需要一支有能力提供一系列技能的员工队伍,以满足行业对贸易、技术和管理角色的需求。这些技能和属性使他们能够对技术进步、不断变化的工作和工作场所环境做出反应。进而,在制度条件不变的情况下,只有对技能水平的不断追求,学徒才有可能适应不断变化的工作要求。而技能从低到高是一个不断学习和积累的过程,在这个过程中,更高水平的指导对技能形成影响更大。再进一步,技能形成的本质可以概括为知识与具体工作任务的联系。不过,由于工作任务的性质不同,联系的具体内容也会有所变化。只有在具体工作情境中,引导学徒努力建构知识与工作任务的联系,才能有效地习得和提升技能。也即是说,随着工作任务复杂程度的不断提高,知识的广度和深度要求不断扩大,不同层次受教育个体对知识与工作任务之间建立联系所采取的行动不断升级。据此,一般水平的学徒需向更高一级的学徒转变,而这一转变如果能在更高级别的指导和教育环境下,效果会更明显。由此,对于学徒个人而言,现代学徒制只是其成才的一种途径,并不是终点,学徒应有更高一级的上升空间。

不过,这里需要指出的是,升学路径的畅通,通常会想到为学徒专门设定高层次学历。这是学徒升学路径畅通的必备条件,但不是唯一条件。如果只是在学历层面上进行更高的设定,而不对考试制度进行相应的配套安排,那么对于学徒而言,很可能只能对着高学历而望尘莫及。因为,学徒制是以就业逻辑为导向的,在成为学徒期间,几乎 2/3 的时间要花在以工作为基础的培训上,而在较短的以学校为基础的期间内,不可能达到接受高等教育所需的学术水平。因此,为了避免类似的由学徒制到高等教育的低渗透模式,切实为学徒提供更大的获得高等教育资格的机会,有必要在制度层面对学徒升学考试规则进行约定。

(二) 现代学徒制升学制度安排

现有制度环境下,学徒升学转移效应的强度取决于学徒制在国家教育体系结构中的地位以及中学和大学之间的联系。但就目前而言,处于试点阶段的现代学徒制还未在教育体系中真正旗帜鲜明地存在着,在很多人的印象中仍作为诸多人才培养模式中的一种。不过,这并不能妨碍更高级别学徒制形式的设立。本书认为,学徒升学制度安排的第一步应设立高学历层次的学徒制,为学徒接受更高级别教育提供可能。第二,高学历层次的学徒制在学习方式和学习结果方面应与普通高等教育有所区分。首先在学习形式上,主要通过基于工作的途径,边工作边学习。这样的要求主要基于两方面考虑：一是升学考试会导致学徒离开企业，企业很难收回前期投资的成本，给培训企业带来损失，因而在前文的三方协议中，企业对于学徒升学考试进行了严格的限制；二是边工作边学习能为学徒带来稳定的收入，激发学徒学习热情。而在学习最终结果方面，可以结合资格证书（高级）和基础学历（如专科）或学位，将其上升到学士及以上学位。当然要做到这一点，需要在国家层面上加以引导，应以需求为导向，以确保所有相关利益者（包括学徒）看到价值。这种价值可能不会在一开始就被察觉，最初可能适用于那些在学徒期间变得更优秀的人。不过，这里需要提醒的是，对高学历学徒制的追求，很可能与企业的要求不相符。因而，这些更高层次学徒制的安排需要更加灵活的整体方法。

这也就涉及制度设计的第三步，即高层次学徒制与其他学习经历之间有效衔接的问题。这里可能存在几种相关但不同的方法。首先，从学徒期内直接过渡。学徒期内获得的资格、技能以及学校授予的毕业证书都是升学资格审核的考量要素。顺序选择更有可能由有动力的个人按照自己的节奏、职业目标、经验和机会来选择。将技能、资格水平与学位层次相衔接，为一系列的资格和技能开辟了道路，支持从基于能力的证书级别课程到更高的学位，促使这些资格和技能可以逐步触及更深或更广的技能。这样的程序可能由一个提供者运行，或者涉及一系列提供者之间的合作关系，以利用最好的可用人员和专业知识吸引高质量的候选人，从而成为一系列高质量学徒的理想来源。其次，并列运行。作为学徒制度安排的一部分，它允许一系列资历以相同或不同的顺序同时进行。我们知道，有一些积极主动的学生能够驾驭多个系统同时进行学习，但他们只能以一种特定的方式展开，而不能以系统化或结构化的方式进行。例如，一名学生可以在学徒期内，以兼职方式开始攻读他的大学学位。为了维持这份工作和承担课程压力，可能需要利用休息时间学习大学课程，并在一周内继续在现场做学徒。并行模式更符合上文中提到的边工作边学习的特征。不过，在具体实施上可能需要在与企业正式签订的学徒合同中嵌入相应的承诺。即便如此，要实现这样的安排也并不容易，需要克服现有制度的障碍，或在现有制度安排的基础上，扩大学徒制的概念、必要条件和可能导致的结果。其中一些挑战包括：适用性和接受度，特别是企业的承诺；如何加强通识教育；提高基于工作的学习体验的质量；尊重对等，提高职业教育的地位，解决质量问题等。

当然，学徒升学路径的畅通除了需要对高层次学徒制的设立进行相关的制度安排之外，同等重要的是，需要在制度层面上突破职业院校传统升学考试方法，突出以实践能力为入学参照标准。可行的做法是，将实践操作纳入考试范围，真正为高层次学徒制选拔掌握扎实技术技能的学生。此外，通过扩大学术内容的范畴来提供学徒制高等教育资格的政策可能适得其反，因为这些政策极有可能增加这些学徒制学生的辍学率。对于熟悉企业工作环境的学徒而言，过多的学术课程安排并不一定有利于学徒的个人能力提升，反而可能压缩其与工作场所的联系。简言之，高学历层次的学徒制并不是普通高等教育的翻版，其本质上依然强调学校学习和工作场所学习间的互动，其基本目标是高水平技术技能人才的培养。因而，对于高层次学徒制课程内容和入学要求需有明确的规定。通过为学徒提供升读高等教育的机会，可降低学徒转投学术教育的风险，提升高等教育对职业资格的认可度，削弱中、高等职业教育和学术教育之间水平整合较弱的负面影响。高层次学徒制度安排为学徒终身学习和职业发展提供了明晰的路向，对于满足企业需要的高技能人才培养至关重要。当然，我们也应看到，满足未来更高的技能需求，不但取决于培训系统提供适当技能的及时性和反应能力，还取决于是否有适当的人员（包括数量和能力）来获得和使用较高的技能。未来的发展方向很可能是采用一套多样化和全面的方法来吸引最优秀和最聪明的人才，而不是采用有限的模式。还应该注意的是，最好和最聪明的学徒可能从第一天起就很明显，他们通过接触学校教育和工作经验而成长。因此，这就需要确定哪些人可能有潜力和有能力在学徒期间的适当环境中做出成绩，进而向他们提供有趣和富有挑战性的经验，以培养他们的技能，提高他们自己的就业能力、对企业的价值，以及未来的发展进路。

第二节 协调各方行为的区域规范性制度构建

　　国家层面的制度建构主要着眼于学徒教育过程中相关主体互动行为的整体性、全局性约束和规范。但并不是所有的问题都需要从国家层面通过相关的制度设计来解决，其中就包括企业与企业间互动的问题以及如何激励企业参与的问题。因为，这些问题并不具有完全的普遍性，完全可以在区域层面通过制度的完善和设置进行规范和协调解决。

一、区域审查制度：规范质量的重要抓手

　　学徒培养质量是学徒制成功的关键，所以在任何时候、任何层面强调学徒培养质量的问题都不为过，但凡是对质量提升有益的举措都应积极争取。这其中就包括区域层面对规范学徒培养质量所做出的努力。当然，区域层面对学徒培养质

量的促进不同于学校层面，学校层面重在内部的运行，包括后文中提到的学徒选拔、企业资质审查、课程匹配以及学徒管理等内容。而区域层面更强调对学徒培养过程中相关行动主体间的行为和关系的规范和调节，更强调过程的控制，这是由试点中实际情况所决定的。具体来看，尽管试点政策的重点是国家，但也强调地方的灵活性。这样做的优势在于，便于区域层面透过整合人力资源及经济发展政策，发展本地知识网络、满足本地对技能的需求，以及（可能的）解决技能运用的问题，以避免浪费本地人才，使本地技能供应更符合本地需求，从而提高创新及灵活性的可能性。同时，也可为本地利益相关者提供本地的策略指引，使他们能根据本地劳工市场的需要调整政策，使学徒培养更适应个人和企业的需求，并在他们之间创建连接的路径。进而，在试点中，地方政府可以通过描述伙伴之间的任务分工，推进彼此进行合作育人，以满足当地劳动力市场的需要。其中，地方伙伴关系工作的一个重要标识或特征是城市一级公共培训中心的建立。公共培训中心由城市（学校）、私营企业和行业伙伴共同经营和资助，服务于特定行业（如机械加工），其课程汲取业界专业知识，旨在协调及配合学徒、企业主及教师或培训师更新学习资料的需要。目前，这样的培训中心在江苏太仓、四川蒲江以及浙江等地都已设立并运行良好。

不过，这也带来了新的问题——与不同类型的行动者建立一系列不同的地方伙伴关系，一些合作伙伴可能负担过重。再者，谁在地方伙伴关系中起带头作用，一系列不同的战略利益可能会阻碍合作。所以，对于现代学徒制发展而言，地方伙伴关系是必要的，对于推进企业与学校间的合作也是有利的，但并不是说，随着伙伴关系的建立一切问题就都化解了。而且，我国是一个幅员辽阔的国家，在区域一级存在着许多不同的省、市和直辖市。国家负责劳动法和社会保障，而各区域负责经济和就业政策。各区域拥有与积极的劳动力市场政策、职业教育和培训以及成人培训有关的权力。城市和直辖市主要执行上级做出的决定，但也可以提出与当地劳动力市场政策和教育有关的地方倡议。进而，从国家层面来看，下放技能体系面临的一个根本挑战可能是不同地方使用的结果指标缺乏可比性，这给国家层面证明学徒培训结果提出了新的挑战，因而稳健的地方绩效评估和报告对于评估本地学徒培养的有效性至关重要。可见，试点中，地方自主权的扩大意味着相对的制度复杂性的增加。试点中的证据也突出表明，有效的本地工作需具备一定的条件，如持续和充足的政府资金、协调各方（地方、区域和国家）技能需求和愿望方面的灵活性和平衡性，以及是否能够通过本地管理指标进行纵向和横向的问责。而后者正是试点中最为缺乏的，很多问题就是因为缺少了问责的环节而变得难以推进，如学徒培训质量问题、学徒工资标准问题。

区域审查制度的建立有望促成这些问题的解决。第一，对学徒培养质量的审查需要从区域层面展开。试点中，企业和学校被要求合作设定教学标准、课程标准，这样一来，原有的标准框架和内容被打破，其中突出的表现就是增加了企业看重的技能要求。进而，在获得的标准中出现了同一个专业两套独立技能标准的现象：一套是基于学校的部分；另一套是基于工作的部分。这可能会导致两个问题：一是同一专业，工作本位技能标准和学校本位技能要求相互重叠或冲突；二是同一职业中，不同试点单位提供的技能要求（包括各自的工作本位技能要求和学校本位技能要求）可能相互重叠或冲突。这对于学徒培养质量的保证、企业与企业之间的文凭承认，以及企业与企业之间的未来员工流动都会造成不小的影响。为了杜绝此类现象，应在区域层面专门组织人员对制定的相关标准进行审查。目前这一环节主要集中在试点项目申报过程中，由项目审批部门本身或组织专家对相关内容进行审核，而对于真正实施过程中的具体内容并无审查。至于实践中具体内容的审查，区域层面最有发言权，因为当地行动者对当地技能的需求和供应、学徒培养有更详细的了解，这一点尤其重要。第二，区域审查促成整个地区学徒培养的有效供应。基于学校组件的框架技能标准和基于工作的技能标准组件之间的协调是可取的，因为两者都适用于同一个学徒培训轨道。因此，区域层面应该议定一个详细的程序，在这一程序中，两种制度相互发展和适应。而从区域角度讲，也有必要确保整个地区的供应是可行的，以确保基本供应不致丧失。第三，通过审查能促进学徒培养的更大专业化，能够支持技能和知识的高水平发展，同时支持在传授技能和知识方面取得卓越成绩的机构间的合作。因此，如果要在地方一级有效地提供学徒培养，地区审查将确定在地方一级的供应情况。

学徒培训质量是现代学徒制成功的关键，这已是不争的事实。低质量的培训对任何人都没有好处，对于那些试图以牺牲质量为代价扩大学徒数量的人来说，应存在一种外在的制度安排迫使其及早醒悟。区域层面审查制度构建不仅强调对学徒培养质量的监督、管理和规范，也力图从利益相关者那里产生利于学徒培养和现代学徒制发展的集体承诺。

二、企业间协商制度：避免集体行动困境的有效路径

获得技能是学徒学习的首要目标，但技能形成在很大程度上端赖于企业的参与。自从贝克尔（Becker）对企业特定技能和一般技能之间区别的经典表述之后[1]，人们对技能的可转移性给予了足够的关注。但与贝克尔观点不相一致的是，

---

[1] ［美］加里·S. 贝克尔：《人力资本：特别是关于教育的理论与经验分析》，梁小民译，北京大学出版社1987年版，第10页。

越来越多的观点认为，在充分竞争的劳动力市场（一般技能）和非竞争性劳动力市场（特殊技能）之间，存在着一种不完全竞争的劳动力市场（可转移技能），这种技能并不只对一个企业有价值，企业间在雇佣此类人才方面存在竞争[1]。进而，提供此类技能培训的企业面临着外部"挖人"的问题，企业无法确保其（而不是竞争对手）一定能够享受到投资培训所带来的收益。而采取"挖人"策略的企业，通常通过高工资的形式对熟练学徒工进行"偷猎"。如果在一个区域采取这一策略的企业愈多，意味着提供此类技能培训的企业成本投入愈高。因而，越来越多的企业迫于成本压力不得不放弃培训，转而转向外部招聘，进而在培训市场上极有可能出现企业集体行动的困境。对于这一问题，通常通过两种路径解决：一种是采取集体主义策略，即每个企业都参与，同时每个都收益，建立一种能大量提供高度可转移性技能的统一供给体系；另一种策略是，采用制度化手段，在企业中构建一个自我技能形成的内部劳动力市场。[2] 而与这些制度相配套时，必须要建立能确保技能保持高度可转移性的制度安排，即通过技能标准化认证制度。因而，从这个角度而言，技能资格认证制度在增强熟练学徒工在劳动力市场中的竞争性的同时，也因减少了信息不对称而可能进一步激化企业的"偷猎"行为。所以，在西伦看来，上述应对策略的有效性取决于是否存在一种既能反"偷猎"又可以避免企业间恶性竞争的制度安排，其中就包括"工资协商制度"。[3] 不过，试点中学徒工资的问题似乎并未引起试点各方的重视，否则也不会出现试点中有如此多的学徒无工资现象。下面这位学徒如实地反映了试点中部分学徒的遭遇：

"……像这边，在平时上班时间跟他们员工是一样的，没有区别。但没有工资，也没有加班费，什么东西都没有，就相当于义务给他们劳动。可能还没到时候，有工资就有干劲了。"

而在德国，"报酬被认为是合适的"，学徒的平均工资是同等技能的"成人工资"的1/3，而且还在逐年增长。[4] 尽管，立法对于保证学徒的权益是必要的，但国际经验也表明，最有效的立法是对主要合作伙伴的权利和责任的保障，至于学徒有权获得与其生产贡献（培训费用净额）相称的培训津贴、为学徒期设定最

---

[1] Stevens, M. Human Capital Theory and UK Vocational Training Policy. *Oxford Review of Economic Policy*, 1999, 15（1）：16-32.

[2] Thelen, K. *How Institutions Evolve*：*The Political Economy of Skills in Germany*, *Britain*, *the United States*, *and Japan*. New York：Cambridge University, 2004：19.

[3] Thelen, K. *How Institutions Evolve*：*The Political Economy of Skills in Germany*, *Britain*, *the United States*, *and Japan*. New York：Cambridge University, 2004：20.

[4] Beicht, U. and Andreas, K. *Money Plays A Role! Are Trainees Satisfied with Their Pay?* Bonn：The Federal Institute for Vocational Education and Training, 2010：10.

短期限，以及为年轻学徒制定单独的最低工资，则须由企业主与学徒代表共同商定。不过，与之不同的是，试点中参与"现代学徒制"的学徒主要来自学校，其主要身份是学生，而不像其他大多数国家那样，学徒主要源于企业员工。尽管试点方案中也要求明确学徒的员工身份，但从实践来看，两者存在很大，甚至是本质的区别。因为，如果试点中的学徒真的要成为企业员工，首先就需要与企业签订劳动合同，通过合同两者建立劳动关系，并受法律保护。而在我国，《劳动法》的实施，建立了调整劳动关系的三层次模式：一是在宏观层面上，以劳动基准法调整全部劳动关系；二是在中观层面上，通过以集体协商为基础的企业集体合同、规章制度调整企业内部集体劳动关系；三是在微观层面上，通过劳动合同调整用人单位与劳动者之间的个别劳动关系。[①] 因而，如果签订劳动合同，至少会在学徒与企业之间建立一种个别劳动关系。但要做到这一点并不只是一份三方协议能决定的。例如，广东省要求学生报到前一定要签用工合同，"招生"即"招工"，但"对户籍的限制，异地招生问题无法解决，在广东都无法解决"。此外，"'双身份'对高职来说不是问题，但对中职来说，年龄是个问题，我们学生是'阶梯式'的双身份"（被访学校层面负责人）。再者，"还和认可度有关，企业受制于《劳动法》，有些企业认为'双身份'不符合劳动法，所以现在有些是准学徒制"（被访学校层面负责人）。以上这些信息反映了学徒和企业之间建立劳动关系过程中的一些现实问题，单从这一点足可以看出"学徒"与"员工"之间的身份距离。再进一步，即便学徒和企业之间签订了合同，并约定了双方的权、责，但就学徒工资这一点来看，不同区域差异较大，即便是同一区域，学徒工资也无统一标准。也就是说，对于试点而言，学徒和企业之间即使建立了劳动关系，也只停留在个别劳动关系上，距离具有统一工资标准的集体劳动关系的确立还有很长的路要走。因而，迫切需要在区域政府引导下，推进同行业企业间协商制度的建立，完善学徒工资（或补贴）决定机制，以及增长和支付机制。

这里需要明确的是，"协商"不同于"谈判"，后者是一个"决策"的过程，而前者是一个"咨询"的过程，强调"合作关系"的形成，其"成果"由管理者掌控。[②] 在当前，行业功能尚未充分彰显、学徒身份还不明确的背景下，企业间协商制度的建立端赖于区域政府的功能发挥。具体而言，在具体制度的设计上应关注以下几点。首先，企业间协商应以行业协商为参照系，由企业根据行业发展需要和本区域实际共同确定各企业可接受的学徒工资统一标准，包括学徒期内

---

① 周国良：《从劳动争议处理看集体劳动关系规范的困惑》，引自杨鹏飞：《劳动关系集体协商制度研究》，上海社会科学院出版社2012年版，第8页。

② 闻效仪：《改革开放四十年之集体协商与集体合同研究：历史演进、制度执行与类型化趋势》，载于《中国人力资源开发》2018年第10期，第99~111页。

的工资、毕业进入企业后的增长幅度及支付方式。这样做的好处在于：一方面，能激发学徒参与积极性；另一方面，能在很大程度上遏制外部"挖人"行为的发生，因为根据商定的结果，本行业中学徒的工资是统一的，如果有企业想通过提高工资的方式"不劳而获"，必然会受到来自同行的压力。其次，企业间具体协商的内容除了学徒工资标准之外，还应涉及"生活保障""劳动安全"以及协议（或合同）履行过程中的监督问题。最后，企业间协商制度的建立还需区分层次性，即区域层面应设立最低标准，具体行业标准由行业内企业确定，但不能低于区域标准。

不可否认，对现代学徒制的支持是一种复杂的制度，其中区域政府（包括省、市）在制度构建中发挥了重要作用：一方面，地方政府对学校负责，并通过不同层级教育管理部门间的密切合作履行责任；另一方面，区域政府引导学校与企业合作，并为公共教育培训"买单"。也即是说，培训年轻人掌握市场技能的成本由地区政府、学徒和公司共同承担。在这一过程中，区域层面企业间协商制度的建立至关重要。首先，对于相对弱势的学徒群体的利益维护而言，需要通过行业内企业间的协商确定学徒工资、劳动安全及生活保障等一系列问题。其次，企业间对学徒培训的参与行为需要通过协商来规范。因为，任何由企业提供的结构化培训体系，都可能带来可转移技能，这就要求企业与企业之间进行全面、公开的协商，以达成集体参与的共识，并对彼此参与行为进行监督，以遏制"偷猎"行为的发生。简言之，企业间协商制度的构建是纠正企业集体参与行为、避免集体行动困境的有效路径。

三、积极稳妥的财政政策：激励企业有序参与的重要手段

国际经验表明，现代学徒制是发展劳动力技能和使年轻人顺利地从学校过渡到工作的一种具有成本效益的方法，因此政府有充分的政策理由鼓励和支持现代学徒制。在现代学徒制发展有限的地方，政府可能希望通过一系列财政激励措施来提高学徒培训岗位的供给率，促进学徒制的发展。就目前来看，这些激励多是一般公共开支资助的财政奖励，经费主要源于纳税人，也因如此，现代学徒制的成本由所有纳税人共同承担。当然，现代学徒制之所以能获得财政激励的支持，其前提假设就在于学徒培训可能带来的"溢出效应"。当学徒制为提供学徒培训企业以外的企业（例如通过提高潜在雇员的技能）和整个社会（通过提高人力资本的总体水平）带来好处时，就会产生外部效应。为了创造积极的外部效应，现代学徒制应该培养可转移技能，而不是企业特有的技能。这些技能包括可以在该行业内的企业之间转移的技能，以及更通用的认知和非认知技能。一般认为，

学徒制财政奖励政策通常会在现代学徒制的预期外部性较大且学徒培训岗位提供率较低时被采用并发挥积极作用。

不过，试点实践中，针对现代学徒制的财务激励也遇到一些挑战。第一，对现代学徒制直接财政补贴的效果可能是有限的。这一观点可以从现状调查中得到佐证。调查发现，财政激励对于以招聘为目的或工具的企业没有影响。正如调查中，一位人力资源部副总这样说，"成本对于我们来讲，不是主要的，关键是招到我们想要的人"。同时，财政补贴效果的有限性也得到了国际比较文献的支持。如一项对澳大利亚培训计划的评估显示，补贴对雇主培训的决定影响很小，这主要是因为补贴只覆盖了公司成本的一小部分。[1] 澳大利亚的另一项研究评估了取消学徒补贴对雇主的影响，发现补贴对使用学徒制作为招聘工具的雇主没有影响，但取消补贴会导致那些着眼于学徒制长期利益的部门在学徒培训岗位供应量上有所下降，因为这些雇主在没有补贴的情况下，到项目结束时无法实现收支平衡。[2] 还有研究认为，学徒岗位的减少在服务行业尤其明显，该行业提供的学徒服务质量通常很低（从毕业率和就业结果来衡量）。[3] 因此，就这一点而言，补贴有利于学徒制的发展，但可能对个人的价值有限。总而言之，财政补贴通常会涉及大量的"无谓负担"，也就是说，对于一些企业而言，无论相关的激励措施如何，企业都会资助学徒培训。第二，财政激励可能会成功地吸引那些主要对补贴而不是学徒培训感兴趣的企业加入。这是一个潜在的问题，因为现代学徒制作为一种制度的有效性，在很大程度上取决于企业寻求从培养训练有素、生产率高的员工中获得好处，这些企业因此致力于高质量的学徒培训，因为他们认为这符合自己的利益。对于那些为了获得财政补贴而参与学徒培训的企业行为在前文中已反复提及，应引起区域管理者警觉。第三，财政激励的可持续性引发思考。从区域层面的经验来看，有些省份按接受学徒数量对企业进行补贴，例如，前文中提到的 L 省，企业每接受一位学徒政府补贴 5 000 元。这种支持力度之大，在其他省份并不多见。当然，除了省域层面以外，有一些地级市为了推动现代学徒制试点，采取了积极的财政政策对试点单位进行补贴。这些激励措施的实施对推进区域层面试点工作的顺利开展大有裨益。不过，调查中也发现，这些激励措施多以项目式进行，也就是说，项目结束，经费投入也就相应停止。然而，即便如此，这项投入对于地方财政而言，也是一笔不小的支出，如果没有长期的金融框

---

[1] Deloitte. *Econometric Analysis of the Australian Apprenticeships Incentives Program*. Kingston：Deloitte Access Economics，2012：7.

[2] Pfeifer, H. *Firms' Motivation for Training Apprentices：An Australian–German Comparison*. Adelaide：National Centre for Vocational Education Research，2016：20.

[3] Mühlemann, S. *The Cost and Benefits of Work-based Learning*. Paris：OECD Publishing，2016：36.

架支撑，这样的支持估计很难长期维持下去。同时，也很难让企业追求长期承诺的产品和劳动力市场战略。

综合以上几点，本书认为，在区域层面设置激励制度：一方面是看到了现代学徒制的预期外部性；另一方面，财政政策倾斜还考虑到参与现代学徒制使企业成本增加，地方政府以政策工具为手段进行适度经费支持，旨在调动企业积极性，吸引企业参与。从调研结果来看，参与学徒制的企业确实为每个学徒支付了不菲的净成本，在短期内也真真切切增加了企业的负担。而且，从国际比较的角度来看，如果其他企业没有做出任何贡献，一旦"挖人"行为发生，那么对于参与学徒制的企业而言，其成本会更高。因而，在区域层面进行积极的财政支持政策也"情有可原"。事实证明，财政补贴是激励企业参与现代学徒制的重要手段，尤其是对现代学徒制新进企业影响更大。但在看到财政激励的有益一面的同时，我们也应该警惕财政激励可能会成功地吸引那些主要对补贴感兴趣的企业，而不是培训学徒。而且，财政激励的持久性也是应该重点考虑的问题。因而，现代学徒制构建并不反对区域层面采取积极的财政政策，但这样的政策应以积极稳妥为前提。进而，区域层面财政激励制度的完善应涉及以下几个方面：一是明确政策适应对象；二是对补贴兑现形式和过程作具体说明；三是对经费的使用范围、报销规范及时效性等内容进行详细规定；四是对不合政策要求的投机行为设置处罚规则。

第三节 具体运行层面的制度构建

正如前文所认为的那样，一种制度只有当其能够帮助行动者实现目标时，它的特征才被认为是有意义的，而在此之前制度应沿着特定线索而建构。对于现代学徒制而言，这样的线索源于学徒的招募，进而学校层面相关制度的设计与安排是我国现代学徒制构建的起始点。具体而言，应涵盖以下几个方面。

一、明确的选拔制度设计

（一）学徒选拔制度设计是现代学徒制运行的起点

进入选拔程序是学生获得学徒资格和从学校过渡到工作的重要第一步。虽然这并不意味着一个人真的成功了，但它确实提供了一个机会，在后续的选择阶段，使学生把自己作为一个合适的候选人。可以认为，明确的选拔制度设置是这一过程有序推进的关键，也是现代学徒制度构建的起点。就目前试点而言，学徒的选拔方式存在着不同的形式。

第一种，借助高考制度进行选拔，即企业提出学徒需求量，由学校向教育主管部门申报招生指标，对外发布信息直至录取。这种方式的好处在于，可以统一招录，并通过高考制度进行选拔，公平性、公开性较高。但也存在弊端，首先，从选拔过程来看，由企业提供学徒岗位需求信息直至学徒被录用，其间至少经历半年左右的时间，在这期间，企业所提供的学徒岗位极有可能发生变动，给学徒后续的培养带来不确定性。其次，从选拔路径来看，通过高考制度进行选拔，主要评判的依据是学徒的文化成绩，至于学徒的动手能力以及个人品行等一系列企业颇为看重的要素并不能直观地显现出来，这在一定程度上造成了后期学徒不适应企业生活、企业不满意学徒表现等一众问题。

第二种，从已录取的新生中选拔。在试点初期，尤其是首批试点单位中多采用这一方式，因为试点单位名单发布时，在时间节点上已错过了高考录取的时间，进而绝大部分单位都从已就读的学生中选拔。这也带来了一个好处，即企业参与选拔过程，与学徒面对面进行交流，并参照之前的在校成绩（包括理论课、实践课），经过综合考虑，选拔出企业想要的人。当然，这一方式也存在不足。首先，企业直接选拔，需要企业和学校投入大量的时间和精力，往往选拔数量有限。其次，这种选拔受专业限制影响明显。由于在校生是以专业为单位进行录取的，而既有的专业设置可能与企业岗位并不匹配，进而在试点中出现了企业招不到人的现象。更为重要的是，由于受生产规模影响，合作企业提供的学徒岗位有限，每个企业可能只提供有限数量的学徒岗位，进而出现了在一个行政班中，既有入选的学徒，也有未入选的学生，这给教师的教学工作带来极大障碍。很多学校的做法是按教学班授课，即将同一专业不同行政班中被选中的学徒独立组班教学，而未入选学生进行重新组班，并在课程、师资和教学资源上进行重新匹配，这又对学校的教学管理和协调能力提出了极大的挑战。一位校内导师给出了如实的描述：

"真的是措手不及，有点乱，都不知道原来的班长去哪了，几个班讲的内容都不一样，教务处也不给一个统一意见……"

第三种，借助实习制度进行学徒选拔。试点意见和试点方案中并未明确要求各试点单位一定要在新生中选拔学徒，因而很多学校在具体实践中，将学徒选拔与实习工作相结合，将学徒期套嵌在实习期内，进而在试点专业中，出现了整班是学徒的现象。这样做的优势在于便于管理，尤其是在教学进度的对接上，存在明显优势。因为，在学校的教学进程中，实习期基本不安排校内授课任务，即使有也极为有限，大部分时间要求学生在企业接受培训。这样一来，企业培训在时间安排上要相对充裕得多。不过，这也带来了几个问题。首先，将学徒期和实习期对等，模糊了学徒和实习生的概念及本质区别，就连企业师傅也认为来到他身边的并不是学徒，而是实习生，他们在实习期结束后是会离开的。其次，将学徒期和实习期对等，缺失了前期交替培养的过程，致使学徒进入企业后，并不能很快接受并适应企业的生活。这就是为什么有些学徒觉得无力：

"我感觉下班时间不够用，刚开始可能还不习惯从学校到企业这种状态，现在两个月下来之后，我感觉还不是很适应……怎么说呢？比如我需要定时运动，好一点的环境，吃的各方面、做得各方面可能都要好一点。因为，在这边住的是宿舍，和学校一样，早上七点钟要起床，然后来这里上班，上到晚上五点半下班，吃个饭回去洗个澡就八九点了，然后就躺床上，第二天就是上班。可能工作就是这样子，我第一次体验这样，虽然之前也有兼职做过服务员之类的，但是现在这种感觉很无力。真的想早点结束。"

不可否认，就试点中现有的学徒选拔方式而言，可以说各有利弊。不过，无论哪一种方式中的不利因素都有可能给学徒教育带来极大不确定性，不利于现代学徒制的有序发展。当然，这一现状可以通过相关制度设计进行完善和改进。

（二）学徒选拔制度构建

基于上述选拔方式的梳理，本书认为，学徒选拔在过程设计上应兼顾三者的优势，应在高考选拔的基础上，合理设置企业面试环节，并综合考虑工作本位学习和校本学习的交替时间。而为避免这一过程中的诸多不确定性，应着力从以下几个方面进行相应规则设计。

第一，制定学徒岗位认定标准，识别学徒需求数量和所提供岗位质量。学徒选拔关键需要确保需求与供给之间尽可能的平衡，否则再好的制度设计都是无意义的。选择过程与正规劳动力市场的过程非常相似，而且可能相当广泛，涉及多个阶段。在正式选拔学徒之前，亦即早期选择阶段，应对提供学徒培训岗位的企业进行严格筛选，对其是否有能力提供学徒培训岗位进行识别。在前文中我们已看到，有些企业参与现代学徒制的目的并不是培训学徒，而是获得政府的补贴。这些企业的典型特征在于，企业自身并没有可供学徒训练的岗位，其通常做法是借助第三方为学徒提供培训，而其本身充其量是一个中介。这种行为在外界激励政策存在的背景下，表现得尤为明显，这不能不引起当地政府部门的重视和警惕。这些无资质而又表现"很积极的"企业对学徒参与积极性造成的伤害是难以弥补的，上文中提到的轮机专业学徒的遭遇就是一例。这些学徒在企业中所做的事情就是"切菜""扫地""给机器抹油"，而其原本属于轮机维修专业，本应针对轮机维修相关岗位进行培养。但他们接受训练的这家企业并不是与他们签订三方协议的企业，而且有的学徒过程中已更换了不止一家企业。用一个学徒的话说，是"先大后小"，"大"指的是"大船"，"小"指的是"个体小船"。可以想象，在空旷的海面上，一个学徒整天干的工作就是"切菜""扫地""给机器抹油"，而且一做就是2~3个月，这是一种什么样的感受。因此，在正式选拔学徒之前，对处于学徒岗位信息筛选的开放阶段，学校的选择制度中需对企业培训资质作明确要求。第二，制定明确的学徒选拔标准。有效的学徒选拔必须有企业的参与，因为毕竟学徒要以准员工的身份进入企业。因此，什么样的人可以进入企业，未来雇主应该有发言权。当然，这种权利的行使不是也不应该是选拔现场的临时发挥，而是需要以一种正式条文的形式提前告知备选学徒。这样一方面可以让备选人有提前努力的方向，另一方面也节省企业的投入，因为并不是每个人都符合标准，制定明确的学徒标准实有必要。第三，制定详细的选拔程序。在进入学徒正式选拔阶段，应有明确的正式选拔程序。对于一般企业而言，通常使用多个渠道选拔未来员工。最常见的正式招聘渠道是在公共职业介绍所数据库中刊登招聘广告，更大的组织倾向于在他们公司网站上公布职位空缺信息。但对于参与现代学徒制的企业而言，学徒选拔并不只意味着选择未来员工，还意味着选拔企业未来的培养对象。因而，这一过程应该比一般的单纯招聘来得更正式。不过，选拔程序的正式程度和复杂性往往受企业规模影响。与规模较小的企业相比，提供学徒岗位的大企业在参与选拔新学徒的过程中，往往在优化选拔过程方面投入更多，这些程序非常全面，也非常有效，因为正式的流程可能有助于他们更有效地实现更好的选拔结果。从学校角度来看，学校作为公共服务部门，其行为对监管机构和公众的影响更大，因此必须公平对待（潜在的）申请者。因而，在学徒的选拔过程中，学校应秉承公平、公正原则，对选拔程序进行严格规范。进而，明确的选拔制度设计应附有制定更详细的选拔程序。

总而言之，一项好的学徒选拔制度应至少包含学徒岗位认定标准、学徒选拔标准，以及详细的学徒选拔程序。

二、灵活的课程制度设计

前期的调查已为我们揭示了现代学徒制试点中一些现实困境和发展障碍。这些问题是多方面的，但从学校层面来看，试点中最大的问题莫过于如何运行现代学徒制。现代学徒制是一种制度体系，但制度存在的关键表征在于其帮助行动者实现目标。在试点中，这一目标具体表现为联合企业共同育人。然而，两者的合作并不通畅，无论是计划安排还是双方的策略选择都存在差异。但这里仍需强调的是，正是这些差异的存在迫使相关行动者做出改变，而具体到学校，需要改变的是如何与合作企业进行对接。

（一）校企灵活对接是现代学徒制运行的关键

值得注意的是，企业对于学校所学一直以来都持怀疑态度，其中也包括学校本位的培训。当然，这并不是因为学校本位学习获得的培训证书比不上那些通过工作场所培训获得的证书。企业持这种态度是基于这样的事实，即与工作本位的培训相比，参加全日制学校学习的学生社会化程度不够，不太容易融入工作生活的文化中去。不过，参加全日制学校培训的学生具备那些只参加工作场所培训的人员所不具备的学习潜力。这是因为企业往往会受制于市场的金融逻辑，这就意味着企业提供的培训有时必须依附于生产的要求，而不是依附于学习的要求。在全日制学校培训中没有创造利润的要求，这就意味着这里的培训可以从有助于学生学习的角度出发来进行规划。更具体地说，学校本位的培训计划是以每个学生的学习需求为基础的。然而，对于工作场所培训而言，这样的选择是不可能的，因为对生产的诉求远远大于对学习的要求。

在学校本位的学习空间里，学校有大量时间向学生介绍行业程序和规范，让他们学习与实践技能发展相关的理论知识。而且，在学校培训中，学生有思考和犯错误的空间与余地，这一点对那些年龄小、心理比较脆弱的学生来说极为重要。他们可以在一两年的学校培训时间里培养出一种职业自信，然后继续到一个真实的岗位上完成自己的全部培训课程。此外，在学校培训中，学生不仅参加类似于真实生产过程的模拟训练，还参加过程设计的训练和学习。在真实工作场所培训中，几乎不会有时间或机会来做这样的事情。然而，尽管学校本位职业与培训具备这些优点，但也并不足以完全取代工作本位培训。毕竟，在学校空间里，学生和学生肩并肩工作，而在工作场所，学生是和一些经验丰富的熟练同事共事，学校里的学生不能像在工作场所培训一样建立相同的社会技能；而且，学校本位的培训不能让学生有机会遵守良好的工作纪律和掌握适当的工作节奏，而工作场所培训却能够实现这些目标；另外，只参加学校培训的学生与客户打交道的机会有限。最后，和学校本位培训相比，接受工作场所培训的学生通过真实产品的生产和服务的提供能提升价值意识，激发其学习的动力。[①] 可见，工作场所培训对于学生的发展意义重大。单从这一点来讲，试点中强调学校和企业对学徒培养交替进行就显得很有必要。就目前而言，试点中各学校的交替方式并不完全一

---

① Juul, I. & Jørgensen, C. H. Challenges for the Dual System and Occupational Self-governance in Denmark. *Journal of Vocational Education and Training*, 2011, 63（3）：289 – 303.

致，如表 6-1 所示。

表 6-1　　学徒交替培养形式举要

序号	交替形式	具体安排
1	按周交替	第一年在学校
		第二年跟岗实习：每学期 8 周在校，12 周在企业
		第三年顶岗
2	按月交替	第一年：每学期有一周企业认知实习
		第二年：假期到企业实习
		第三年：企业、学校 3 个月轮替
3	按周和月交替	第一学期：期末一周认知实习，药店岗位认知
		第二至第四学期：每学期每月去药店一周，每周一个专题，例如感冒药的销售、药店 PUP 卖点广告、联合用药等
		第五学期：任务学习，在企业综合实训〔采购、配送、销售（处方、非处方等）、服务环节的流程〕
		第六学期：顶岗

资料来源：根据访谈结果信息整理。

　　表 6-1 所列只是试点中有代表性的几种形式，并未穷尽试点实践中的全部做法。即便如此，我们也可以看出，学校和企业之间互动之频繁，对学校教学秩序的稳定带来了巨大压力。这一点可以从被访教师的言语中窥得一斑。而且我们相信，表中所列举的第二种交替形式中，学校利用假期去企业接受训练实属无奈之举。极有可能只有这个时间段，才能既不影响企业的生产，也不影响学校教学任务的完成，而且后者的可能性更大。也就是说，在正常的教学区间内，如果学生进入企业，会影响校内课程的正常教授，进而选择在没有课程学习任务的假期进入企业接受训练。当然，这也从另一个侧面反映出，学校为了实现与企业联合育人的目标，在实际行动上采取的灵活做法。且不论假期接受训练的效果如何，单就这种与企业灵活对接的精神就值得称道。可以预见，如果没有这种灵活的对接方式，在传统课程模式下，学徒训练将很难得到保障。当然，现代学徒制的成功构建不可能要求所有的学徒都在假期去企业接受训练，还是需要通过相应的规则设置和行动调整，形成一种长效的机制。与此相关，本书认为，在学校层面进行灵活的课程制度设计，是破解学校与企业计划安排不一致问题的有益尝试，也

是现代学徒制顺利运行的重要保障。

（二）灵活的课程制度构建

将正式的学徒制融入职业教育体系改革中具有一定的优势。拥有健全的职业教育体系的国家通常将学徒制融入高中阶段，或是直接融入中学后的教育体系中。青少年将学校学习和工作场所学习结合起来以获得和职业相关的专业知识、技能和证书，带有明显的双元特征。现代学徒制的主要目的仍然是为年轻的学校毕业生提供专科及以上学历，并促进青年从学校过渡到劳动力市场。但在现有学校运行体制下，企业或学徒个人想在培训项目中改变途径的选择是有限的，因为学校部分学习缺乏灵活性，学徒需要在预定的时间内返回职业学校接受课程学习，这给培训企业的工作任务安排留下了很小的空间。如何协调两者的关系在实践中备受关注。基于此，本书认为，对接企业培训进程，将学校课程进行灵活设置，有望破解这一困境。

现代学徒制的实施对学校教育教学产生了直接影响，其中令一线教师感受至深的是，已往统一的课程形式往往受到学校与企业之间工学交替的影响，这种影响已往也存在，但其程度远不及此。因而，试点单位不能不思考现代学徒制运行中课程该如何设置的问题，整体划一的课程形式是否真的适应现代学徒制交替育人的需要。从目前试点来看，恐怕未必。那么，为什么不可以在原有课程组织架构的基础上，对课程进行模块化处理，即在模块化的基础上开发职业课程。也就是根据职业能力发展需要将课程重新组织成若干模块，在学徒培训中，根据培训进度由学徒自行选择。这种带有个性化色彩的课程设置，便于学徒根据企业培训进程进行选择，而且在技术操作上是可以实现的。因为，对于学徒而言，学校课程结构主要划分为两类，一类是必修课，另一类是选修课。后一项措施可使课程更具个性化，既能适应企业的利益，又能适应个别学徒的利益。但需要指出的是，课程模块化不是将课程简单的拆解，而是对课程体系中的课程内容进行重新提炼形成相对闭合的内在结构。简单地说，一个模块应该对应着相应的能力点，每个能力点内含相互关联的技能、知识，以及应有的态度要求。这样学徒可以根据工作任务需要进行选择。

不过，这样一来，对学校的教学管理和任课教师便提出了挑战。第一，对于专业课教师而言，将原本的必修课纳入选修课，似乎是对课程地位的一种弱化。因为在一线教学中，选修课通常被归为考查课一类，不需要进行正式的考试，而不考试往往意味着不会引起学生的重视，进而自然课程地位会下降。也正是在这样的逻辑下，对于学徒考核的问题一直争执不下。第二，对教师的挑战远不局限于此，真正的挑战在于这些课程如何开发和实施。对于如何开发的问题，首先需要解决的是根据什么来开发。这就涉及课程开发的标准问题,对于这个问题绝不能仅限于学校层面,否则极有可能将课程内容窄化为某一企业或地方特有技能,对于学徒未来可转移性就业大为不利。因而,从国家层面进行教学专业标准的开发就显得很有必要,这一点在前文中已有所涉及。其次,需要解决的是如何实施的问题。这一问题的核心在于,如何在合适的时间内,选择合适的地点对学徒进行集中授课。应拟定一份详细的课程目录单,内含详细的开课时间和授课地点。这份目录单应在学徒进企业之前让其周知,并允许其通过信息技术手段,预先选择课程。为了满足学徒学习需要,有些模块课程可能需要重复开设,而且课程开设不应限制最低人数,否则有些课程会因为选课人数太少而被取消。取消这些课程是不合理的,因为学徒之所以选择这一模块课程,极有可能是因为在企业培训中遇到了难以解决的问题,急需通过这一模块的学习来帮助其化解难题。这就需要从学校层面进行相关制度的设计。

总体而言,学校层面灵活的课程制度安排至少应包含以下几方面内容:一是制定学校层面模块课程的开发标准;二是建立并完善激励制度引导教师开发;三是在规则设置上模糊选修课和必修课的区分,强调选修课的地位;四是对于开设模块课程的教师,在工作量的认定和评级方面,应有所倾斜。否则,模块课程难以维系,学校和企业间的合作又会回到从前,现代学徒制有效运行难以保障。

三、有效的学徒管理制度设计

现代学徒制试点不仅仅给学校教学带来了挑战,对学徒管理也提出了更高的要求。如果管理到位,试点中就不会出现学徒不辞而别的现象,更不会出现不按流程办理离任手续的情况。其中的问题,可能与试点中部分企业管理者所说的那样,与学校"思想教育"有关。但本书认为,问题的关键在于学徒培养过程中学校与企业间在学徒管理方面缺乏必要的互动。这里仍然需要再一次重申,现代学徒制不同于以往的学生实习,学徒也不是以往的实习生。试点专业的老师对这一点可能比较清楚,但对于专门负责学校学生事务管理的工作人员(如辅导员)而言,可能并不十分谙熟其中的差别。学徒与实习生最大的差别在于前者是企业的准员工,与企业之间签有协议,在享有协议赋予的权利同时,也承载了更多的责任和义务,其中就包括严格遵守企业规章制度。而对于实习生而言,虽与企业签有实习协议,但企业对实习生的承诺与预期远不及学徒。再者,由于学徒是准员工身份,所以相比较而言,企业会投入更多人力、物力。因而,对于学徒管理者而言,在学徒进入企业之前应对这些内容有所强调。

当然,在实践中,为了便于管理,很多单位将学徒管理工作分解到班级,即遴选专业教师担当班主任，由其负责管理。不过，在运行中也发现，即使由专业教师担任班主任解决了专业对接的问题，但并不能克服因学徒分散带来的精细化管理问题。而为了解决这一问题，学徒的管理工作被进一步细化，按学徒人数配备校内导师（通常一位导师管理二到五人不等，根据学校师资而定），校内导师既承担教学工作，也兼具管理者角色。至此，学徒管理的层级结构已很明显，与普通的学生管理相比，管理层级更细。即便如此，仍存在问题。日常管理中，校内导师并不是全职管理者，需承担教学任务，因而可能会因为本职工作而错过了学徒突发事件的处理。这类突发事件包括学徒与雇主或同事的冲突，以及学徒突然离职等。所有的这些内容都涉及一个问题，即现代学徒制如何有效管理。从试点来看，通常的做法是通过组织架构来实现，这一点从试点单位制定的制度文本内容中也可以看出。为了加强管理，很多学校和企业在校级层面共同组建专门的部门，由专人负责联络，并制定了定期会晤的制度。这些内容安排对试点工作确实起到了促进作用。不过，也应看到，这些安排并非日常性的，相应的管理活动都是定期的，其目的在于学校和企业间就双方合作中遇到的问题进行协调，对于较为微观层面的学徒管理、师傅管理中遇到的突发事件并不过多涉及。而微观层面的管理与个体行动者更为接近，如果处理不好极可能造成人员伤害，不容小觑。由此，与企业、企业师傅、学校及学徒相关的管理制度设计就显得极为重要且必要。制度规则中，除了制度文本中涉及的校级层面专门机构需要保留之外，本书还想强调四个方面的内容。

第一，学徒信息互通有无。实践中，学徒管理中最棘手问题的是，企业不知道学徒的过去，学校不知道学生的当下。具体来讲，企业对于来接受培训的学徒知之甚少，尤其是学徒的过去。比如在入学前获得过什么样的荣誉，有什么爱好，是否受过处分等。有些企业可能还需要了解学徒的家庭信息、既往健康状况等。这些内容中有些对于企业极为重要，极有可能是企业安排工作任务、指派师傅的重要参照。但这些信息，学校一般不会主动提供。另外，对于学校而言，学徒在企业表现如何，是否能适应企业的生活，同伴相处融洽与否，这些信息企业一般也不会主动提供，通常需要指导教师去企业进行了解，或需要刻意通过其他同学才能掌握。而这些信息，对于学校及时掌握学徒动态，以及干预时机的掌握尤为重要。因而，对于学徒有效管理的第一步是需在企业和学校之间建立信息互通制度。在学徒进入企业之前，学校应主动准备好学徒相关背景信息，并根据需求进行补充。这些信息，在学生档案中都会有较为详细的记录。相应地，企业也应要求负责指导的师傅以及企业学徒管理者，在校企双方约定的期限内提供学徒在企业的行为信息。企业对学徒信息的反馈，不能仍然停留在实习生时代，即只满足于实习日志的内容。应将学徒近期学习计划完成情况、关键性事件（如获奖）以及思想动态等与合作学校进行交流。

第二，强调企业的过程管理。学徒的有效培养离不开企业的大力参与，但从调查反馈信息来看，很多企业并不知道如何培养学徒，对于学徒的培养仍然停留在师傅的遴选阶段。殊不知，学徒的有效培养不仅需要师傅参与还可能需要班组的共同努力，以及对学徒的过程管理。当然，试点中已有企业注意到了这个问题。大致来看，可将学徒的管理过程与培养过程交替进行。首先，在第一阶段，主要是了解学徒信息、明确培训目标，在管理任务上主要涉及两方面内容：一是把握学徒心理动态；二是增进学徒对培训的了解，提升学徒的适应度。其次，阶段观察，并及时反馈至学校，主要管理任务涉及两方面内容：一是确定学徒接受程度，及时调整培训内容；二是及时发现行为偏差并与校方沟通。再次，班组中期谈话，主要任务有：一是总结学徒目前所取得的成果；二是发掘学徒发展需要和培训不足，及时调整。最后，期满考核，主要任务有：一是结果反馈激发学徒参与积极性；二是发现问题，及时补救。在这一过程中，学徒管理是一个连贯的过程，并在不同的阶段形成不同的显性成果。例如，在入徒阶段形成"学徒谈话记录"，培训过程中形成"学徒观察记录"，以及期满考核还会形成"期满考核记录"。这些内容既是学徒的学习记录，也是对学徒培养的过程管理，记录了学徒的成长经历。

除了上述两点之外，第三点需要强调的是，学徒管理中还可以充分发挥同伴作用。这里的同伴一是指一同进入企业的同学，二是指往届进入企业的毕业生。试点中，很多学徒当遇到问题时并不愿意与企业师傅交流，而"更愿意与年龄相差不大的师兄和师姐说"，所以在企业中出现了"小师傅制"，即在正式师傅指导之余，日常的管理由往届毕业生负责。在当前学徒管理制度还不尽完善的情况下，这不失为一种有益的尝试。

第四，校企双方应备有突发事件处理预案，并附有详细的处理流程和相应的责任联系人。试点中，学徒管理的很多问题并不是不可解决或不可避免的，关键是没有问题解决的通路。如果是这样的话，就不会出现"老师联系不上，只能在微信上留言"的尴尬局面。

综上可见，对学徒的有效管理一方面是现代学徒制有序运行的内在要求，另一方面也是对学徒培养质量的极大促进。对学徒而言，最好的管理就是对培养过程的管理，而学校层面需要做的是将这一过程中的有益做法进行制度化，并形成一种长效机制，有效地执行下去。

第四节 本章小结

现代学徒制是一种规则体系，国际发展经验为这种体系的构建提供了重要启示，但特有的中国情境又形塑了该体系构建的特殊性，其中就包括试点运行中的制度安排，以及这些制度约束下不同行动者互动中的困惑和不畅。继而，在既有制度安排的基础上，针对这些困惑和不解，本书从制度设计角度提出了中国情境下现代学徒制构建的制度基础。主要涉及三个层面上相关但不相同的制度内容：第一，在学校层面，通过明确的学徒选拔制度、灵活的课程制度以及协调的管理制度构建，破解试点中因学习地点交替（工作场所和学校）带来的诸多不一致性问题。第二，在区域层面，审查制度的构建能有效控制学徒培养质量，企业间协商制度的构建能够避免外部"挖人"行为的发生，同时完善现有财政投入政策，杜绝部分企业以"学徒制"为名，不当获取财政补贴的投机行为。第三，在国家层面，主要从宏观的角度，通过建立协调性劳动力市场、国家专业教学标准与认证体系、完善的导师制度以及打通学徒升学通路，破解试点中学徒教育与劳动力市场间过渡不畅、学徒留任意愿不强，以及学徒培训质量难以衡量等问题。

成功的现代学徒制取决于明确的治理结构，这种结构需要考虑企业主的成本和利益，同时也要考虑学徒的权利和他们的利益，在此过程中，政府应发挥积极引导作用。

第七章

结 论

对年轻人来说，现代学徒制开启了第一份工作，这份工作可以带来职业生涯长久的生产性就业，将培训与收入结合起来，为他们提供了获得社会保护的机会，并符合国家劳动法的规定。不过，以工作场所的丰富性作为学习环境，也给年轻人带来了一定的风险，学徒可能面临艰苦的工作条件，或者在没有获得预期技能的情况下被当作廉价劳动力。这两种情况都需要存在足够的保障措施加以避免，制度规则体系的构建为问题的解决提供了基础。正是基于这样的考虑，本书从历史演进着手，在借鉴国际经验的基础上，立足中国国情，对中国情境下现代学徒制的构建问题进行研究，并形成了一些认识。在总结结论的基础上，对研究的不足进行反思并展望未来研究进路，可以使后续研究方向更加明确。

一、关于现代学徒制内涵研究的基本结论

从历史角度对学徒制的演进过程进行考察，并借助制度主义相关理论对学徒制及其现代发展的本质进行探究。在历史研究的基础上，本书认为现代学徒制本身可以成为一种制度，而促成制度化过程发生的关键事件是借助立法手段，上升为国家的意志。现代学徒制无论是否具有法律地位，其自身的运行都需要若干规则支持，现代学徒之"制"，强调一种规则体系的构建。现代意义上的学徒制与传统学徒制最大的区别在于，是否将教育与培训的双轨特征进行统整。不过，随着时间的推移，学徒制的功能发生改变，随之而来的是相应参与主体和相关制度安排的变迁。在政府支持的学徒制度中，权利的重要性不言而喻，通过"治理"，

与"就业"和"教育"一起成为现代学徒制结构中相互关联的基本要素。进而，如果没有某种方法来理解现代学徒制度中参与者之间的关系，单凭权利理论很难帮助人们理解学徒制度；权利既是参与者关系的结果，又是参与者关系的条件。这就是现代学徒制的构建需要从行动者角度进行考量的重要原因。因而，从人力资本理论的角度来看，政府支持的学徒制应该为个体学徒、企业和整个社会的发展提供一个平台。

二、关于影响因素研究的基本结论

从国际经验来看，虽然现代学徒制对学生、企业雇主和经济发展非常有益，但在市场化背景下，如何解决技能培训过程中涉及的市场失灵问题仍是各国现代学徒制构建过程中面临并必须要解决的关键问题。为了鼓励企业支持学徒制，许多国家通过广泛的激励措施来促进学徒制，包括财政激励措施，如补贴和税收减免，以及非财政激励措施，如调整制度设计，使之对企业主更具吸引力。从目前实践来看，虽然财政激励是普遍的，但由于受财政资助的数额和分配标准影响，其效果并不明显，而以特定部门为目标并得到社会伙伴支持和制度约束的非财政措施似乎更成功。

当前，在中国情境下，参与者对学徒的需求和企业主提供职位的意愿有着不尽相同的诉求。通过访谈发现，相互依存的共同目标是校企联合育人的前提，而缓解人才短缺是企业参与现代学徒制的主要动力，但学徒流失则是企业参与过程中面临的主要挑战。同时，现代学徒制的推进在短期内确实增加了企业的成本，而外围的财政激励主要来自地方政府。然而，就目前而言，不仅投入经费有限，而且以项目式推进，不利于现代学徒制的长效发展。另外，试点中校企双方设计的制度规则对双方参与行为缺乏明显的约束力，自由化市场的不利影响并未改观，企业中途退出的现象时有发生。具体到个体层面，问卷调查发现，个人兴趣是学徒参与行为的内在原因，而保障就业是学徒参与行为的主要目的。在学徒看来，培训面太窄是学徒培训过程中最大的不足，师傅指导对学徒技能提升影响最大。同时也发现，学徒是否愿意留在企业，与企业培训任务安排关系密切。具体来看，工作任务安排中让学徒明白"工作意义和价值"、赋予学徒"充分的自主性"以及"复杂任务"的适当安排，工作氛围中注意"企业激励""同伴支持"，师傅在指导方法上的"思路引导"对学徒留任意愿具有联合解释力。其中，让学徒明白"工作意义和价值"影响最大。

三、关于现代学徒制构建路径及制度安排研究的基本结论

当前,我国现代学徒制的发展中面临着参与各方利益协调、学徒技能形成制度化以及现代学徒制度与劳动力市场调节匹配等亟待解决的问题,而这些问题的形成受诸多外在因素的影响。结合前期的数据分析,学徒对企业的承诺、技能形成是我国现代学徒制度建设的核心和关键,因而我国现代学徒制在具体制度建设和努力路向的选择上应有所侧重。本书认为,当前我国现代学徒制的构建,一是应该加强制度的配置;二是应该强化执行的机制;三是强调在制度互动的基础上,进行整体系统化的构建。基于这样的理路,区分三个层面进行具体的制度安排。

第一,在学校层面,主要从现代学徒制运行角度,通过明确的学徒选拔制度、灵活的课程制度以及协调的管理制度构建,破解试点中因学习地点交替(工作场所和学校)带来的诸多不一致性问题。第二,在区域层面,着眼于现代学徒制的协调与管理,通过区域审查制度的构建破解学徒培养质量管理问题,而企业间协商制度的构建能够避免外部"挖人"行为的发生,同时完善现有财政投入政策,纠正部分企业以"学徒制"为名不当获取财政补贴的投机行为。第三,在国家层面,主要从宏观的角度,通过建立协调性劳动力市场、国家专业教学标准与认证体系、完善的导师制度以及打通学徒升学通路,破解试点中学徒教育与劳动力市场间过渡不畅、学徒留任意愿不强,以及学徒培训质量难以衡量等问题。

经由全书,现代学徒制的构建在某种程度上体现了学徒培训与开发所具有的相同本质,在劳动力的技能维持和更新方面,企业和学徒及其代表具有共同的利益。然而,工作关系中的内部矛盾不可避免地成为职业教育各利益相关者达成共识的阻碍。即便各方表面上都支持培训工作,他们各自的动机和利益却始终不可能完全一致。相关制度规则的设计为各方关系的协调及行为的约束提供了可能,而这些规则也塑造了中国情境下现代学徒制的制度基础。

四、研究不足与展望

本书的研究其实已经证明,职业教育现代学徒制的制度建构是一个延续的过程。但受研究对象、个人学术水平等因素所限,目前本书研究所得结论中对于制度变迁的逻辑和未来走向等问题未能给出明确的判断,有鉴于此,后续的研究应该有所侧重。第一,调查对象的局限性。本书中调查对象的选择主要以首批试点单位为主,主要对试点中的参与主体,即企业、职业院校及学徒展开研究。具体包括企业中人力资源部负责人、负责与学校接洽的具体执行人、企业培训中心负

责人及师傅；职业院校专业负责人、校内导师及学校层面管理者；进入企业接受培训的学徒。这些对象的选择虽具有很强的代表性，但由于现代学徒制构建的复杂性，在对象类型的选择上应尽可能地丰富。在后续研究中应关注教育部政策制定者、学界专家对这一问题的看法。此外，研究中虽考虑到对象选择的区域性差异，但由于学徒在企业接受培训且分散，统一返校接受现场调查的机会不多，因而样本数量受限，这可能给结论的推广带来局限，有待后续研究进一步充实。第二，所构建的现代学徒制度需进一步完善。目前我国现代学徒制虽已进行第三轮试点[①]，试点单位已达 558 家[②]，且分布于全国不同区域，但很多问题还没有完全显现，各项工作还在摸索中，因而制度的建设和完善可能需要经历一段很长的时间。

后续研究中应该进一步借助制度理论，从更宽广的角度对现代学徒制的制度变迁，以及变迁中的路径依赖等问题展开研究。第一，扩大研究的范围。随着第三批试点名单的公布，再加之各省、市自行试点，现代学徒制的参与人数已大为增加，为本书后期扩大调查范围提供了条件支撑。再者，近年来，人力资源和社会保障部推进的"新型学徒制"也在试点中，其与本书所研究的现代学徒制之间有什么样的区别和联系，本书中的结论是否可以推论至新型学徒制的构建，这些问题有待在后续的研究中在更大范围内做进一步探索。第二，进一步关注并深化现代学徒制的研究主题，具体从以下几个方面展开。一是关注本质，扩大比较。现代学徒制虽已被很多国家所接受，但在对现代学徒制本质的认识上还存在不同的观点；同时，对于具体国家而言，如何构建现代学徒制并无一般意义上的固定准则，从而如何从本国实际出发探索具有本国特色的现代学徒制成为一种必要。这为后续的研究提供了空间，也提出了要求。在后续的研究中不仅要关注现代学徒制本身，还需在更大范围内进行国别比较研究，以期为我国现代学徒制的持续发展提供参考。二是聚焦主题，深入推进。虽然本书对中国情境下现代学徒制的构建问题进行了相关的研究，也提出了我国现代学徒制构建的规则体系，但在研究中仍然发现，无论是试点学校还是企业，对于学徒制与实习生制之间的区隔并不是十分清晰，即便是专业课教师和企业带徒师傅，在很多情况下仍将"学徒"视为传统意义上的"实习生"。进而，笔者萌生了一种想法——现代学徒制与传统的实习生制之间可能存在某种关联，而与后者相关的制度安排可能在某种程度上限制了前者的建构，也可能正好相反，有些规则内容可能在某种程度上促进了前者的建构。因而，为了进一步澄清问题，有必要从制度变迁的角度对现代学徒

[①] 《教育部办公厅关于公布第三批现代学徒制试点单位的通知》，http://www.moe.gov.cn/srcsite/A07/moe_737/s3876_cxfz/201808/t20180810_344970.html. 2018 – 08 – 02/2021 – 06 – 26。

[②] 张烁：《我国职业教育迈入高质量发展新阶段》，载于《人民日报》2020 年 12 月 9 日，第 14 版。

制构建中的路径依赖、回报递增以及转换问题做进一步探索，这为后续研究提出了新的挑战。三是拓展视角，丰富方法。现代学徒制的构建是一个复杂的过程，其构建过程受多种因素影响和制约。尽管本研究在推进过程中也考虑到了这一点，并在实际调查中尽可能地考虑到样本的多样性和来源的广泛性，但仍觉得在研究方法上还可以进一步丰富和多元。目前的研究较多侧重于学徒的整体感受，对于学徒个人的成长问题，包括学徒毕业以后的去向，以及学徒经历对其日后发展的影响等内容未能深入展开。而对于这些问题的回答，还是需要以定性的方法做进一步探究。此外，学徒是否留任一直是企业最为关心的问题，研究中虽对这一问题进行了量化处理，但留任学徒内心的真实想法，以及离任与其所处的家庭环境、社会背景之间是否存在某种关联，对于这些问题的回答，还有待于走进学徒真实生活，通过近距离互动和观察，做进一步深入研究。

参考文献

［1］［美］阿夫纳·格雷夫：《大裂变——中世纪贸易制度比较和西方的兴起》，郑江淮译，中信出版社2008年版，第6页。

［2］［美］安妮·梅修：《制度主义的起》，引自马克·R. 图尔：《进化经济学（第一卷）：制度思想的基础》，杨怡爽译，商务印书馆2011年版，第40～41页。

［3］鲍勃·杰索普、漆燕：《治理的兴起及其失败的风险：以经济发展为例的论述》，载于《国际社会科学杂志》1999年第1期，第31～48页。

［4］《本质特征——访中国产学研合作教育协会副秘书长张炼研究员》，载于《职业技术教育》2002年第36期，第20～21页。

［5］宾恩林、徐国庆：《市场化视野下现代学徒制的"现代性"内涵分析》，载于《现代教育管理》2016年第6期，第80～84页。

［6］［美］查尔斯·韦兰：《公共政策导论》，魏陆译，格致出版社·上海三联出版社·上海人民出版社2014年版，第5页。

［7］陈冬梅：《高职院校现代学徒制人才培养模式研究》，载于《教育理论与实践》2015年第30期，第31～32页。

［8］［美］C. E. 布莱克：《现代化的动力——一个比较史的研究》，段小光译，四川人民出版社1988年版，第12～13页。

［9］陈慧姝：《艺术设计专业现代学徒制模式探索》，载于《美术观察》2018年第12期，第134～135页。

［10］陈晶晶、沈敏敏：《加拿大现代学徒制的发展、问题与改革》，载于《比较教育研究》2015年第6期，第102～107页。

［11］陈敏：《浅析现代学徒制在数字出版工作室的应用》，载于《科技与出版》2016年第5期，第89～91页。

［12］陈荣荣：《现代学徒制下高职院校学生管理异化与调控研究》，载于《黑龙江高教研究》2018年第1期，第116～119页。

[13] 陈威凯：《台湾职业训练探讨——以德国为借镜与比较》，载于《科技与人力教育季刊》2016年第2期，第14~38页。

[14] 陈圆、蒋颖：《美国注册学徒制职业培训新政解读：困境与变革》，载于《外国教育研究》2011年第10期，第75~79页。

[15] 迟福林：《劳动力产权论：实现共享发展的理论探索》，中国工人出版社2018年版，第275页。

[16] [英] 达尔文：《人类的由来（上册）》，潘光旦、胡寿文译，商务印书馆1997年版，第153~158页。

[17] 丁昭福、陈遵沂、陈光彩：《心理现象分析百例》，农村读物出版社1986年版，第85页。

[18] 杜启平、熊霞：《高等职业教育实施现代学徒制的瓶颈与对策》，载于《高教探索》2015年第3期，第74~77页。

[19] 耿淡如、黄瑞章：《世界中世纪史原始资料选辑》，天津人民出版社1956年版，第100页。

[20] 顾月琴：《苏南中小城市高职院校现代学徒制探索：困境、优势与策略》，载于《黑龙江高教研究》2018年第5期，第117~120页。

[21] 关晶、石伟平：《西方现代学徒制的特征及启示》，载于《职业技术教育》2011年第31期，第77~83页。

[22] 关晶、石伟平：《现代学徒制之"现代性"辨析》，载于《教育研究》2014年第10期，第97~102页。

[23] 关晶：《英国和德国现代学徒制的比较研究——基于制度互补性的视角》，载于《华东师范大学学报（教育科学版）》2017年第1期，第39~46、118页。

[24] 广小利：《基于现代学徒制的物流专业课程体系改革》，载于《教育理论与实践》2015年第27期，第57~58页。

[25]《国务院关于大力发展职业教育的决定》，http://www.gov.cn/zwgk/2005-11/09/content_94296.htm，2005-11-09/2019-01-23。

[26] [美] 赫伯特·西蒙：《管理行为——管理组织决策过程的研究》，杨砾等译，北京经济学院出版社1988年版，第2页。

[27] 韩立达、闫俊娟、车雪淞：《经济增长、产业结构升级对人口城镇化的影响研究——基于四川省数据的分析》，载于《经济问题探索》2016年第10期，第105~112页。

[28] 韩天学：《缄默知识理论视域下现代学徒制企业师傅的角色定位》，载于《高教探索》2016年第4期，第91~94、99页。

[29] 何杨勇：《英国学徒制的新进展及问题分析》，载于《外国教育研究》2016 年第 8 期，第 3～13 页。

[30] 和震、谢良才：《论学徒制与职业教育的技能精英人才培养》，载于《江苏高教》2016 年第 5 期，第 142～147 页。

[31] 黄蘋：《德国现代学徒制的制度分析及启示》，载于《湖南师范大学教育科学学报》2016 年第 3 期，第 121～125 页。

[32] 黄新华、于正伟：《新制度主义的制度分析范式：一个归纳性述评》，载于《财经问题研究》2010 年第 3 期，第 17～25 页。

[33] 黄尧：《在全国中等职业教育产教结合经验交流会上的总结讲话》，载于《中国职业技术教育》2004 年第 7 期，第 11～12 页。

[34] [英] 霍恩比：《牛津高阶英汉双解词典》（第四版），李北达译，商务印书馆 1997 年版，第 303 页。

[35] 贾文胜、潘建峰、梁宁森：《高职院校现代学徒制构建的制度瓶颈及实践探索》，载于《华东师范大学学报》（教育科学版）2017 年第 1 期，第 47～53、119 页。

[36] [美] 加里·S. 贝克尔：《人力资本：特别是关于教育的理论与经验分析》，梁小民译，北京大学出版社 1987 年版，第 10 页。

[37] [日] 加田哲二：《德国社会经济》，徐汉臣译，商务印书馆 1937 年版，第 107～108 页。

[38]《教育部关于充分发挥行业指导作用推进职业教育改革发展的意见》，http://www.gov.cn/gongbao/content/2012/content_2041868.htm，2011 - 06 - 23/2019 - 01 - 23。

[39] [美] J. 莱夫、E. 温格：《情境学习：合法的边缘性参与》，王文静译，华东师大出版社 2004 年版，第 4 页。

[40] 金志霖：《英国行会史》，上海社会科学院出版社 1996 年版，第 110～111 页。

[41] [美] 康芒斯：《制度经济学》，于树生译，商务印书馆 1962 年版，第 86～87 页。

[42] [苏] 科斯敏斯基、斯卡斯金：《中世纪史》（第一卷），朱庆水等译，生活·读书·新知三联书店 1957 年版，第 295 页。

[43] [英] 肯尼思·P. 奥克雷：《低等动物的工具使用》，引自查尔斯·辛格、E. J. 霍姆亚德等主编：《技术史》（第一卷），王前、孙希忠译，上海科技教育出版社 2004 年版，第 2 页。

[44] 柯荣柱：《制度分析的基本技术》，引自张曙光：《中国制度变迁的案

例研究》（第四集），中国财政经济出版社2005年版，第556~557页。

［45］［德］柯武刚、史漫飞：《制度经济学：社会秩序与公共政策》，韩朝华译，商务印书馆2000年版，第127页。

［46］匡瑛：《史上层次最高的学徒制——意大利高等学徒制之述评》，载于《全球教育展望》2013年第4期，第112~119页。

［47］李兵、笵人伟：《高职院校"双主体管理、五个对接"的现代学徒制人才培养模式研究》，载于《教育与职业》2019年第1期，第50~54页。

［48］李春琦、王璐：《以雇主为主导的英格兰学徒制——改革进展述评及政策解读》，载于《外国教育研究》2016年第11期，第16~30页。

［49］李俊：《德国职业培训市场的分析——兼谈对我国现代学徒制建设的启示》，载于《德国研究》2015年第4期，第109~120、144页。

［50］李难：《进化论教程》，高等教育出版社1990年版，第136~140页。

［51］李旭、梁宏：《贝宁双元学徒制改革的动因、举措与经验》，载于《比较教育研究》2010年第11期，第10~14、58页。

［52］李元元、邱学青、李正：《合作教育的本质、历史与发展趋势》，载于《高等工程教育研究》2010年第5期，第22~29页。

［53］林丽：《现代学徒制人才培养模式探析》，载于《中国高校科技》2017年第11期，第65~67页。

［54］林义：《制度分析及其方法论意义》，载于《经济学家》2001年第4期，第79~85页。

［55］林宇：《落实双重身份·完善政策保障·加强现代学徒制试点工作动态管理》，载于《中国职业技术教育》2017年第1期，第42~44页。

［56］凌文辁、张治灿、方俐洛：《中国职工组织承诺的结构模型研究》，载于《管理科学学报》2000年第2期，第76~81页。

［57］刘飞：《四川省涉农专业现代学徒制发展的机遇、问题及对策》，载于《教育理论与实践》2018年第12期，第23~25页。

［58］刘军、莫荣、徐艳等：《2010-2020年我国技能劳动者需求预测》，载于《中国劳动》2011年第12期，第14页。

［59］刘小禹、孙健敏、苏琴：《工作感受和组织公平对员工组织承诺与职业承诺影响的跨层次研究》，载于《经济科学》2011年第1期，第114~125页。

［60］刘佑成：《社会分工论》，浙江人民出版社1985年版，第42~43页。

［61］刘育锋：《英国学徒制治理新体系研究》，载于《中国高教研究》2017年第10期，第88~93页。

［62］卢俊勇、陶青：《教育实习：学徒制抑或实验制？——杜威的观点》，载于《外国教育研究》2016 年第 9 期，第 13~24 页。

［63］卢志米：《产业结构升级背景下高技能人才培养的对策研究》，载于《中国高教研究》2014 年第 2 期，第 85~89 页。

［64］卢子洲、崔钰婷：《现代学徒制利益相关者治理：从"碎片化"到"整体性"——基于整体性治理视角》，载于《现代教育管理》2018 年第 11 期，第 103~107 页。

［65］［法］卢梭：《民约论（社会契约论）》，法律出版社 1958 年版，第 7 页。

［66］［美］路易斯·亨利·摩尔根：《古代社会》（上册），杨东莼、马雍等译，商务印书馆 1977 年版，第 18 页。

［67］罗士喜、孙文琦、苏光：《高等职业院校试行现代学徒制的现状与对策》，载于《现代教育管理》2017 年第 5 期，第 93~97 页。

［68］［英］麦考密克、魏因贝格尔：《制度法论》，周叶谦译，中国政法大学出版社 1994 年版，第 10 页。

［69］［美］尼尔·J. 萨尔金德：《爱上统计学》，史玲玲译，重庆大学出版社 2011 年版，第 108 页。

［70］欧阳忠明、韩晶晶：《成本—收益视角下企业参与现代学徒制研究》，载于《现代教育管理》2016 年第 6 期，第 85~93 页。

［71］欧阳忠明、韩晶晶：《雇主参与现代学徒制的利益与权力诉求——基于英国学徒制项目调查报告的分析》，载于《教育发展研究》2014 年第 11 期，第 52~59 页。

［72］潘海生、曹星星：《同源殊途：爱尔兰、英国现代学徒制治理理念与治理体系比较研究》，载于《外国教育研究》2017 年第 11 期，第 115~128 页。

［73］潘海生、王宁：《社会主体有效参与的爱尔兰现代学徒制的嬗变与启示》，载于《外国教育研究》2016 年第 11 期，第 3~15 页。

［74］潘珩、章萍：《现代学徒制人才培养标准与模式》，载于《中国高校科技》2018 年第 Z1 期，第 87~89 页。

［75］潘珩、赵善庆：《基于利益相关者共同推进的英国现代学徒制研究》，载于《黑龙江高教研究》2017 年第 10 期，第 66~69 页。

［76］［英］沛西·能：《教育原理》，王承绪、赵端瑛译，人民教育出版社 2005 年版，第 204~205 页。

［77］彭涛、魏建：《内生制度变迁理论：阿西莫格鲁、青木昌彦和格雷夫的比较》，载于《经济社会体制比较》2011 年第 2 期，第 126~133 页。

[78] 彭跃刚、石伟平：《美国现代学徒制的历史演变、运行机制及经验启示——以注册学徒制为例》，载于《外国教育研究》2017年第4期，第103~114页。

[79] 濮海慧、徐国庆：《我国产业形态与现代学徒制的互动关系研究——基于企业专家陈述的实证分析》，载于《华东师范大学学报》（教育科学版）2018年第1期，第112~118、165页。

[80] [美] 乔治·M. 格斯、保罗·G. 法纳姆：《公共政策分析案例（第二版）》，王军霞、贾洪波译，中国人民大学出版社2017年版，第6页。

[81] 秦洁、陈晓平：《集体意向辨析》，载于《学术研究》2012年第6期，第10~16页。

[82] 冉云芳、石伟平：《德国企业参与学徒制培训的成本收益分析与启示》，载于《教育研究》2016年第5期，第124~131、152页。

[83] [德] 斯蒂芬·沃依格特：《制度经济学》，史世伟等译，中国社会科学出版社2016年版，第8页。

[84] 施学良：《高职院校"大规模定制"人才培养模式的设计与实施》，载于《现代教育管理》2015年第9期，第12~17页。

[85] 《世界中世纪史原始资料选辑》，耿淡如、黄瑞章译，天津人民出版社1956年版，第95页。

[86] 孙宏恩：《英美现代学徒制对我国高校的启示》，载于《中国高校科技》2015年第4期，第68~69页。

[87] 谭春霞：《基于现代学徒制的课程重构策略与路径研究》，载于《黑龙江高教研究》2018年第11期，第51~54页。

[88] 镡鹤婧：《马克思恩格斯家庭思想的基本内涵研究》，载于《东北大学学报（社会科学版）》2015年第6期，第631~636页。

[89] 汤霓、王亚南、石伟平：《我国现代学徒制实施的或然症结与路径选择》，载于《教育科学》2015年第5期，第85~90页。

[90] 陶愚川：《中国教育史比较研究》（古代部分），山东教育出版社1985年版，第3页。

[91] 童学敏：《加拿大学徒制的问题、对策选择及启示》，载于《中国高教研究》2012年第4期，第93~96页。

[92] 万妮娜：《现代学徒制早期实践的个案考察与反思——以民国京师第一艺徒学校为例》，载于《北京社会科学》2016年第3期，第50~57页。

[93] 汪丁丁：《制度分析的特征及方法论基础》，载于《社会科学战线》2004年第6期，第44~54页。

［94］王洪斌、鲁婉玉：《"现代学徒制"——我国高职人才培养的新出路》，载于《现代教育管理》2010 年第 11 期，第 83~85 页。

［95］王辉、刘冬：《本硕层次学徒制：英国高层次应用型人才培养的另辟蹊径》，载于《高等教育研究》2014 年第 1 期，第 91~98 页。

［96］王辉、柳靖、王玉苗：《探索学徒制与高等职业教育相联系的美国经验与启示》，载于《外国教育研究》2017 年第 4 期，第 90~102 页。

［97］王辉、张永林、王玉苗：《英国精英大学参与现代学徒制现象分析——以罗素集团大学为例》，载于《比较教育研究》2017 年第 7 期，第 63~70 页。

［98］王辉：《英国高等学徒制人才培养模式勃兴之源探析》，载于《比较教育研究》2015 年第 6 期，第 96~101 页。

［99］王建梁、赵鹤：《英国现代学徒制的发展历程、成效与挑战》，载于《比较教育研究》2016 年第 8 期，第 103~110 页。

［100］王为民、俞启定：《校企合作"壁炉现象"探究：马克思主义企业理论的视角》，载于《教育研究》2014 年第 7 期，第 54~62 页。

［101］王为民：《产权理论视角下职业教育现代学徒制建设之关键：明晰"培养产权"》，载于《国家教育行政学院学报》2016 年第 9 期，第 21~25 页。

［102］王文科、王智弘：《教育研究法》，五南图书出版公司 2012 年版，第 255 页。

［103］王喜雪：《英国现代学徒制与我国工学结合的比较研究——基于政策分析的视角》，载于《外国教育研究》2012 年第 9 期，第 89~96 页。

［104］王星：《技能形成的社会建构 德国学徒制现代化转型的社会学分析》，载于《社会》2015 年第 1 期，第 184~205 页。

［105］王星：《现代中国早期职业培训中的学徒制及其工业化转型》，载于《北京大学教育评论》2016 年第 3 期，第 84~104、191 页。

［106］王玉苗：《英国高等学徒制：背景、保障与改革》，载于《比较教育研究》2015 年第 1 期，第 90~96 页。

［107］王玉苗：《英国学徒制改革之开拓者项目研究》，载于《外国教育研究》2016 年第 3 期，第 16~28 页。

［108］王云平：《工业结构升级的制度分析》，经济管理出版社 2004 年版，第 28 页。

［109］王振洪、成军：《现代学徒制：高技能人才培养新范式》，载于《中国高教研究》2012 年第 8 期，第 93~96 页。

［110］闻效仪：《改革开放四十年之集体协商与集体合同研究：历史演进、

制度执行与类型化趋势》，载于《中国人力资源开发》2018年第10期，第99~111页。

[111] 邬志辉、李涛：《治理体系和能力现代化的三重核心命题》，载于《中国教育报》2014年4月28日第6版。

[112] 吴建设：《高职教育推行现代学徒制亟待解决的五大难题》，载于《高等教育研究》2014年第7期，第41~45页。

[113] 吴明隆：《问卷统计分析实务——SPSS操作与应用》，重庆大学出版社2010年版，第249页。

[114] 吴新星：《澳大利亚学徒制改革研究》，载于《国家教育行政学院学报》2018年第4期，第81~88页。

[115] 吴岳军：《现代学徒制背景下陶瓷传统手工技艺传承人才培养研究——以无锡工艺职业技术学院为例》，载于《教育理论与实践》2018年第6期，第32~34页。

[116] [英] V. 戈登·柴尔德：《社会的早期形态》，引自查尔斯·辛格、E. J. 霍姆亚德等主编：《技术史》（第一卷），王前、孙希忠译，上海科技教育出版社2004年版，第25页。

[117] [日] 细谷俊夫：《技术教育概论》，肇永和、王立精译，清华大学出版社1984年版，第32~34页。

[118] 夏韩辉：《高职院校参与现代学徒制的机制和路径》，载于《高教探索》2016年第5期，第90~92、117页。

[119] 徐峰、石伟平：《民国时期传统学徒制探析与启示》，载于《现代教育管理》2018年第12期，第85~90页。

[120] 徐国庆：《高职教育发展现代学徒制的策略：基于现代性的分析》，载于《江苏高教》2017年第1期，第79~84页。

[121] 徐国庆：《我国二元经济政策与职业教育发展的二元困境——经济社会学的视角》，载于《教育研究》2019年第1期，第102~110页。

[122] 徐国庆：《我国职业教育现代学徒制构建中的关键问题》，载于《华东师范大学学报》（教育科学版）2017年第1期，第30~38页。

[123] 许艳丽、李文：《英国学位学徒制及其启示》，载于《高教探索》2018年第10期，第43~49页。

[124] 《学徒制度与技术教育》，伍绍垣译，国立编译馆1941年版，第1~3页。

[125] [美] 阿夫纳·格雷夫：《大裂变：中世纪贸易制度比较和西方的兴起》，郑江淮等译，中信出版社2008年版，第26~27页。

[126]［英］亚当·斯密:《国富论》（上卷），郭大力、王亚南译，中华书局 1936 年版，第 145~146 页。

[127] 杨成明:《欧洲学徒制质量建设的推进策略及特点探究》，载于《比较教育研究》2017 年第 12 期，第 90~98 页。

[128] 杨成明:《欧洲学徒制质量框架：时代背景、内容结构与特征》，载于《现代教育管理》2017 年第 8 期，第 93~98 页。

[129] 杨公安:《我国现代学徒制非正式制度的缺失与完善》，载于《教育研究》2017 年第 8 期，第 91~95 页。

[130] 杨劲松:《高职院校主导下的"现代学徒制"分析》，载于《中国高校科技》2015 年第 8 期，第 52~55 页。

[131] 杨立华、常多粉、张柳:《制度文本分析框架及制度绩效的文本影响因素研究：基于 47 个大气污染治理法规政策的内容分析》，载于《行政论坛》2018 年第 1 期，第 96~106 页。

[132] 杨小燕:《论现代学徒制的生长点、切入点与落脚点》，载于《四川师范大学学报》（社会科学版）2017 年第 5 期，第 109~113 页。

[133] 俞可平:《全球治理引论》，载于《马克思主义与现实》2002 年第 1 期，第 20~32 页。

[134] 喻忠恩:《职业教育改革的顶层设计及其理路——从"现代学徒制"试点谈起》，载于《职教通讯》2016 年第 7 期，第 40~44 页。

[135] 张宝忠:《基于现代学徒制的高职商科专业人才培养路径研究》，载于《中国高教研究》2016 年第 10 期，第 103~106 页。

[136] 张法坤、梁幸平:《现代学徒制模式下校企合作机制构建研究》，载于《中国高校科技》2015 年第 12 期，第 54~56 页。

[137] 张莉:《"现代学徒制"人才培养模式与"工匠精神"培育的耦合性研究》，载于《江苏高教》2019 年第 2 期，第 102~105 页。

[138] 张奇、张雪莲:《我国职业院校现代学徒制的实践方略探究》，载于《教育理论与实践》2019 年第 3 期，第 15~17 页。

[139] 张启富:《高职院校试行现代学徒制：困境与实践策略》，载于《教育发展研究》2015 年第 3 期，第 45~51 页。

[140] 张森:《基于产业转型升级视角下的高技能人才队伍建设对策研究——以 L 省会城市群经济圈为例》，载于《齐鲁师范学院学报》2016 年第 5 期，第 90~94 页。

[141] 张思、刘清堂、熊久明:《认知学徒制视域下教师工作坊研修模式研究》，载于《中国电化教育》2015 年第 2 期，第 84~89 页。

[142] 张瑶祥、何杨勇：《我国职业教育现代学徒制构建中的关键问题分析》，载于《中国高教研究》2018 年第 7 期，第 100～103 页。

[143] 张勇、江萍：《职业教育中的学徒制：英国与德国之比较》，载于《江苏高教》2015 年第 1 期，第 144～147 页。

[144] 张宇、徐国庆：《我国现代学徒制中师徒关系制度化的构建策略》，载于《现代教育管理》2017 年第 8 期，第 87～92 页。

[145] 赵刚：《现代学徒制培养模式下中职学校"双师型"师资培养路径》，载于《教育理论与实践》2017 年第 6 期，第 26～28 页。

[146] 赵海千：《探索"现代学徒制"》，载于《人民教育》2015 年第 16 期，第 55～56 页。

[147] 赵磊磊、张蓉菲：《教师信息化教学领导力：内涵、影响因素与建设路径》，载于《重庆高教研究》2019 年，第 1～17 页。

[148] 赵亮：《企业主导下的现代学徒制实施模式研究》，载于《高教探索》2016 年第 5 期，第 93～96 页。

[149] 赵志群、陈俊兰：《现代学徒制建设——现代职业教育制度的重要补充》，载于《北京社会科学》2014 年第 1 期，第 28～32 页。

[150] 赵志群：《现代学徒制离政策目标有多远》，载于《中国教育报》2016 年 9 月 27 日第 4 版。

[151] 中国社会科学院语言研究所词典编辑室编：《现代汉语词典》（第 7 版），商务印书馆 2017 年版，第 1068 页。

[152] 周国良：《从劳动争议处理看集体劳动关系规范的困惑》，引自杨鹏飞：《劳动关系集体协商制度研究》，上海社会科学院出版社 2012 年版，第 8 页。

[153] 周红利、张万兴：《人力资本理论视域的德国现代学徒制研究》，载于《高教探索》2014 年第 4 期，第 48～52 页。

[154] 周琳、梁宁森：《现代学徒制建构的实践症结及对策探析》，载于《中国高教研究》2016 年第 1 期，第 103～106 页。

[155] 周望：《中国"政策试点"研究》，南开大学，2012 年，第 29 页。

[156] 朱双华：《优化现代学徒制环境与提升校企合作绩效》，载于《财经问题研究》2016 年第 S2 期，第 177～179 页。

[157] 竺乾威：《渐进决策理论及其运用》，载于《决策探索》1995 年第 11 期，第 14～15 页。

[158] 祝士明、郭妍妍：《现代学徒制背景下的人才培养优势与途径》，载于《中国高校科技》2016 年第 10 期，第 60～62 页。

[159] 庄榕霞、赵志群等：《职业院校学生职业能力测评的实证研究》，清

华大学出版社2012年版,第249页。

[160] Adams, A. V. *The Mubarak Kohl Initiative—dual System in Egypt: An Assessment of its Impact on the School to Work Transition.* Eschborn: German Technical Cooperation, 2010: 22.

[161] Adams, A. V., Middleton, J. and Ziderman, A. The World Bank's policy paper on vocational and technical education and training. *Prospects*, 1992, 22 (2): 125 – 140.

[162] Alan M. H., Silverberg, M. K., Haimson, J., et al. *Expanding Options for Students: Report to Congress on the National Evaluation of School-to – Work Implementation.* Princeton: Mathematica Policy Research, 1999: 18.

[163] Álvarez – Galvàn, J. *A Skills beyond School Review of Egypt.* Paris: OECD Publishing, 2015: 67.

[164] Andersen, O. D. and Kruse, K. *Apprenticeship-type Schemes and Structured Work-based Learning Programmes.* Metropolitan: Metropolitan University College, 2014: 3.

[165] Andrade, D. and Roy, G. Cultural Meaning Systems. In R. A. Shweder and R. A. LeVine. *Culture Theory: Essays on Mind, Self, and Emotion.* Cambridge: Cambridge University Press, 1984: 88.

[166] Angle, H. L. and Perry, J. L. Organizational Commitment: Individual and Organizational Influences. *Work and Occupations*, 1983, 10 (10): 123 – 146.

[167] NCVER. *Australian Vocational Education and Training Statistics: Apprentices and Trainees* 2016. Adelaide: National Centre for Vocational Education Research, 2017: 9.

[168] NCVER. *Australian Vocational Education and Training Statistics: Government Funded Students and Courses* 2014. Adelaide: National Centre for Vocational Education Research, 2015: 8.

[169] Baldwin, S. E. and Osterman, P. Employment Futures: Reorganization, Dislocation, and Public Policy. *Administrative Science Quarterly*, 1989, 19 (9): 271 – 272.

[170] Banathy, B. H., Haveman, J. E., Madsen, M., et al. *Building Models for the Linkage and Coordination of Vocational Education at Public and Private Post – Secondary Schools and Business, Industry, and Labor.* San Francisco, CA: FarWest Laboratory for Educational Research and DevelopmentandPacific Grove, CA: Intersystems, Inc., 1978: 88.

［171］Barnes, M. , Matka, E. and Sullivan, H. Evidence, understanding and complexity evaluation in non-linear systems. *Evaluation*, 2003, 9（3）: 265 - 284.

［172］Beck, K. *Lehr - Lern - Prozesse in der kaufmännischen Erstausbildung*. Mainz: Mainz Universität, 2000: 24.

［173］Beicht, U. and Andreas, K. *Money Plays A Role！Are Trainees Satisfied with Their Pay？*. Bonn: The Federal Institute for Vocational Education and Training, 2010: 10.

［174］BEIS. *Apprenticeship Pay Survey* 2016. London: Department for Business, Energy and Industrial Strategy, 2017: 35.

［175］Berger, P. L. and Luckmann, T. *The Social Construction of Reality: A Treatise in the Sociology of Knowledge*. New York: Doubleday Anchor, 1967: 55.

［176］Berger, P. L. and Hansfried, K. *Sociology Interpreted: An Essay on Method and Vocation*. New York: Doubleday Anchor, 1981: 31.

［177］Bergmann, C. Schulisch-berufliche Interessen als Determinanten der Studien-bzw: Berufswahl und-bewaltigung: Eine Uberprufung des Modells von Holland. In A. Krapp and M. Prenzel（eds）. *Interesse, Lernen, Leistung Neuere Ansatze der padagogisch-psychologischen Interessenforschung*. Munster: Aschendorff Verlag, 1992: 195 - 220.

［178］Berlia, S. *Technical Vocational and Training: Existing Systems, Schemes, Models and Best Practices*. Jalandhar: Apeejay Stya Education Research Foundation, 2012: 1 - 26.

［179］Bertschy, K. , Cattaneo, M. A. and Wolter, S. C. PISA and the Transition into the Labour Market. *Labour*, 2010（s1）: 111 - 137.

［180］Bilginsoy, C. , Smith, E. and Glover, R. W. Registered apprenticeship training in the US construction industry. *Education and Training*, 2005, 47（4/5）: 337 - 349.

［181］Billett, S. *Learning in the Workplace: Strategies for Effective Practice*. New South Wales: Allen and Unwin, 2001: 35.

［182］Billett, S. Two distinct conceptions of apprenticeship. In E. Smith, P. Gonon & A. Foley（eds. ）. *Architectuires for Apprenticeship: Achieving Economic and Social Goals*. Mel-bourne: North Melbourne, 2015: 19.

［183］Bird, M. Combining quantitative and qualitative methods: A case study of the implementation of the Open University policy. In J. Brannen（ed. ）. *Mixing Methods: Qualitative and Quantitative Research*. Aldershot: Avebury, 1992: 25.

[184] Bonnal, L., Mendes, S., and Sofer, C. School-to-work transition: apprenticeship versus vocational school in France. *International Journal of Manpower*, 2002 (5): 426 – 442.

[185] Börzel, T. A. and Risse, T. Governance without a state: Can it work? *Regulation & Governance*, 2010, 4 (2): 113 – 134.

[186] Boyer, R. Coherence, Diversity, and the Evolution of Capitalisms: The Institutional Complementarity Hypothesis. *Evolutionary and Institutional Economics Review*, 2005, 2 (1): 43 – 80.

[187] Bratman, M. E. Shared Intention. *Ethics*, 1993, 104 (1): 97 – 113.

[188] Bray, R. A. *Boy Labour and Apprenticeship*. London: Constable and Company Limited, 1912: 20.

[189] Brentano, L. *On the History and Development of Gilds, and the Origin of Trade – Union*. London, 1870: 89.

[190] Brockmann, M. Learning cultures in retail: apprenticeship, identity and emotional work in England and Germany. *Journal of Education and Work*, 2013, 26 (4): 357 – 375.

[191] Brockmann, M. Identity and apprenticeship: the case of English motor vehicle maintenance apprentices. *Journal of Vocational Education and Training*, 2010, 62 (1): 63 – 73.

[192] Brockmann, M., Clarke, L. and Winch, C. The Apprenticeship Framework in England: a new beginning or a continuing sham? *Journal of Education and Work*, 2010, 23 (2): 111 – 127.

[193] Brüderle, R., Driftmann, H. H., Hundt, D., et al. *Nationaler Pakt für Ausbildung und Fachkräftenachwuchs in Deutschland* 2010 – 2014, https://www.bmbf.de/files/ausbildungspakt_2010.pdf. 2010 – 10 – 26/2018 – 12 – 25.

[194] Brunello, G. and Maria, D. P. *Market Failures and the Under – Provision of Training*. Munich: CESifo, 2004: 29.

[195] Bundestag, D. *Entwurf eines Gesetzes zur Reform der beruflichen Bildung*. http://dip21.bundestag.de/dip21/btd/15/039/1503980.pdf. 2004 – 10 – 20/2018 – 12 – 25.

[196] Busemeyer, M. R. Business as a Pivotal Actor in the Politics of Training Reform: Insights from the Case of Germany. *British Journal of Industrial Relations*, 2012 (4): 690 – 713.

[197] Busemeyer, M. R. Die Sozialpartner und der Wandel in der Politik der

beruflichen Bildung seit 1970. *Industrielle Beziehungen*, 2009 (3): 273 – 294.

[198] Cantor, J. A. *Cooperative Apprenticeships: A School-to – Work Handbook*. Lancaster: Technomic Publishing Company Inc. 1997: 23.

[199] Cappelli, P. and Sherer, P. D. The missing role of context in OB: The need for a meso-level approach. In L. L. Cummings and B. M. Staw (eds.). *Research in Organizational Behavior*. Greenwich: JAI Press, 1991: 55 – 110.

[200] Carretta, R. T. R. Lack of Ability Is Not Always the Problem. *Journal of Business and Psychology*, 1999, 14 (1): 165 – 171.

[201] CEDEFOP. *Terminology of European Education and Training Policy: A Selection of 130 Key Terms* (Second Edition). Luxembourg: Office for Official Publications of the European Communities, 2008: 25.

[202] Cheney, L. Limited Horizons. *New York Times*, 1998 – 02 – 03 (2).

[203] Clayton, B., Harris, R., Simons, M., et al. *Factors that Contribute to Retention and Completion Rates for Apprentices and Trainees*. Australia: National Centre for Vocational Education Research Ltd., 2001: 10.

[204] Cohen, J. and Rogers, J. Democratic governance and secondary associations. *Politics and society*, 1992, 20 (4): 393 – 472.

[205] Conlon, G., Halterbeck, M., Lane, M., et al. *An International Comparison of Apprentice Pay: Final Report*. London: London Economics, 2013: 17.

[206] Culpepper, P. D. *Creating Cooperation: How States Develop Human Capital in Europe*. Ithaca and London: Cornell University Press, 2003: 60.

[207] Cunningham, W. *The Industrial Revolution, Being the Entitled Parliamentary Colbertism and Laissez Faire*. Cambridge: The University Press, 1908: 615.

[208] Cunningham, W. H. *The Growth of English Industry and Commerce in Modern Times*. Cambridge: Cambridge University Press, 1892: 615.

[209] Deci E. L. and Ryan, R. M. Die Selbstbestimmungstheorie der Motivation und ihre Bedeutung für die Pädagogik. *Z Für Pädagogik*, 1993, 2 (93): 223 – 239.

[210] Deissinger, T. The Evolution of the Modern Vocational Training Systems in England and Germany: a comparative view. *Compare*, 1994, 24 (24): 17 – 36.

[211] Deloitte. *Econometric Analysis of the Australian Apprenticeships Incentives Program*. Kingston: Deloitte Access Economics, 2012: 7.

[212] Department for Business Innovation & Skill. *Apprenticeship by Provider Type: Starts and Achievements 2005/06 to 2011/12*, www. gov. uk/government/ uploads/system/uploads/attachment_data/file/298288 /January2013 _ Apprenticeship _

Provider_Type. xls. 2013 – 01 – 20/2018 – 12 – 25.

[213] Department of Education and Training, *Skilling Australians Fund*, https：//docs. education. gov. au/node/43741. 2017 – 05 – 10/2018 – 12 – 25.

[214] Dequech, D. Cognition and Valuation：Some Similarities and Contrasts between Institutional Economics and the Economics of Conventions. *Journal of Economic Issues*, 2005, 39 (2)：465 – 473.

[215] Dequech, D. Institutions, social norms, and decision-theoretic norms. *Journal of Economic Behavior and Organization*, 2009, 72 (1)：70 – 78.

[216] Descy, P. and Barabasch, A. *Developing Apprenticeship – European Perspectives*. Seoul：KRIVET, 2014：8.

[217] DETYA. *Traineeship non – completion, Research and Evaluation Branch*. Canberra：Department of Education, Training and Youth Affairs, 1999：32.

[218] DiMaggio, P. and Powell, W. Introduction. In W. Powell and P. DiMaggio (eds.). *The New Institutionalism in Organizational Analysis*. Chicago：University of Chicago Press, 1991：15.

[219] DiMaggio, P. Constructing an Organizational Field as a Professional Project：U. S. Art Museums, 1920 – 1940. In W. Powell and P. DiMaggio (eds.). *The New Institutionalism in Organizational Analysis*. Chicago：University of Chicago Press, 1991：267 – 292.

[220] DiMaggio, P. Culture and Economy. In N. Smelser and R. Swedberg (eds.). *The Handbook of Economic Sociology*. Princeton：Princeton University Press, 1994：37.

[221] Dimaggio, P. J. and Powell, W. W. The Iron Cage Revisited：Institutional Isomorphism and Collective Rationality in Organizational Fields. *American Sociological Review*, 1983, 48 (2)：147 – 160.

[222] Dornbusch, S. M. and Scott, W. R. *Evaluation and the Exercise of Authority*. San Francisco：Jossey – Bass, 1975：38 – 40.

[223] Douglas, P. H. *American Apprenticeship and Industrial Education*. New York：Columbia University, 1921：54 – 55.

[224] Dunlop, J. O. and Denman, D. R. *English Apprenticeship and Child Labour：A History*. New York：The Macmillan Company, 1912：112.

[225] Dunlop, O. J. Some Aspects of Early English Apprenticeship. *Transactions of the Royal Historical Society*, 1911, 5：193 – 208.

[226] Education and Skills Funding Agency. *Information about the Withdrawal of*

Apprenticeship Hrameworks, https：//www.gov.uk/government/publications/removal-of-apprenticeship-frameworks#history.2018-10-30/2018-12-24.

［227］Eichhorst, W., Rodríguez-Planas, N., Schmidl, et al. *A Roadmap to Vocational Education and Training Systems around the World*. Leibniz：Forschungsinstitut zur Zunft der Arbeit, 2012：1.

［228］Epstein, S. R. Transferring Technical Knowledge and Innovating in Europe, c.1200 - c.1800. In J. L. van Zanden and P. Marten（eds.）. *Technology, Skills and the Pre-Modern Economy in the East and the West*. Boston：Brill, 2013：31-32.

［229］Epstein, S. Craft Guilds, Apprenticeship, and Technological Change in Preindustrial Europe. *The Journal of Economic History*, 1998, 58（3）：684-713.

［230］Euler, D. *Germany's Dual Vocational Training System. A Model for Other Countries?* . Germany：Bertelsmann Stiftung, 2013：6.

［231］European Commission. *Apprenticeship Supply in the Member States of the European Union*. Brussels：IKEI Research and Consultancy, 2012：21-22.

［232］European Commission. *Apprenticeship and Traineeship Schemes in EU27：Key Success Factors—A Guidebook for Policy planners and practitioners*. Brussels：European Commission, 2013：13.

［233］Euwals, R. and Winkelmann, R. Training intensity and first labor market outcomes of apprenticeship graduates. *SOI-Working Papers*, 2004（5）：447-462（16）.

［234］Fairclough, N. *Critical Discourse Analysis：The Critical Study of Language*. New York：Longman Group, 1995：96-97.

［235］Fend, H. *Gesellschaftlicher Bedingungen schulischer Sozialisation*. Weinheim und Bas：Beltz Verlag, 1974：82.

［236］Feuchthofen, J. E. Mit der Planwirtschaft zum Ablasshandel. *Berufsbildung in Wissenschaft und Praxis*, 2004（4）：3-4.

［237］Filliettaz, L. Dropping out of apprenticeship programs：Evidence from the Swiss vocational education system and methodological perspective for research. *International Journal of Training Research*, 2010, 5（1）：141-153.

［238］Fishbein, M. Attitude and the Predication of Behavior. In M. Fishbein（ed）. *Readings in Attitude Theory and Measurement*. New York：Wiley, 1967：477-492.

［239］Fisher, C. D. Organizational Socialization：An integrative review. *Research in Personnel and Human Resources Management*, 1986：102.

［240］ Franz, W. and Zimmermann, V. Das duale System der Berufsausbildung：Noch ein deutscher Standortvorteil? *Wirtschaftsdienst, Zeitschrift für Wirtschaftspolitik*, 1996（8）：398-401.

［241］ Friedland, R. and Alford, R. R. Bringing Society Back in：Symbols, Practices and Institutional Contradictions. In W. Powell & P. DiMaggio（eds.）. *The New Institutionalism in Organizational Analysis*. Chicago：University of Chicago Press, 1991：232-266.

［242］ Friedman, M. A. and Brownell, K. D. Psychological correlates of obesity：moving to the next research generation. *Psychological Bulletin*, 1995, 117（1）：3-20.

［243］ Fuller, A. and Unwin, L. Learning as Apprentices in the Contemporary UK Workplace：creating and managing expansive and restrictive participation. *Journal of Education and Work*, 2003, 16（4）：407-426.

［244］ Fuller, A. and Unwin, L. Apprenticeship as an evolving model of learning. *Journal of Vocational Education & Training*, 2011, 63（3）：261-266.

［245］ Fuller, A. and Unwin, L. Creating a 'Modern Apprenticeship'：a critique of the UK's multi-sector, social inclusion approach. *Journal of Education and Work*, 2003, 16（1）：5-25.

［246］ Fuller, A. and Unwin, L. Change and Continuity in Apprenticeship：The Resilience of a Model of Learning. *Journal of Education and Work*, 2009, 22（5）：405-416.

［247］ Geertz, C. *The Interpretation of Cultures*. New York：Basic Books, 1973：17.

［248］ Gessler, M. The Lack of Collaboration between Companies and Schools in the German Dual Apprenticeship System：Historical Background and Recent Data. *International Journal for Research in Vocational Education & Training*, 2017, 4（2）：164-195.

［249］ Gilbert, M. *Joint Commitment：How We Make the Social World*. Oxford：Oxford University Press, 2013：69-70.

［250］ Gilbert, M. *Sociality and Responsibility：New Essays in Plural Subject Theory*. Lanham：Rowman & Littlefield, 2000：21.

［251］ Ginosar, A. Public-interest institutionalism：A positive perspective on regulation. *Administration and Society*, 2012, 46（3）：301-317.

［252］ Gonos, G. Situation Versus Frame：The Interactionist and Structuralist

Analysis of Everyday Life. *American Sociological Review*, 1977, 42 (6): 854 - 867.

[253] Gopaul, S. *Feasibility Study for a Global Business Network on Apprenticeship*. Geneva: International Labour Office, 2013: 7.

[254] Gospel, H. and Druker, J. The Survival of National Bargaining in the Electrical Contracting Industry: A Deviant Case? *British Journal of Industrial Relations*, 1998, 36 (2): 249 - 267.

[255] Gospel, H. and Fuller, A. The Modern Apprenticeship: New Wine in Old Bottles? *Human Resource Management Journal*, 1998, 8 (1): 5 - 22.

[256] Greinert, W. D. European vocational training systems: the theoretical context of historical development. In W. D. Greinert and G. Hanf (eds.). *Towards A History of Vocational Education and Training (vet) in Europe in a Comparative Perspective*. Luxembourg: Office for Official Publications of the European Communities, 2002: 17 - 27.

[257] Greinert, W. D. *Erwerbsqualifizierung jenseits des Industrialismus: Zur Geschichte und Reform des deutschen Systems der Berufsbildung*. Frankfurt: Gesellschaft zur Förderung arbeitsorientierter Forschung und Bildung, 2012: 288.

[258] Gruber, E., Mandl, I. and Oberholzner, T. *Learning at the Workplace*. Thessaloniki: European Centre for the Development of Vocational Training (Cedefop), 2008: 16.

[259] Hall, P. and Taylor, R. Political Science and the Three New Institutionalisms. *Political Studies*, 1996, 44 (5): 936 - 957.

[260] Hall, P. A. and Gingerich, D. W. An Introduction to Varieties of Capitalism. In P. A. Hall and D. W. Gingerich (eds.). *Varieties of Capitalism: The Institutional Foundations of Comparative Advantage*. New York: Oxford University, 2001: 8.

[261] Hamilton, G. The decline of apprenticeship in North America: evidence from Montreal. *Working Papers*, 2012, 60 (3): 627 - 664.

[262] Hamilton, S. F. and Lempert, W. The Impact of Apprenticeship on Youth: A Prospective Analysis. *Journal of Research on Adolescence*, 1996 (4): 427 - 455.

[263] Harris, M. Modern Apprenticeships: an assessment of the Government's flagship training programme. *London: Institute of Directors*, 2003 (8): 18 - 19.

[264] Hechter, M., Karl - Dieter O. and Reinhard W. *Social Institutions: Their Emergence, Maintenance, and Effects*. New York: Aldine de Gruyter, 1990: 4.

[265] Hoeckel, K. and Schwartz, R. *Reviews of Vocational Education and Training: A Learning for Jobs Review of Germany* 2010. Paris: OECD Publishing, 2010: 35.

[266] Hoeckel, K. *Costs and Benefits in Vocational Education and Training*. Paris: OECD Publishing, 2008: 8.

[267] Hofer, H. and Lietz, C. Labour market effects of apprenticeship training in Austria. *International Journal of Manpower*, 2004 (1): 104-122.

[268] Hogarth, T., Gambin, L., Winterbotham, M., et al. *Employer Investment in Apprenticeships and Workplace Learning: The Fifth Net Benefits of Training to Employers Study*. London: BIS, 2012: 14.

[269] House of Commons Library. *Apprentices*, https://publications.parliament.uk/pa/cm199293/cmhansrd/1993-06-14/Writtens-6.html. 1993-06-14/2018-12-23.

[270] House of Commons Library. *Bill Documents - Deregulation Act* 2015, https://services.parliament.uk/bills/2014-15/deregulation/documents.html. 2015-03-30/2018-12-24.

[271] House of Commons Library. *Higher Education Students*, https://publications.parliament.uk/pa/cm1995 96/cmhansrd/vo960327/debtext/60327-21.htm#60327-21head0. 1996-03-29/2018-12-23.

[272] Hövels, B. Terug naar de inhoud op het snijvlak tussen onderwijs en arbeid. In B. Hövels and L. Römkens (eds.). *Notities over kwalificaties*. Hertogenbosch: CIBB, 1993: 11.

[273] Hsu, Y. H. *Training Externalities and Institutional Determinants: Assessing Retention in Ohio Apprenticeship Programs*. The Ohio State University, 2013: 16.

[274] Iii, C. A. O. and Caldwell, C. D. F. People and Organizational Culture: A Profile Comparison Approach to Assessing Person-Organization Fit. *The Academy of Management Journal*, 1991, 34 (3): 487-516.

[275] International Labour Organization. and World Bank. *Possible Futures for the Indian Apprenticeship System: Options Paper for India*. New Delhi: ILO, 2013: 20.

[276] Joachim, W. *An Imperative to Adjust? Skills Formation in England and Germany*. Germany: VS Verlag für Sozialwissenschaften, 2011: 83.

[277] Joan, L. *Apprenticeship in England*, 1600-1914. London: UCL Press Ltd., 1996: 8.

[278] Johns, G. The Essential Impact of Context on Organizational Behavior. *Academy of Management Review*, 2006, 31 (2): 386-408.

[279] Jørgensen, C. H. From apprenticeships to higher vocational education in Denmark-building bridges while the gap is widening. *Journal of Vocational Education*

and Training, 2017, 69（1）: 64–80.

[280] Juul, I. and Jørgensen, C. H. Challenges for the dual system and occupational self-governance in Denmark. *Journal of Vocational Education and Training*, 2011, 63（3）: 289–303.

[281] Keating, P. J. *A National Employment and Training Plan for Young Australians*. Canberra: Australian Government, 1992.

[282] Keep, E. Governance in English VET: On the functioning of a fractured "system". *Research in Comparative and International Education*, 2015, 10（4）: 464–475.

[283] Kerr, C. The balkanization of labor markets. In E. Wight Bakke, P. Hauser, G. Palmer, et al. (eds.). *Labor Mobility and Economic Opportunity*. Cambridge: MIT Press, 1954: 53.

[284] Kitching, J. and Blackburn, R. *The Nature of Training and Motivation to Train in Small Firms*. London: Kingston University, 2002: xiii.

[285] Knight, B. *Evolution of Apprenticeships and Traineeships in Australia: An Unfinished history*. National Centre for Vocational Education Research, 2012: 35.

[286] Koudahl, P. D. Vocational education and training: dual education and economic crises. *Procedia – Social and Behavioral Sciences*, 2010（9）: 1900–1905.

[287] Kramer, M., Hills, G. and Tallant, K. *The New Role of Business in Global Education*. Boston: FSG, 2015: 3.

[288] Krapp, A. and Lewalter, D. Develompent of interests and interest-based motivational orientations: a longitudinal study in vocational school and work settings. In S. Volet and S. Järvelä (eds). *Motivation in Learning Contexts: Theoretical Advances and Methodological Implications*. New York: Elsevier Science Ltd., 2001: 209.

[289] Krapp, A. Basic needs and the development of interest and intrinsic motivational orientations. *Learning and Instruction*, 2005, 15（5）: 381–395.

[290] Kuczera, M. *Incentives for Apprenticeship*. Paris: OECD Publishing, 2017: 11.

[291] Kuczera, M. *Striking the Right Balance: Costs and Benefits of Apprenticeship*. Paris: OECD Publishing, 2017: 9.

[292] Kuhlee, D. Federalism and corporatism: On the approaches of policymaking and governance in the dual apprenticeship system in Germany and their functioning today. *Research in Comparative and International Education*, 2015（4）: 476–492.

[293] Lachmann, L. M. *The Legacy of Max Weber*. California: The Glendessary

Press, 1971: 7.

［294］ Lauglo, J. *Vocational Training: Analysis of Policy and Modes Case Studies of Sweden, Germany and Japan.* Paris: UNESCO, 1993: 1.

［295］ Lauterbach, U. Apprenticeship, History and Development. In T. Husén and T. N. Postlethwaite （eds.）. *The International Encyclopedia of Education.* Oxford: Pergamon 1994: 311.

［296］ Lave, J., and Wenger, E. *Situated Learning: Legitimate Peripheral Participation.* New York: Cambridge University Press, 1991: 88.

［297］ Lawrence, T., Suddaby, R. and Leca, B. Institutional work: Refocusing institutional studies of organization. *Journal of Management Inquiry*, 2011, 20 (1): 52 – 58.

［298］ Lee, J. Partnership with Industry for Efficient and Effective Implementation of TVET. *International Journal of Vocational Education and Training*, 2009, 17 (2): 40.

［299］ Lehmann, W. "I'm still scrubbing the floors": experiencing youth apprenticeships in Canada and Germany. *Work, Employment and Society*, 2005, 19 (1): 107 – 129.

［300］ Levine, S. and White, P. E. Exchange as a Conceptual Framework for the Study of Interorganizational Relationships. *Administrative Science Quarterly*, 1960, 5 (4): 583 – 601.

［301］ Liepmann, K. *Apprenticeship: An Enquiry into its Adequacy under Modern Conditions.* London: Routledge and Kegan Paul, 1960: 154 – 155.

［302］ Lieshout, H. V. and Wilthagen, T. Transitional labour markets in action: new developments in the Dutch vocational education and training market. In S. Roualt, H. Oschmiansky and I. Schömann (eds.). *Reacting in Time to Qualification Needs: Towards a Cooperative Implementation?* Berlin: Wissenschaftszentrum Berlin für Sozialforschung, 2002: 241 – 269.

［303］ Lieshout, H. V. Controle over verschuivingen in onderwijsstelsels: beheersing of besturing? In B. Boon, J. Demmers, P. van Leeuwen et al (eds.). *Alles onder controle. Essays van de wetenschappelijke generatie X.* Utrecht: ISOR, 1995: 143 – 157.

［304］ Litwak, E. and Hylton, L. F. Interorganizational Analysis: A Hypothesis on Co-ordinating Agencies. *Administrative Science Quarterly*, 1962, 6 (4): 395 – 420.

［305］ Lord, R. G. and Kernan, M. C. Scripts as determinants of purposeful behavior in organizations. *Academy of Management Review*, 1987, 12 (2): 265 - 277.

[306] Loveder, P. *Australian Apprenticeships: Trends, Challenges and Future Opportunities for Dealing with Industry* 4.0. Adelaide: National Centre for Vocational Education Research, 2017: 13.

[307] Lynch, R. L. Occupational experience as the basis for alternative teacher certification in vocational education. In A. Gamoran (ed.). *The Quality of Vocational Education: Background Papers from the 1994 National Assessment of Vocation Education*. Washington, DC: U. S. Department of Education, 1998: 43 - 64.

[308] Mangan, J. and Trendle, B. Surviving apprenticeship training: A duration analysis of apprenticeship contracts in Australia. *Journal of Interdisciplinary Economics*, 2008, 19 (4): 379 - 398.

[309] Mann, A. *Key Issues in Employer Engagement in Education: Why it Makes a Difference and How to Deliver at Scale*. Scotland: Skills Development Scotland, 2013: 8.

[310] Mantzavinos, C. *Individuals, Institutions, and Markets*. Cambridge: Cambridge University Press, 2001: 83.

[311] March, J. G. and Olsen, J. P. The logic of appropriateness. In M. Rein, M. Moran and R. E. Goodin (eds.). *Handbook of Public Policy*. Oxford: Oxford University Press, 2006: 689 - 708.

[312] March, J. G. and Olsen, J. P. *Rediscovering Institutions: The Organizational Basis of Politics*. New York: Free Press, 1989: 159.

[313] March, J. G. and Olsen, J. P. The new institutionalism: Organizational factors in political life. *American Political Science Review*, 1984, 78 (3): 734 - 749.

[314] Marsden, D. A Phoenix from the ashes of apprenticeship? Vocational training in Britain. *International Contributions to Labour Studies*, 1995, 5: 87 - 114.

[315] Marsden, D. and Ryan, P. Initial training, labour market structure and public policy: intermediate skills in British and German industry. In P. Ryan (ed.). *International Comparisons of Vocational Education and Training for Intermediate Skills*. Lewes: Falmer Press, 1991: 251 - 285.

[316] Mayntz, R. and Scharpf, F. W. Der Ansatz des akteurszentrierten Institutionalismus. In R. Mayntz and F. W. Scharpf (eds.). *Gesellschaftliche Selbstregelung und politische Steuerung*. Frankfurt and New York: Campus, 1995: 45.

[317] McIntosh, S., Wenchao, J. and Vignoles, A. *Firms' Engagement with the Apprenticeship Programme*. Sheffield: Centre for Analysis of Youth Transitions,

2011：28.

［318］Meyer, J. W. and Jepperson, R. L. The actors of modern society：The cultural construction of social agency. *Sociological Theory*, 2000, 18（1）：100 – 120.

［319］Miller, D. Discourse Theory and Political Analysis：Identities, Hegemonies and Social Change. *Contemporary Political Theory*, 2002, 1（1）：133 – 134.

［320］Mohrenweiser, J., Zwick, T. and Backes – Gellner, U. *Poaching and Firm Sponsored Training：First Clean Evidence*. Germany：Centre for European Economic Research, 2013：13 – 37.

［321］Mottaz, C. J. An analysis of the relationship between attitudinal commitment and behavioral commitment. *Sociological Quarterly*, 1989, 30：143 – 158.

［322］Muehlemann, S., Schweri, J., Winkelmann, R., et al. An Empirical Analysis of the Decision to Train Apprentices. *Economics of Education Working Paper*, 2010（3）：419 – 441.

［323］Mühlemann, S. *The Cost and Benefits of Work-based Learning*. Paris：OECD Publishing, 2016：36.

［324］Müller, N., Wenzelmann, F. and Jansen, A. *Financing of Vocational Education and Training in Germany*. Bonn：BIBB, 2016：34.

［325］National Apprenticeship Service. *Statement on Apprenticeship Quality*, https：//webarchive. national arc hives. gov. uk/20141006185130/http：//www. apprenticeships. org. uk/Partners/Policy/ ~ /media/Documents/NAS – Apprenticeships – Quality – Statement – branded – May – 29 – 2012. ashx. 2012 – 05 – 31/2018 – 12 – 24.

［326］Nielsen, K. Scaffold instruction at the workplace from a situated perspective. *Studies in Continuing Education*, 2008, 30（3）：247 – 261.

［327］North, D. C. *Institutions, Institutional Change, and Economic Performance*. Cambridge：Cambridge University Press, 1990：6.

［328］North, D. C. Economic performance through time. *The American Economic Review*, 1994, 84（3）：359 – 368.

［329］OECD. *From Initial Education to Working Life – Making Transitions Work*. Paris：OECD Publishing, 2000：31 – 32.

［330］OECD. Germany. *Keeping the Edge：Competitiveness for Inclusive Growth*（*Better Policies*）. Paris：OECD Publishing, 2014：19.

［331］Office for National Statistics. *Labour Market Trends：February* 1999. UK：Palgrave Macmillan, 1999：80.

［332］Ogilvie, S. The Economics of Guilds. *Journal of Economic Perspectives*,

2014, 28 (4): 169-192.

[333] Olofsson, J. and Panican, A. Motives and Possibilities from a Swedish and European Perspective. In M. Malo and M. A. Moreno (eds.). *European Youth Labour Markets*. Cham: Springer, 2018: 90.

[334] Osborne, M. Participants in a Work-based Learning Programme: Small and Medium Enterprises and their Employees. In B. Stephen (ed.). *Good Thinking: Good Practice – Research Perspectives on Learning and Work*. Brisbane: Griffith University, 1997: 140.

[335] Osterman, P. Internal labor markets: theory and change. In C. Kerr and P. Staudohar (eds.). *Labor Economics and Industrial Relations. Markets and Institutions*. London: Harvard University Press, 1994: 303.

[336] Ostrom, E. An agenda for the study of institutions. *Public Choice*, 1986, 48 (1): 3-25.

[337] Palgrave, I. R. H. *Dictionary of Political Economy*. London: The Macmillan Press Limited, 1894: 429.

[338] Parton, B. *Youth Apprenticeship in America Today: Connecting High School Students to Apprenticeship*. Washington, D. C: New America, 2017: 13.

[339] Peters, B. G. *Institutional Theory in Political Science: The New Institutionalism*. New York: Bloomsbury Publishing USA, 2011: 19.

[340] Peters, B. G., Pierre, J. and King, D. S. The politics of path dependency: Political conflict in historical institutionalism. *Journal of Politics*, 2005, 67 (4): 1275-1300.

[341] Pfeifer, H. *Firms' Motivation for Training Apprentices: An Australian – German Comparison*. Adelaide: National Centre for Vocational Education Research, 2016: 20.

[342] Pilz, M. Typologies in Comparative Vocational Education: Existing Models and a New Approach. *Vocations and Learning*, 2016, 9 (3): 295-314.

[343] Poulsen, S. B. and Christiane, E. *Approaching Apprenticeship Systems from a European Perspective*. Bonn: The Federal Institute for Vocational Education and Training, 2016: 33.

[344] Prising, J. *Talent Shortage Survey*. Wisconsin: Manpower Group, 2015: 4.

[345] Quintini, G. and Manfredi, T. *Going Separate Ways? School-to – Work Transitions in the United States and Europe*. Paris: OECD Publishing, 2009: 4.

[346] Raggatt, P. Quality Control in the Dual System of West Germany. *Oxford*

Review of Education, 1988, 14 (2): 163 – 186.

[347] Rao, H. Caveat emptor: The construction of nonprofit consumer watchdog organizations. *American Journal of Sociology*, 1998, 103 (4): 912 – 961.

[348] Rauner, F. Vocational education and training-a European perspective. In A. Brown, S. Kirpal and F. Rauner (eds.). Identities at Work. Dordrecht: Springe, 2007: 132.

[349] Rauner, F. and Wittig, W. Differences in the Organisation of Apprenticeship in Europe: Findings of a Comparative Evaluation Study. *Research in Comparative and International Education*, 2010, 5 (3): 243 – 255.

[350] Rauner, F., Akoojee, S., Lerman, R. I., et al. An Architecture for Modern Apprenticeships: Standards for Structure, Organization and Governance. In L. Deitme, U. Hauschildt, F. Rauner, et al. (eds.). *The Architecture of Innovative Apprenticeship*. Dordrecht: Springer, 2013: 2 – 23.

[351] Rauner, F., Heinemann, L. Piening, D. et al. Costs – Benefits and Quality of Apprenticeships. In P. Schlögl (ed.). *Situated Competence Development through Innovative Apprentice-ships: The Role of Different Stakeholders*. Vienna: Österreichisches Institut für Berufsbildungsforschung, 2008: 173.

[352] Ray, J. *Apprenticeship in Australia: An Historical Snapshot*. Adelaide: National Centre for Vocational Education Research, 2001: 29.

[353] Reed, D. Yung – Hsu L. A., Kleinman, R., et al. *An Effective Assessment and Cost-benefit Analysis of Registered Apprenticeship in 10 States*. Oakland: Mathematica Policy Research, 2012: 44.

[354] Rezin, A., and McCaslin, N. Comparing the impact of traditional and cooperative apprenticeship programs on graduates' industry success. *Journal of Career and Technical Education*, 2001, 18 (1): 81 – 96.

[355] Rick, D. K. Costs and benefits of apprenticeships in the lowest track of VET. In P. Schlkögl (ed.). *Situated Competence Development through Innovative Apprenticeships: The Role of Different Stakeholders*. Vienna: Österreichisches Institut für Berufsbildungsforschung, 2008: 153 – 158.

[356] Rogers, J. and Streeck, W. The Study of Works Councils: Concepts and Problems. In J. Rogers and W. Streeck (eds.). *Works Councils: Consultation, Representation, and Cooperation in Industrial Relations*. Chicago: University of Chicago Press, 1995: 3 – 26.

[357] Rule, J. *The Experience of Labour in Eighteenth – Century Industry*. Lon-

don: Croom Helm, 1981: 108.

[358] Ryan, P. Is apprenticeship better? a review of the economic evidence. *Journal of Vocational Education and Training*, 1998, 50 (2): 289 – 329.

[359] Ryan, P. and Unwin, L. Apprenticeship in the British "Training Market". *National Institute Economic Review*, 2001 (178): 99 – 114.

[360] Ryan, P. The Institutional Requirements of Apprenticeship: Evidence From Smaller EU Countries. *International Journal of Training and Development*, 2010, 4 (1): 42 – 65.

[361] Ryan, P. Training quality and trainee exploitation. In R. Layard, K. Mayhew and B. Owen (eds.). *Britain's Training Deficit*. Aldershot: Avebury, 1994: 92 – 124.

[362] Ryan, P., Backes – Gellner, U., Teuber, S., et al. Apprentice pay in Britain, Germany and Switzerland: institutions, market forces, market power. *European Journal of Industrial Relations*, 2013, 19 (3): 201 – 220.

[363] Ryan, P., Gellner, U. B., Teuber, S., et al. Apprentice pay in Britain, Germany and Switzerland: Institutions, market forces and market power. *European Journal of Industrial Relations*, 2013, 19 (3): 2.

[364] Ryan, P., Wagner, K., Teuber, S., et al. *Trainee Pay in Britain, Germany and Switzerland: Markets and Institutions*. Cardiff: SKOPE, 2010: 5.

[365] Scharpf, F. W. *Games Real Actors Play: Actor – Centred Institutionalism in Policy Research*. Boulder: Westview Press, 1997: 38.

[366] Schmid, G. Flexibele coördinatie: de toekomst van het duale systeem uit oogpunt van arbeidsmarktbeleid. *Cedefop beroepsopleiding*, 1992 (1): 53 – 58.

[367] Schofield, K. *Delivering quality: report of the independent review of the quality of training in Victoria's apprenticeship and traineeship system*. Melbourne: Victorian Department of Employment, Education and Training, 2000: 74.

[368] Schofield, K. *Independent Investigation into the Quality of Training in Queensland's Traineeship System*. Queensland: Department of Employment, Training and Industrial Relations, 1999: 23.

[369] Schotter, A. R. *The Economic Theory of Social Institutions*. Cambridge: Cambridge University Press, 1981: 11.

[370] Schumann, S. Motivationsförderung durch problemorientierten Unterricht? Überlegungen zur motivationstheoretischen Passung und Befunde aus dem Projekt APU. *Zeitschrift für Pädagogik*, 2010, 56 (1): 90 – 111.

[371] Scott, J. F. *Historical Essays on Apprenticeship and Vocational Education.* Michigan: Ann Arbor Press, 1914: 64.

[372] Scott, W. R. *Institutions and Organizations: Ideas, Interests, and Identities* (3rd Edition). Thousand Oaks: SAGE Publications, 2008: 13.

[373] Scott, W. R. *Institutions and Organizations: Ideas, Interests, and Identities* (4th Edition). Thousand Oaks: SAGE Publications, 2014: 64.

[374] Searing, D. D. Roles, Rules, and Rationality in the New Institutionalism. *American Political Science Review*, 1991, 85 (4): 1239 - 1260.

[375] Sennett, R. *The Craftsman.* London: Penguin, 2008: 21.

[376] Sfard, A. On Two Metaphors for Learning and the Dangers of Choosing Just One. *Educational Researcher*, 1998, 27 (2): 4 - 13.

[377] Simon, H. A. Bounded rationality in social science: Today and tomorrow. *Mind and Society*, 2000, 1 (1): 25 - 39.

[378] Skocpol, T. Bringing the State Back In: Strategies of Analysis in Current Research. In B. E. Peter, R. Dietrich and T. Skocpol (eds.). *Bringing the State Back In.* Cambridge: Cambridge University Press, 1985: 3 - 37.

[379] Smith, E. and Brennan, K. R. *Towards A Model Apprenticeship Framework: A Comparative Analysis of National Apprenticeship Systems.* New Delhi: International Labour Organization, International Bank for Reconstruction and Developmen, 2013: V.

[380] Smith, E., Comyn, P., Kemmis, B, R. and Andrew, S. *High-quality Traineeships: Identifying What Works.* Adelaide: National Centre for Vocational Education Research, 2009: 30.

[381] Smits, W. The Quality of Apprenticeship Training. *Education Economics*, 2006, 14 (3): 329 - 344.

[382] Snell, K. D. M. The apprenticeship system in British history: the fragmentation of a cultural institution. *History of Education*, 1996, 25 (4): 303 - 321.

[383] Søren, B. P. and Christiane, E. *Approaching Apprenticeship Systems from a European Perspective.* Bonn: BIBB, 2016: 15.

[384] Spence, M. Job Market Signaling. *Quarterly Journal of Economics*, 1973, 87 (3): 355 - 374.

[385] Stanwick, J., Circelli, M. and Lu, T. *The End of Car Manufacturing in Australia: What is the Role of Training?* Adelaide: National Centre for Vocational Education Research, 2015: 1.

[386] Steedman, H. *Overview of Apprenticeship Systems and Issues*: *ILO Contribution to the G20 Task Force on Employment*. Geneva: International Labour Office, 2014: 2.

[387] Steedman, H. *Overview of Apprenticeship Systems and Issues*. Geneva: ILO, 2012: 22.

[388] Steedman, H. *The state of Apprenticeship in 2010*: *International Comparisons – Australia, Austria, England, France, Germany, Ireland, Sweden, Switzerland*. London: The London School of Economics and Political Science, 2010: 5.

[389] Steedman. H. A Decade of Skill Formation in Britain and Germany. *Journal of Education and Work*, 1998, 11 (1): 77 – 94.

[390] Steers, R. M. Antecedents and outcomes of organizational commitment. *Administrative Science Quarterly*, 1977, 22 (1): 46 – 56.

[391] Stefan, C. W. and Ryan, P. Apprenticeship. In E. Hanushek, S. Machin and L. Woessmann (eds.). *Handbook of the Economics of Education* (vol. 3). San Diego: Elsevier, 2011: 555.

[392] Stevens, M. A Theoretical Model of On – the – Job Training with Imperfect Competition. *Oxford Economic Papers*, 1994, 46 (4): 537 – 562.

[393] Stevens, M. Human capital theory and UK vocational training policy. *Oxford Review of Economic Policy*, 1999, 15 (1): 16 – 32.

[394] Streeck, W. Skills and the Limits of Neo – Liberalism: The Enterprise of the Future as a Place of Learning. *Work, Employment and Society*, 1989, 3 (1): 89 – 104.

[395] Streeck, W., Hilbert, J., Kevelaer, K. V., et al. *The Role of the Social Partners in Vocational Training and Further Training in the Federal Republic of Germany*. Berlin: CEDEFOP, 1987: 84 – 85.

[396] Strickland, A., Simons, M., Harris, R., et al. *Evaluating On-and Off – Job Approaches to Learning and Assessment in Apprenticeships and Traineeships*. Kensington: The National Centre for Vocational Education Research (NCVER), 2000: 32.

[397] *The East is Catching Up*: Development of Training Allowances based on Collective Wage Agreements in 2016, https://www.bibb.de/en/pressemitteilung_57414.php. 2017 – 01 – 05/2018 – 12 – 23.

[398] The National Archives. Education Act 2011, http://www.legislation.gov.uk/ukpga/2011/21/notes. 2011 – 11 – 15/2018 – 12 – 24.

[399] Thelen, K. Historical institutionalism in comparative politics. *Annual*

Review of Political Science, 1999, 2 (2): 369 – 404.

［400］Thelen, K. *How Institutions Evolve*: *The Political Economy of Skills in Germany*, *Britain*, *the United States*, *and Japan*. New York: Cambridge University, 2004: 18.

［401］Thomas, H. B. *Linkage between Vocationally Trained Participants and Industry Registered Apprenticeship Programs*: *A Study of Barriers and Facilitators*. Florida: Florida State University, 1983: 71.

［402］Tindall, L. W. Effective linkages for interagency cooperation in interagency cooperation and agreements. In J. P. Greenan (ed.). *Policy Paper Series*: *Document 4*. Urbana: Illinois University, 1980, 53 – 73.

［403］Unwin, L. *Adult Vocational Teaching and Learning*: *An Introduction to the International Debates and Evidence*. London: Commission on Adult Vocational Teaching and Learning, 2014: 12.

［404］Unwin, L. Employer-led Realities: apprenticeship past and present. *Journal of Vocational Education and Training*, 1996, 48 (1): 57 – 68.

［405］Vann, B. A. and Hinton, B. E. Workplace social networks and their relationship to student retention in on-site GED programs. *Human Resource Development Quarterly*, 2010, 5 (2): 141 – 151.

［406］Veblen, T. The Limitations of Marginal Utility. *Journal of Political Economy*, 1909, 17 (9): 620 – 636.

［407］Vickerstaff, S. 'I was just the boy around the place': What made apprenticeships successful? . *Journal of Vocational Education and Training*, 2007, 59 (3): 331 – 347.

［408］Wagner, K. *The German Apprenticeship System after Unification*, https: // www. econstor. eu/bitstream/ 10419/44085/1/246405449. pdf. 1998 – 1 – 03/2018 – 12 – 24.

［409］Webb, S. and B. *A History of Trade Unionism*. New York: Longmans, Green and Co. , 1920: 47.

［410］Weiner, B. *Human Motivation*: *Metaphors*, *Theories*, *and Research*. Thousand Oaks: SAGE Publications, 1992: 17.

［411］Weingast, B. R. The Economic Role of Political Institutions: Market Preserving Federalism and Economic Development. *Journal of Law Economics and Organization*, 1995, 11 (1): 1 – 31.

［412］Williams, J. , Foley, B. and Newton, B. *Report for Unionlearn and the*

National Apprenticeship Service: *Research into Under-representation, by Gender and Ethnicity, in Apprenticeships.* Brighton: Institute for Employment Studies, 2013: 16.

[413] Wilson, R. and Hogarth, T. *Tackling the low skills equilibrium: a review of issues and some new evidence.* Coventry: Institute for Employment Research University of Warwick, 2003: 78.

[414] Wollschlager, N. and Reuterkumpmann, H. From divergence to convergence: a history of vocational education and training in Europe. *European Journal Vocational Training*, 2004, 15 (3): 6-17.

[415] Wolter, A., and Kerst, C. The 'academization' of the German qualification system: Recent developments in the relationships between vocational training and higher education in Germany. *Research in Comparative and International Education*, 2015, 10 (4): 510-524.

[416] Wolter, S. C. and Ryan, P. *Handbook of the Economics of Education.* Netherlands: North-Holland, 2011: 521-576.

[417] Zerubavel, E. *Social Mindscapes: An Invitation to Cognitive Sociology.* Cambridge: Harvard University Press, 1997: 12.

附 录

附录一：现代学徒制实施情况调查（学徒问卷）

亲爱的同学：

以下是一系列与现代学徒制实施有关的问题。回答问题时，你只需在给定方框上（□）打钩，在横线上（＿＿）填写即可。请仔细阅读每个问题，不要遗漏！您的回答没有对错之分，根据实际情况填写即可！如某道题目描述的情况与你的情况不符，也请你挑选最接近的答案。此次调查问卷采取无记名的方式，你的答案会被保密。感谢你的努力与配合！

第一部分　个人基本情况

（1）出生年月：＿＿＿＿年＿＿＿＿月；性别：男□　女□；
学号：＿＿＿＿＿＿＿＿；
户籍所在地：＿＿＿＿省＿＿＿＿市＿＿＿＿县/区＿＿＿＿乡；
家中有几个孩子：＿＿＿＿；你排行第几：＿＿＿＿；
家庭年均收入：＿＿＿＿元；为支付学费、生活费等，每年从家里拿多少钱：＿＿＿＿元；
每月生活费平均是＿＿＿＿元；你每年的学费是＿＿＿＿元，住宿费是＿＿＿＿元。
（2）所在学校名称：＿＿＿＿＿＿；所学专业：＿＿＿＿＿＿；年级：＿＿＿＿＿＿。
所在企业名称：＿＿＿＿＿＿。

第二部分　现代学徒制培养过程

（3）你为什么选择参加"现代学徒制"？（可多选）
自己感兴趣□　　我身边的同学都报名了□　　父母或亲戚朋友建议□
学校或教师动员□　　培训企业在行业内很有影响力□
其他（请注明）＿＿＿＿＿＿＿＿＿＿＿＿＿＿＿＿

（4）你认为参与"现代学徒制"有哪些好处？请根据自己的了解，按重要程度对以下因素排序。

①就业有保障

②以后要就业，早一点熟悉工作环境

③进企业后学会如何与人打交道，积累人脉

④能获得培训津贴（补助）

⑤能接受师傅一对一的指导，学到实用经验

⑥以前不知道学知识有什么用，进企业后知道用在哪里了

⑦在学校学不会的东西，到企业后比较容易学会，学习更有效

你的排序：_____＞_____＞_____＞_____＞_____＞_____＞_____

你认为还有其他什么好处？（请注明）_____

（5）你认为参与"现代学徒制"有哪些不足？请根据自己的了解，按重要程度对以下因素排序。

①培训结束后须留在该企业工作一定年限或培训时间必须满一年，否则赔偿等强制规定

②被当作工作人员，而非学徒对待，缺少学习机会

③强制大量加班

④企业师傅少，设施设备等资源不够

⑤企业师傅教学方法不得当

⑥企业师傅有一些不良习惯

⑦企业师傅教学内容不系统，存在错误或互相矛盾的说法

⑧岗位上所从事的工作任务简单、重复，缺少学习的价值

⑨企业培训面太窄，不是行业通用

你的排序：_____＞_____＞_____＞_____＞_____＞_____＞_____

你认为还有其他什么不足（请注明）_____

（6）参与"现代学徒制"项目后的安排：先在学校学习，后到企业培训　□

学校学习和企业培训交替进行　□

（7）你是从几年级开始进入企业的？一年级□　二年级□　三年级□

你进入企业多久后完全适应？_____周；

截止到现在，你在企业累计待了多久？3个月以下□　3～6个月□

0.5～1年□　1～1.5年□　1.5～3年□

（8）你所在的企业是否设有专门的培训中心负责学徒培训？是□　否□

若企业有专门的培训中心，在企业培训中心接受了多久的培训？_____周。

（9）到工作岗位后，是否有轮岗（就是轮换着做不同岗位的工作）？

是□　　否□

若有轮岗，请填写具体情况

岗位 1　名称：_____；停留时间：_____周；多久能胜任该岗位：_____周。

岗位 2　名称：_____；停留时间：_____周；多久能胜任该岗位：_____周。

岗位 3　名称：_____；停留时间：_____周；多久能胜任该岗位：_____周。

岗位 4　名称：_____；停留时间：_____周；多久能胜任该岗位：_____周。

岗位 5　名称：_____；停留时间：_____周；多久能胜任该岗位：_____周。

岗位 6　名称：_____；停留时间：_____周；多久能胜任该岗位：_____周。

（10）到企业后，学徒每个月是否有津贴或补助？是□　　否□

如果有，学徒每个月获得的津贴或补助是_____元。

（11）学徒除了每个月的津贴或补助外，是否和正式员工一样，有绩效奖励：是□　　否□

企业是否有其他奖励或激励措施，若有，具体措施是_____。

（12）企业培训中谁来指导你的实习？（可多选）

学校教师□　　企业师傅□　　高年级学生□　　没有人专门指导□

（13）企业师傅的指导方式？（可多选）

□观摩法（师傅完成工作任务，徒弟在旁边观察学习）

□试误法（徒弟自主完成任务，师傅根据结果点评并修正）

□讲解法（师傅专门讲解与工作任务相关的理论知识）

□研讨法（师傅与徒弟就某一个项目或问题进行集中研讨）

□合作法（师傅与徒弟围绕一个具体的生产任务进行合作）

□其他方法_____

（14）企业师傅指导的内容：（可多选）

企业的基本概况（如企业的基本信息、薪资待遇、领导架构等）　□

企业生产的各类产品与提供的各类服务（如产品规格、服务对象）　□

企业中各生产/服务岗位及其相互之间的关系　□

工作过程中的一些经验与诀窍　□

面对不同的客户需求时如何设计和选择最优的生产或服务方案　□

工作中遇到实际问题时如何快速决策和处理　　　　　□
工作中要求的基本品质和精神　　　　　　　　　　　□
个人职业生涯发展指导　　　　　　　　　　　　　　□
工作中一些设备的使用方法　　　　　　　　　　　　□
工作中涉及的一些原理性知识　　　　　　　　　　　□
其他＿＿＿＿＿＿＿＿＿＿

（15）企业培训与学校学习的匹配度：

很低□　　较低□　　一般□　　较高□　　很高□

（16）企业培训期间，是否有明确的培训计划？

是□　　否□

如果有培训计划，企业培训期间是否严格执行培训计划？

是□　　否□

（17）针对企业培训，是否有明确的考核标准？

是□　　否□

（18）针对企业培训，是否要求你定期记录培训情况（培训内容、问题与反思、收获等）？

是□　　否□

如果有培训记录，企业培训师或学校教师是否定期检查你的培训记录？

是□　　否□

（19）请根据在企业培训期间的工作氛围，勾选（√）最符合的情况：

	完全不符	比较不符	不确定	比较符合	完全符合
学徒培训过程中，同事之间会相互支持	1	2	3	4	5
学徒培训过程中，大家很少交流	1	2	3	4	5
同事间彼此竞争激烈	1	2	3	4	5
企业对学徒的管理严格	1	2	3	4	5
企业鼓励学徒参加各类比赛	1	2	3	4	5
我感觉我的到来打扰到了企业其他人	1	2	3	4	5
学徒培训中被完全放任不管，要靠自己	1	2	3	4	5

（20）请根据企业师傅对你的指导，勾选（√）最符合的情况：

	非常少	少	偶尔	经常	非常多
企业师傅告诉我解决专业问题的思路	1	2	3	4	5
企业师傅为我示范如何处理具体问题	1	2	3	4	5
为了让我掌握处理任务的方式方法，企业师傅会向我解释要这样做而不那样做的理由	1	2	3	4	5
我更清楚作为一个企业工作人员，需要特别关注和留心哪些方面	1	2	3	4	5
企业师傅在完成重要工作任务的过程中，允许我参与到其中	1	2	3	4	5
我在独立完成工作任务的过程中，能得到企业师傅的反馈和支持	1	2	3	4	5

（21）根据你在企业培训的实际，勾选（√）最符合的情况：

	完全不符	比较不符	不确定	比较符合	完全符合
培训安排的工作任务丰富多样	1	2	3	4	5
培训安排的工作任务具有挑战性	1	2	3	4	5
培训安排的工作任务与我的能力水平相当	1	2	3	4	5
在工作任务完成过程中，我有充分的自主性	1	2	3	4	5
培训过程中有机会了解企业生产整个过程，明白自己工作的价值和意义	1	2	3	4	5

第三部分　现代学徒制实施效果

（22）以下说法对你来说，在多大程度上是成立的？请根据个人实际情况，勾选（√）最符合的说法：

我现在能够	完全不符	比较不符	不确定	比较符合	完全符合
灵活运用所学解决工作中的实际问题	1	2	3	4	5
根据工作任务需要设计实施方案	1	2	3	4	5
熟练使用工作中的常用设备	1	2	3	4	5
按照操作规程顺利地完成工作任务中的各项操作	1	2	3	4	5
正确识别和运用各类图纸、说明书等文本材料	1	2	3	4	5
与别人交流更流畅	1	2	3	4	5

（23）以下说法对你来说，在多大程度上是成立的？请根据个人实际情况，勾选（√）最符合的说法：

	完全不符	比较不符	不确定	比较符合	完全符合
即使我有机会到别的企业工作，我也想继续留在目前的企业	1	2	3	4	5
我打算在目前的企业一直工作下去	1	2	3	4	5

问卷调查到此结束，衷心感谢你的合作和支持！

附录二：学徒培训过程与技能提升的关系

学徒培训过程与技能提升相关性

<table>
<tr><th colspan="2"></th><th>技能提升平均值</th><th>同伴支持</th><th>同伴竞争</th><th>企业激励</th><th>企业监督和控制程度</th><th>思路引导</th><th>直接示范</th><th>理由说明</th><th>明确重点</th><th>允许参与</th><th>过程支持和反馈</th><th>任务多样性</th><th>任务挑战性</th><th>任务与能力匹配</th><th>工作自主性</th><th>角色明晰</th></tr>
<tr><td rowspan="12">Pearson 相关性</td><td>技能提升平均值</td><td>1.000</td><td>0.569</td><td>0.211</td><td>0.233</td><td>0.484</td><td>0.566</td><td>0.565</td><td>0.606</td><td>0.557</td><td>0.388</td><td>0.560</td><td>0.485</td><td>0.262</td><td>0.468</td><td>0.477</td><td>0.551</td></tr>
<tr><td>同伴支持</td><td>0.569</td><td>1.000</td><td>0.168</td><td>0.214</td><td>0.512</td><td>0.555</td><td>0.498</td><td>0.504</td><td>0.459</td><td>0.351</td><td>0.448</td><td>0.398</td><td>0.180</td><td>0.390</td><td>0.396</td><td>0.413</td></tr>
<tr><td>同伴竞争</td><td>0.211</td><td>0.168</td><td>1.000</td><td>0.302</td><td>0.160</td><td>0.172</td><td>0.172</td><td>0.169</td><td>0.126</td><td>0.077</td><td>0.157</td><td>0.212</td><td>0.184</td><td>0.156</td><td>0.167</td><td>0.158</td></tr>
<tr><td>企业激励</td><td>0.233</td><td>0.214</td><td>0.302</td><td>1.000</td><td>0.166</td><td>0.140</td><td>0.153</td><td>0.130</td><td>0.200</td><td>0.154</td><td>0.121</td><td>0.209</td><td>0.134</td><td>0.193</td><td>0.149</td><td>0.146</td></tr>
<tr><td>企业监督和控制程度</td><td>0.484</td><td>0.512</td><td>0.160</td><td>0.166</td><td>1.000</td><td>0.512</td><td>0.515</td><td>0.435</td><td>0.424</td><td>0.410</td><td>0.483</td><td>0.384</td><td>0.203</td><td>0.390</td><td>0.363</td><td>0.453</td></tr>
<tr><td>思路引导</td><td>0.566</td><td>0.555</td><td>0.172</td><td>0.140</td><td>0.512</td><td>1.000</td><td>0.755</td><td>0.684</td><td>0.538</td><td>0.438</td><td>0.607</td><td>0.464</td><td>0.261</td><td>0.445</td><td>0.487</td><td>0.507</td></tr>
<tr><td>直接示范</td><td>0.565</td><td>0.498</td><td>0.172</td><td>0.153</td><td>0.515</td><td>0.755</td><td>1.000</td><td>0.695</td><td>0.581</td><td>0.484</td><td>0.647</td><td>0.453</td><td>0.276</td><td>0.476</td><td>0.500</td><td>0.539</td></tr>
<tr><td>理由说明</td><td>0.560</td><td>0.448</td><td>0.157</td><td>0.121</td><td>0.483</td><td>0.607</td><td>0.647</td><td>0.618</td><td>0.581</td><td>0.519</td><td>1.000</td><td>0.505</td><td>0.333</td><td>0.468</td><td>0.489</td><td>0.553</td></tr>
<tr><td>明确重点</td><td>0.557</td><td>0.459</td><td>0.126</td><td>0.200</td><td>0.424</td><td>0.538</td><td>0.581</td><td>0.559</td><td>1.000</td><td>0.518</td><td>0.581</td><td>0.489</td><td>0.292</td><td>0.448</td><td>0.436</td><td>0.490</td></tr>
<tr><td>允许参与</td><td>0.388</td><td>0.351</td><td>0.077</td><td>0.154</td><td>0.410</td><td>0.438</td><td>0.484</td><td>0.463</td><td>0.518</td><td>1.000</td><td>0.519</td><td>0.409</td><td>0.337</td><td>0.385</td><td>0.368</td><td>0.404</td></tr>
<tr><td>过程支持和反馈</td><td>0.606</td><td>0.504</td><td>0.169</td><td>0.130</td><td>0.435</td><td>0.684</td><td>0.695</td><td>1.000</td><td>0.559</td><td>0.463</td><td>0.618</td><td>0.458</td><td>0.291</td><td>0.457</td><td>0.505</td><td>0.556</td></tr>
</table>

续表

		技能提升平均值	同伴支持	同伴竞争	企业激励	企业监督和控制程度	思路引导	直接示范	理由说明	明确重点	允许参与	过程支持和反馈	任务多样性	任务挑战性	任务与能力匹配	工作自主性	角色明晰
Pearson 相关性	任务多样性	0.485	0.398	0.212	0.209	0.384	0.464	0.453	0.458	0.489	0.409	0.505	1.000	0.534	0.476	0.419	0.395
	任务挑战性	0.262	0.180	0.184	0.134	0.203	0.261	0.276	0.291	0.292	0.337	0.333	0.534	1.000	0.244	0.326	0.229
	任务与能力匹配	0.468	0.390	0.156	0.193	0.390	0.445	0.476	0.457	0.448	0.385	0.468	0.476	0.244	1.000	0.542	0.476
	工作自主性	0.477	0.396	0.167	0.149	0.363	0.487	0.500	0.505	0.436	0.368	0.489	0.419	0.326	0.542	1.000	0.517
	角色明晰	0.551	0.413	0.158	0.146	0.453	0.507	0.539	0.556	0.490	0.404	0.553	0.395	0.229	0.476	0.517	1.000
Sig.（单侧）	技能提升平均值		0.000	0.000	0.000	0.000	0.000	0.000	0.000	0.000	0.000	0.000	0.000	0.000	0.000	0.000	0.000
	同伴支持	0.000		0.000	0.000	0.000	0.000	0.000	0.000	0.000	0.000	0.000	0.000	0.000	0.000	0.000	0.000
	同伴竞争	0.000	0.000		0.000	0.000	0.000	0.000	0.000	0.000	0.022	0.001	0.000	0.000	0.000	0.000	0.000
	企业激励	0.000	0.000	0.000		0.000	0.000	0.000	0.000	0.000	0.000	0.000	0.000	0.000	0.000	0.000	0.000
	企业监督和控制程度	0.000	0.000	0.000	0.000		0.000	0.000	0.000	0.000	0.000	0.000	0.000	0.000	0.000	0.000	0.000
	思路引导	0.000	0.000	0.000	0.000	0.000		0.000	0.000	0.000	0.000	0.000	0.000	0.000	0.000	0.000	0.000
	直接示范	0.000	0.000	0.000	0.000	0.000	0.000		0.000	0.000	0.000	0.000	0.000	0.000	0.000	0.000	0.000
	理由说明	0.000	0.000	0.000	0.000	0.000	0.000	0.000		0.000	0.000	0.000	0.000	0.000	0.000	0.000	0.000
	明确重点	0.000	0.000	0.000	0.000	0.000	0.000	0.000	0.000		0.000	0.000	0.000	0.000	0.000	0.000	0.000
	允许参与	0.000	0.000	0.022	0.001	0.000	0.000	0.000	0.000	0.000		0.000	0.000	0.000	0.000	0.000	0.000
	过程支持和反馈	0.000	0.000	0.000	0.000	0.000	0.000	0.000	0.000	0.000	0.000		0.000	0.000	0.000	0.000	0.000

续表

	技能提升平均值	同伴支持	同伴竞争	企业激励	企业监督和控制程度	思路引导	直接示范	理由说明	明确重点	允许参与	过程支持和反馈	任务多样性	任务挑战性	任务与能力匹配	工作自主性	角色明晰
Sig.（单侧） 任务多样性	0.000	0.000	0.000	0.000	0.000	0.000	0.000	0.000	0.000	0.000	0.000		0.000	0.000	0.000	0.000
任务挑战性	0.000	0.000	0.000	0.000	0.000	0.000	0.000	0.000	0.000	0.000	0.000	0.000		0.000	0.000	0.000
任务与能力匹配	0.000	0.000	0.000	0.000	0.000	0.000	0.000	0.000	0.000	0.000	0.000	0.000	0.000		0.000	0.000
工作自主性	0.000	0.000	0.000	0.000	0.000	0.000	0.000	0.000	0.000	0.000	0.000	0.000	0.000	0.000		0.000
角色明晰	0.000	0.000	0.000	0.000	0.000	0.000	0.000	0.000	0.000	0.000	0.000	0.000	0.000	0.000	0.000	

附录三：学徒培训过程与留任意愿的关系

学徒培训过程与技能提升相关性

		留任意愿	同伴支持	同伴竞争	企业激励	企业监督和控制程度	思路引导	直接示范	理由说明	明确重点	允许参与	过程支持和反馈	任务多样性	任务挑战性	任务与能力匹配	工作自主性	角色明晰
Pearson 相关性	留任意愿	1.000	0.341	0.192	0.102	0.404	0.414	0.402	0.368	0.352	0.304	0.392	0.278	0.248	0.336	0.390	0.428
	同伴支持	0.341	1.000	0.168	0.214	0.512	0.555	0.498	0.504	0.459	0.351	0.448	0.398	0.180	0.390	0.396	0.413
	同伴竞争	0.192	0.168	1.000	0.302	0.160	0.172	0.172	0.169	0.126	0.077	0.157	0.212	0.184	0.156	0.167	0.158

续表

	留任意愿	同伴支持	同伴竞争	企业激励	企业监督和控制程度	思路引导	直接示范	理由说明	明确重点	允许参与	过程支持和反馈	任务多样性	任务挑战性	任务与能力匹配	工作自主性	角色明晰
企业激励	0.404	0.512	0.160	1.000	0.166	0.512	0.515	0.435	0.424	0.410	0.483	0.384	0.203	0.390	0.363	0.453
企业监督和控制程度	0.102	0.214	0.302	0.166	1.000	0.140	0.153	0.130	0.200	0.154	0.121	0.209	0.134	0.193	0.149	0.146
思路引导	0.414	0.555	0.172	0.140	0.512	1.000	0.755	0.684	0.538	0.438	0.607	0.464	0.261	0.445	0.487	0.507
直接示范	0.402	0.498	0.172	0.153	0.515	0.755	1.000	0.695	0.581	0.484	0.647	0.453	0.276	0.476	0.500	0.539
理由说明	0.368	0.504	0.169	0.130	0.435	0.684	0.695	1.000	0.559	0.463	0.618	0.458	0.291	0.457	0.505	0.556
明确重点	0.352	0.459	0.126	0.200	0.424	0.538	0.581	0.559	1.000	0.518	0.581	0.489	0.292	0.448	0.436	0.490
允许参与	0.304	0.351	0.077	0.154	0.410	0.438	0.484	0.463	0.518	1.000	0.519	0.409	0.337	0.385	0.368	0.404
过程支持和反馈	0.392	0.448	0.157	0.121	0.483	0.607	0.647	0.618	0.581	0.519	1.000	0.505	0.333	0.468	0.489	0.553
任务多样性	0.278	0.398	0.212	0.209	0.384	0.464	0.453	0.458	0.489	0.409	0.505	1.000	0.534	0.476	0.419	0.395
任务挑战性	0.248	0.180	0.184	0.134	0.203	0.261	0.276	0.291	0.292	0.337	0.333	0.534	1.000	0.244	0.326	0.229
任务与能力匹配	0.336	0.390	0.156	0.193	0.390	0.445	0.476	0.457	0.448	0.385	0.468	0.476	0.244	1.000	0.542	0.476
工作自主性	0.390	0.396	0.167	0.149	0.363	0.487	0.500	0.505	0.436	0.368	0.489	0.419	0.326	0.542	1.000	0.517
角色明晰	0.428	0.413	0.158	0.146	0.453	0.507	0.539	0.556	0.490	0.404	0.553	0.395	0.229	0.476	0.517	1.000

Pearson 相关性

续表

	留任意愿	同伴支持	同伴竞争	企业激励	企业监督和控制程度	思路引导	直接示范	理由说明	明确重点	允许参与	过程支持和反馈	任务多样性	任务挑战性	任务与能力匹配	工作自主性	角色明晰
留任意愿		0.000	0.000	0.004	0.000	0.000	0.000	0.000	0.000	0.000	0.000	0.000	0.000	0.000	0.000	0.000
同伴支持	0.000		0.000	0.000	0.000	0.000	0.000	0.000	0.000	0.000	0.000	0.000	0.000	0.000	0.000	0.000
同伴竞争	0.000	0.000			0.000	0.000	0.000	0.000	0.000	0.022	0.000	0.000	0.000	0.000	0.000	0.000
企业激励	0.004	0.000				0.000	0.000	0.000	0.000	0.000	0.001	0.000	0.000	0.000	0.000	0.000
企业监督和控制程度	0.000	0.000	0.000			0.000	0.000	0.000	0.000	0.000	0.000	0.000	0.000	0.000	0.000	0.000
思路引导	0.000	0.000	0.000	0.000	0.000			0.000	0.000	0.000	0.000	0.000	0.000	0.000	0.000	0.000
直接示范	0.000	0.000	0.000	0.000	0.000	0.000			0.000	0.000	0.000	0.000	0.000	0.000	0.000	0.000
理由说明	0.000	0.000	0.000	0.000	0.000	0.000	0.000		0.000	0.000	0.000	0.000		0.000	0.000	0.000
明确重点	0.000	0.000	0.022	0.001	0.000	0.000	0.000	0.000		0.000	0.000	0.000	0.000	0.000	0.000	0.000
允许参与	0.000	0.000	0.000	0.000	0.000	0.000	0.000	0.000	0.000		0.000	0.000	0.000	0.000	0.000	0.000
过程支持和反馈	0.000	0.000	0.000	0.000	0.000	0.000	0.000	0.000	0.000	0.000		0.000	0.000	0.000	0.000	0.000
任务多样性	0.000	0.000	0.000	0.000	0.000	0.000	0.000	0.000	0.000	0.000	0.000		0.000	0.000	0.000	0.000
任务挑战性	0.000	0.000	0.000	0.000	0.000	0.000	0.000		0.000	0.000	0.000	0.000		0.000	0.000	0.000
任务与能力匹配	0.000	0.000	0.000	0.000	0.000	0.000	0.000	0.000	0.000	0.000	0.000	0.000	0.000		0.000	0.000
工作自主性	0.000	0.000	0.000	0.000	0.000	0.000	0.000	0.000	0.000	0.000	0.000	0.000	0.000	0.000		0.000
角色明晰	0.000	0.000	0.000	0.000	0.000	0.000	0.000	0.000	0.000	0.000	0.000	0.000	0.000	0.000	0.000	

Sig.(单侧)